1781

Michael Holzach

Deutschland umsonst

Zu Fuß
und ohne Geld
durch ein
Wohlstandsland

Hoffmann und Campe

Ich danke meinem Freund Niko Hansen, ohne den dieses Buch nicht entstanden wäre.

M. H.

Auf den Seiten 250/251 ist eine Deutschlandkarte mit dem Wanderweg des Autors abgedruckt.

CIP-Kurztitelaufnahme der Deutschen Bibliothek

Holzach, Michael:
Deutschland umsonst: zu Fuß und o. Geld durch
e. Wohlstandsland / Michael Holzach. – 2. Aufl. – Hamburg:
Hoffmann und Campe, 1982
ISBN 3-455-08706-X

Schutzumschlaggestaltung Jan Buchholz und Reni Hinsch unter Verwendung eines Fotos von Timm Rautert
Gesetzt aus der Korpus Bembo-Antiqua
Satzherstellung Fotosatz Otto Gutfreund, Darmstadt
Druck- und Bindearbeiten Ebner Ulm
Printed in Germany

I

Lange bevor der Wecker schrillt, bin ich wach. Die Sachen liegen gepackt vor dem Fenster. Das schräge Sonnenlicht läßt den Schatten der Birke über den Schreibtisch wandern. Freda schläft noch. Ohne daß sie etwas merkt, steige ich aus dem Bett. Ich dusche, putze mir die Zähne, auf das Rasieren kann ich ab heute verzichten.

Das Pfeifen des Teekessels weckt Freda. Schweigend frühstücken wir. Mit meinen Gedanken bin ich schon unterwegs. An der Tür umarmen wir uns. »Wollen wir uns irgendwo treffen?« werde ich gefragt. »Mal sehen«, antworte ich ausweichend, um ihr eine Ablehnung zu ersparen. Erleichtert verlasse ich das Haus.

Mein erster Weg führt mich ins Tierasyl. Ein paar Dutzend Hundeaugen hinter Gittern empfangen mich mit flehendem Blick. Wie festgenagelt bleibe ich im Eingang des Zwingerhauses stehen. Einen Augenaufschlag lang rührt sich nichts. Kaltes Neonlicht fällt von der Decke. Es riecht penetrant nach zoologischem Garten. Irgendwo tropft Wasser. Dann, in einem Aufschrei aus Jaulen, Kläffen und Winseln, werfen sich die eingepferchten Tiere gegen den Gitterdraht ihrer Kräfige, drehen sich wild im Kreis, hüpfen hysterisch auf der Stelle. Das Tollhaus ist los. Wie soll ich hier bloß meinen Weggefährten finden?

Verschreckt gehe ich von Zwinger zu Zwinger. Bleibe

ich vor einer Zelle stehen, beginnt dort sofort ein heftiges Gerangel um meine Gunst, das meist in erbitterten und oft blutigen Beißereien endet. Es gilt das Gesetz des Stärkeren.

Im vorletzten Käfig, fast am Ende des langen Ganges, liegt eine hellbraune Promenadenmischung auf dem nackten Beton in der Ecke und beobachtet scheu das Toben ihrer Mitgefangenen, mit eingezogenem Schwanz und angelegten Ohren, die Stirn in Sorgenfalten und am ganzen Leibe zitternd. Die grüne Kennkarte, die an ihrem Zwinger festgemacht ist, gibt spärlich Auskunft über den furchtsamen Häftling: »Rasse: Boxermischl.; Geschlecht: rd.; Farbe: br.; Alter: etwa ½ J.; Name: unbek.; Heimaufenthalt: seit 1. 4.« Handschriftlicher Zusatz: »Mag nicht Autofahren!« – das gibt für mich den Ausschlag.

Zehn Minuten später zerrt mich der scheue Asylhund an einer Schnur als provisorischer Leine ins Freie. Die Nase dicht über dem Pflaster, hetzt er mit mir von Baum zu Baum die Straße hinab, so, als wüßte er ganz genau, wo es langgeht.

Direkt vor den Elbbrücken muß ich erschöpft Rast machen, auf einem Zipfel Grün am Straßenrand; doch der Hund gibt keine Ruhe. Soweit die Leine reicht, beriecht er mit wedelndem Schwanz jeden Grashalm, von oben nach unten, von unten nach oben, verharrt staunend vor der einsamen Gänseblume, nascht ein wenig von einem Haufen Kaninchenködel. Ein Abenteuer, dieses bißchen Wiese, das erste Stück Flora in seinem Leben. Im Asyl hatte mich die Tierpflegerin gewarnt: »Der war noch nie draußen.« Schon als Welpe hat er im Tierheim Itzehoe »gesessen«, und als er dort nicht zu »vermitteln«

gewesen war, brachte man ihn nach Hamburg. Während der »Überführung« war er dann im Auto fast erstickt am eigenen Erbrochenen. Daher auch die besondere Charakterisierung auf seiner grünen Kennkarte.
Bevor es weitergeht auf Hamburgs Ausfallstraßen, taufe ich meinen Hund mit einer Scheibe Dauerwurst auf den Namen Feldmann. So sollen im Sauerland alle Hunde heißen, habe ich mal gehört. Wo aber ist das Sauerland?
Die stählernen Auf- und Abschwünge der Elbbrücken begleiten mich und Feldmann auf einem schmalen Gehweg aus der Stadt. Autokolonnen toben uns dreispurig entgegen. Es ist noch früh am Vormittag, die Leute müssen zur Arbeit. Fahl und matt schiebt sich der Fluß unter uns her. Die flache Morgensonne flackert durch die Eisenträger und hält unseren Schritt exakt mit. Alles scheint in Bewegung. Beim letzten Brückenpfeiler verengt sich der Bürgersteig und endet plötzlich vor einer quer montierten Leitplanke. Kein Schild, kein Hinweis. Für wen auch, wir sind die einzigen Fußgänger weit und breit. Feldmann hockt sich mit seinem Asylzittern auf die Hinterläufe und schaut fragend zu mir hoch, zu mir, seinem Herrn und Alpha-Rüden. Aber ich bin so ratlos wie er. Ich fühle mich wie in eine Falle geraten, weiß nicht weiter, weiß nur zurück, zurück jedoch wollen wir beide nicht.
Auf der gegenüberliegenden Seite der Brücke ist der Gehweg nicht unterbrochen, erkenne ich, dort könnten wir zum anderen Ufer laufen, aber der breite Autostrom versperrt uns den Weg. Erst als sich die stadteinwärts drängenden Blechkolonnen stauen, kommt es zu einem zeitweisen Stillstand des Verkehrs. Jetzt kann ich es

wagen. Kurzentschlossen klemme ich mir meinen Hund unter den Arm, klettere mit ihm über die Leitplanke und schlängle mich zwischen den Wagen hindurch. Fahrer hupen verärgert. Einer tippt sich kopfschüttelnd mit dem Zeigefinger an die Stirn. Es quietschen Reifen. Noch drei, vier Meter, und ich bin drüben. Feldmann wickelt im wilden Freudentanz seine Leine um meine Beine. Als Leithund scheine ich meine erste Bewährungsprobe bestanden zu haben.

Und weiter geht es, immer der großen Straße nach, durch graue Quartiere aus rötlichem Klinker, durch Veddel, durch Wilhelmsburg, über die Süderelbe nach Harburg. Mauern ziehen sich von Kreuzung zu Kreuzung, Ampeln unterbrechen das Laufen. Viele Menschen gehen an uns vorbei, aber ich sehe sie nicht an; ich blicke wie ein Blinder weit und starr voraus, spüre die Rucksackriemen in den Schultern, die Kopfsteine unter den Füßen, höre den Takt, den ich mir mit dem Knotenstock auf das Trottoir schlage.

Vor einer roten Fußgängerampel sucht Feldmann schnell Bekanntschaft mit einem Terrier, der ihm aber nur grimmig die Zähne zeigt. Sein Besitzer, ein kleiner Mann mit Thälmann-Mütze, schaut hinter dicken Brillengläsern groß an mir hoch. »Ihr habt euch wohl verlaufen?« fragt er und deutet mit seiner eingerollten *Morgenpost* auf meinen Rucksack. »... sind nur auf der Durchreise«, antworte ich ausweichend. Als würde er mich verstehen, nickt der Mann mit seiner Mütze, murmelt vielsagend »Aha«, dann aber, gerade noch rechtzeitig vor der Frage nach dem »Wohin?«, unterbricht das grüne Ampellicht unsere Unterhaltung.

Erst am Nachmittag, die Sonne verliert deutlich an

Höhe, dünnt die Stadt langsam aus. Weniger Autos auf schmaleren Straßen, kleinere Häuser in weiterem Abstand zueinander, dazwischen Schrebergärten, Treibhäuser, ein Schrottplatz. In den Kanälen protzen die Motorboote mit Chrom und Pferdestärken. Auf einer Wiese, neben einem elektrischen Umspannwerk, das erste reetgedeckte Haus. An den Bushaltestellen annoncieren Vorstadtdiscos ihre Go-Go-Girl-Wettbewerbe, und Schützenvereine laden zum jährlichen Umzug. Hamburger Stadtland.

Hinter mir, in scheinbar unerreichbarer Ferne, ragt der Fernsehturm aus dem Dunst. Häuser, Brücken, selbst das riesige Plaza sind nicht mehr zu sehen. Viel früher als erwartet bin ich in der Fremde. In der nächsten Telefonzelle brauche ich nach meinen beiden Notgroschen nicht lange zu suchen. Freda ist sofort am Apparat, als hätte sie auf meinen Anruf gewartet. »Ich muß dich irgendwo treffen«, sage ich. Keine Antwort. »Vielleicht im Sommer«, setze ich nach, »irgendwo am Rhein.« Freda sagt noch immer nichts. Sie mißtraut meiner ungewohnten Entschiedenheit. Schließlich ein zögerndes »Mal sehen«, was ich dankbar als feste Zusage nehme. Meine Angst vor dem Alleinsein ist damit fürs erste gemildert.

Am Rande einer monoton-gepflegten Neubausiedlung aus Einfamilienhäusern, nicht weit von einer lärmenden Autobahn, lockt ein kleiner Obstbaumgarten in voller Blüte, von einer dichten Hecke umfriedet. Ein Blick über die Schulter genügt, um sicherzugehen, daß wir unbeobachtet sind; die hölzerne Pforte ist nur angelehnt, und schon sind wir eingehüllt von einem süßlichen Duft. Zwischen zwei kleinwüchsigen Bäumen lasse ich den Rucksack in das hohe Gras fallen, und sofort wird mir

leicht und frei. Zum erstenmal binde ich Feldmann von seiner Leine. Erst stutzt der Hund, schaut mich ungläubig an, schüttelt noch einmal die letzten inneren Hemmnisse ab, um dann ungezügelt durch das Gelände zu jagen.
Während mein Hund um mich herum seinen Kräften freien Lauf läßt, sinke ich erschöpft in die weiche Frühlingswiese und lege mich der Länge nach auf den Bauch. Durch mein verschwitztes Hemd dringt die angenehme Kühle des Grases. Es riecht würzig und zu den feuchten Wurzeln hin ein wenig nach Fäulnis. Direkt vor meinem Gesicht klettert ein blauschwarzer Käfer mit sechs langen, feinbehaarten Beinen an einem Grashalm hinauf. Seine schön geschwungenen Fühler tasten vorsichtig nach meinem Atem. Er mag nicht viel größer sein als eine Ameise, aber durch seine Nähe erscheint er mir wie ein riesiges Untier, mit gepanzertem Rücken, zangenartigen Greifern und einem Maul, mit dem er mich mühelos verschlingen könnte. Als ich die Luft einen Moment anhalte, setzt das Untier seinen Aufstieg fort. Auf der Grasspitze tritt es erst ein paarmal verlegen auf der Stelle, dann platzen Flügel aus seinem Panzerrücken, und schon schwirrt es davon.
Eigentlich wollte ich heute noch ein Stück Strecke machen, aber einmal im Gras, mit aufgeschnürten Schuhen, ist mir jede Lust am Weiterlaufen vergangen. Zu schwer sind jetzt die Glieder, zu schön das Apfelblütendach. Auch Feldmann hat sich endlich müde getobt. Mit offenem Maul und heraushängender Zunge liegt er hechelnd neben mir. Nichts geht mehr bei uns. Nur mit Mühe öffne ich meinen Rucksack und rolle den Schlafsack aus. Feuer zu machen für einen Tee ist mir schon zu anstren-

gend; auch fürchte ich, daß uns die Leute aus der Nachbarschaft entdecken könnten. Was würden sie mich fragen, was sollte ich ihnen antworten? Bloß keine Menschen jetzt.
Gestern noch hatte ich die Wohnung voller Leute, alles gute Freunde, die mit mir zum Abschied festlich essen sollten. Basti kam eigens aus dem Ruhrgebiet angereist, Freda trug ihr buntes Beduinenkleid, Martin und Janni schenkten mir eine Topfpflanze. Wir saßen auf dem Fußboden um ein mit Blumen und Kerzen geschmücktes Bettlaken, aßen Schafsfleisch mit makrobiotischem Gemüse und tranken trockenen Wein. Alle verstanden sich gut miteinander, nur ich fühlte mich im Stich gelassen. Im Bad konnte ich trotz meines Selbstmitleids nicht mal richtig heulen, aber als gegen Morgen endlich alle gegangen waren, bin ich quer über das Laken gelaufen und habe das Geschirr und die Salatschüssel gegen die Wand getreten.
Nach der Randale war der Rucksack schnell gepackt. Nur das Nötigste sollte mit: Schlafsack, Kochgeschirr, Feldflasche, Regencape, Kleidung zum Wechseln plus kurze Hose, Taschenmesser, Tabak, Pfeife, Streichhölzer, Zahnbürste, Tagebuch, Kamera mit zehn Filmen, Heftpflaster für die Blasen, Verpflegung für ein paar Tage und natürlich der selbstgeschnitzte Wanderstock aus Korsika. So unbelastet wie nur möglich wollte ich sein, ohne Uhr und damit ohne Zeit, ohne Karte und Kompaß und damit ohne Orientierung, ohne Bücher und damit ohne Leben aus anderer Hand. Das Wichtigste aber, was ich zu Hause ließ, war das, was man gemeinhin zum Leben braucht: das liebe Geld, ohne das bisher nichts ging. Ohne Geld durch eine Welt zu gehen, in der

sich alles um Mark und Pfennig dreht, hatte etwas Utopisches für mich, erschien mir wie ein Gang in absolutes Neuland – ein Neuland, in dem es jedoch mir ganz vertraute Orte gab: München, Heppenheim, Bochum, Bergisch-Gladbach, Heidelberg, Berlin... Am nächsten war Holzminden an der Weser. Dort hatte ich entscheidende elf Jahre im Internat verbracht und mit meiner kurzen Hose, die ich selbst im Winter trug, Eindruck geschunden. Aber auch Holzminden erscheint mir hier, unter dem weißen Blütendach, so endlos fern wie meine Hamburger Wohnung, kaum dreißig Kilometer hinter mir, in der die Salatreste noch an den Wänden kleben.

Für Feldmann, der sein Leben bisher hinter Gittern verbracht hat, muß der Kontrast noch größer sein. Er hat heute erfahren, wozu ihm Beine gewachsen sind, wie ein Gänseblümchen riecht und daß die Kaninchenködel schmecken. Satt allerdings kann auch ein Asylhund davon kaum werden, das zeigt sich beim ersten gemeinsamen Abendbrot. Fast den halben Brotlaib verschlingt er mir wie nichts, dazu ein gutes Stück meiner Wurst, ohne daß die Gier, mit der er mich beim Essen beobachtet, aus seinen Augen weicht. Ich mache mir ernste Sorgen, wie ich ihn mit durchbringen soll auf meiner Wanderschaft, ohne einen grünen Heller im Sack. Hunger leiden zu müssen, darauf bin ich vorbereitet, damit will ich fertig werden, aber meinem Hund, dessen Rippen ich schon im Zwinger zählen konnte, werde ich allzu viele Schmachttage kaum zumuten können.

Die letzte Scheibe Brot spüle ich mit einem Schluck Wasser aus der Feldflasche hinunter und krieche in meinen Schlafsack. Feldmann schnüffelt noch ein wenig das

Gelände ab, bis auch er seine Schlafstätte an einem nahen Baumstamm gefunden hat. Erst kratzt er dort ein wenig herum, dreht sich ein paarmal unschlüssig im Kreis, um dann, mit einem tiefen Seufzer müder Zufriedenheit, im hohen Gras zu verschwinden.

Rot und schwerfällig steigt die Sonne hinter den Dächern der Siedlung empor. Die Nacht hat über die Wiese einen weißgrauen Kristallschleier gelegt, der jetzt, in den ersten flachen Sonnenstrahlen, glitzernd vergeht. Da alles noch schläft hinter heruntergelassenen Jalousien, wage ich ein kleines Feuer für einen Morgenschluck Tee. Die Hitze tut gut, sie vertreibt die letzten klammen Gedanken der Dunkelheit. Die erste Nacht unter freiem Himmel ist überstanden. Ein stärkendes Gefühl, auch ohne weiches Bett und schützendes Dach ausgekommen zu sein. Fast leid tun mir die Leute in ihren Häusern da drüben. Müssen sie nicht Platzangst bekommen zwischen ihren dicken Mauern? Ich fühle mich frei hier im Freien und komme mir sehr überlegen vor. Was soll mir jetzt noch groß passieren!

Feldmann streckt sich und rollt mit langem Gähnen die Zunge zu einer rosa Spirale. Als das erste Moped über die Straße plärrt, stehlen wir uns leise aus unserer Blütenidylle. Wie gestern früh, lasse ich die Sonne links von mir scheinen, gehe also weiter nach Süden, denn geradewegs dort liegt Holzminden.

Doch bevor wir richtig in Bewegung kommen, müssen wir noch manches Hindernis hinter uns bringen. Zunächst ein Autobahnkreuz, ein Drüber und Drunter von Beton und Blech, von Gestank und Lärm – ein Kreuz für den Fußgänger! Nach zwei Unterführungen und mehreren vergeblichen Versuchen, einen Zubringer zu überqueren, stoppt uns eine Motorradstreife. Der füllige Polizist steigt behend von seiner schweren Maschine und fragt, ob ich verrückt sei. Ich verneine die Frage, so ruhig ich kann. Während der Beamte meine Personalien per Funk überprüfen läßt, erkundige ich mich nach einem Weg aus diesem Straßenlabyrinth. Gut einen Kilometer weiter ist eine Brücke, bekomme ich zur Antwort, und kurz dahinter noch eine, und dann bin ich bald in Klecken. Es dauert eine Weile, bis die Zentrale »negativ« durch das Funkgerät quäkt, was anscheinend positiv für mich ist, denn ich bekomme nun meinen Personalausweis zurück. Ich darf weiter.

Hinter Klecken stehen Feldmanns erste Kühe. Skeptisch schnuppert der Hund durch den Stacheldraht und versucht, sich ein Bild von den Riesentieren zu machen, die uns neugierig anglotzen. Die Kuhweide grenzt an ein Waldgebiet, doch meine Hoffnungen auf ein gutes Vorankommen werden bald enttäuscht: Nach nur wenigen Minuten freiem Tritt geraten wir in eine Wochenendkolonie, mit sonnenverbrannten Stadtmenschen in grellen Hollywoodschaukeln vor Klapptischen, gedeckt mit Nescafé, Rama, Nutella und Brötchen oder geschnittenem Sonnentoast. Um jedes Frühstücksglück ein niedriger Jägerzaun, an jeder Eingangspforte der Name des Besitzers in Messing oder Emaille, aus jedem blitzblanken Auto, das neben jedem Häuschen parkt, die Verkehrsinformationen des Norddeutschen Rundfunks: »... ortskundige Autofahrer werden gebeten, die Unfallstelle möglichst weiträumig zu umfahren.« Die Stadt hat uns noch immer nicht losgelassen, und sie behält uns in ihrem Griff bis tief hinein in den Naturschutzpark Lüneburger Heide. Denn es ist ein schöner Maisamstag, und die Massen wälzen sich durch das Wacholderland. Statt der Autos dominieren hier die Klappräder, die sich – Väter vorne, Kinder in der Mitte, Mütter als Schlußlicht – ihren Weg am Fußvolk vorbei durch den Sand klingeln.

Überall mahnen uns Schilder, die markierten Wege nicht zu verlassen, die Ruhe zu wahren und die Schönheit der Natur zu achten. Ich habe hier kein Auge für die Natur, die vielen Menschen verstellen mir den Blick, machen mich aggressiv, ich will nichts wie weiter, weg von dem Trubel, Abstand gewinnen, Strecke machen.

Salziger Schweiß rinnt mir die Stirn herunter und macht mich durstig. Es ist viel zu heiß für diese Jahreszeit. Die Füße werden schwerer mit jedem Schritt. Mein rechter Schuh scheuert beharrlich an der Ferse. Spürbar wächst da eine Blase, die sich wie ein taubes Polster zwischen das Fleisch und die Wollsocken legt. Wann wird sie platzen? Ich zähle jeden Schritt des rechten Fußes. Fünfzig Schritt bis zum Baum, hundertfünfzig Schritt bis hinter die Kurve, zweihundertzwanzig Schritt bis an die Schranke vor dem Parkplatz, und immer noch rutscht das Wasser unter der Haut hin und her. Am Wirtshaus »Lönsklause« ist es dann soweit: Die Blase zerplatzt – ich spüre den lang erwarteten beißenden Schmerz, der sich über die Achillessehne bis zur Wade hin hochzieht. Pause. Auf der Caféterrasse des Lokals viele Menschen unter rotweißen Cinzano-Sonnenschirmen. Die Gäste mustern uns mit Respekt: meinen Rucksack, meinen Wanderknüppel, in der Stadt noch eher kuriose Gepäckstücke, dazu den Hund. Eine Frau fragt mit schriller Stimme, ob ich der Schäfer sei. Niemand lacht, die Frage ist ernst

gemeint. Der Naturbursche im Naturpark, das paßt so haargenau, daß ich am liebsten gleich Reißaus genommen hätte. Aber mein Fuß will jetzt nicht mehr, und außerdem brauchen wir Wasser. Mit einem herumliegenden Gartenschlauch lassen wir uns beide vollaufen. Feldmann säuft aus meiner rechten hohlen Hand, ich aus meiner linken.
Mit gefüllter Feldflasche geht es humpelnd weiter. Es wird Abend, bis wir die Lüneburger Heide endlich hinter uns haben. Ich bin hundemüde, der rechte Fuß streikt. Zeit, sich nach einem Nachtquartier umzusehen. Ein kleines Wäldchen hinter einer Wiese bietet sich an. Feldmann kriecht unter den Zäunen durch, ich klettere mühsam drüber weg. An einem Hochstand ein ebener, nadelbedeckter Fleck. Niedergeschlagen bereite ich unser Lager. Kein guter Tag heute, zu viele Menschen, zertrampelte Natur. Und dann meine Ferse. Ich habe sie mir blutig gelaufen, der Socken klebt am rohen Fleisch. Wie soll es überhaupt weitergehen, wenn ich schon am zweiten Tag Invalide bin? Ich besitze nur diesen rechten Fuß, ich Fußgänger, ich brauche ihn so dringend wie der Vogel seinen rechten Flügel, wie der Fisch seine rechte Flosse, wie der Maulwurf seine rechte Schaufel. Ersatzteile gibt es keine, nur mein Heftpflaster als Flickzeug.
Beim Abendessen gleich die nächste Katastrophe. Da zeigt sich, daß unser Proviant schneller zur Neige geht als vorgesehen. Ich teile mir mit meinem Begleiter das letzte Brot, das letzte Stück Käse. Heringe in Dillsoße frißt der Hund nicht, dafür die Dauerwurst um so lieber. Aber satt werden wir beide nicht heute abend – und was wird morgen? Soll ich betteln gehen? Arbeiten? Klauen? Meine Gedanken eilen zurück nach Hamburg, wo Freda

jetzt sicher mit ein paar Freunden beim Italiener sitzt und sich Kalbszunge in Knoblauchsoße schmecken läßt. Lange liege ich wach.
Mitten in der Nacht schreckt mich plötzlich ein furchtbares Geräusch auf. Es hört sich an, als ob ein Mensch zu Tode gewürgt wird. Im Licht meines Streichholzes sehe ich, wie mein Hund mit heruntergezogenen Lefzen, die Augen verdreht, sein ganzes Abendbrot wieder herauskotzt. In meinen Armen versuche ich, das zitternde Tier zu beruhigen, aber nach wenigen Minuten schon folgt der zweite Brechanfall, dann der dritte und vierte. Statt Speisereste spuckt und hustet Feldmann nur noch einen hellen Schleim. Genaues läßt sich in der Dunkelheit nicht erkennen. Kein Streicheln kann ihn zur Ruhe bringen, auch keine guten Worte. Ich bin verzweifelt. Den ganzen Tag ist er quicklebendig vor meinen Beinen hergetrabt, die Hitze und die Wochenendler störten ihn wenig, und nun liegt er wie in seinen letzten Zuckungen. Was fehlt dem Tier? Bekommt ihm sein neues Leben nicht, war die Umstellung zu abrupt, oder hat er etwas Vergiftetes gefressen? Plötzlich fällt mir die eher beiläufige Bemerkung der Tierpflegerin aus dem Hamburger Asyl ein; sie hatte von einem Virus gesprochen, der bei dem einen oder anderen Heimhund festgestellt worden ist. »Zwingerhusten« nannte sie die Krankheit, »dagegen kann man wenig machen.« Ein paar Tiere sind schon daran eingegangen.
Je häufiger und heftiger mein Feldmann von dem würgenden Keuchen geschüttelt wird, desto sicherer bin ich, daß er diesen Zwingerhusten hat, und niemand kann uns hier helfen, allein im nächtlichen Wald, irgendwo zwei Tagesmärsche südlich von Hamburg.

Während ich Feldmann den klebrig-brockigen Schleim vom Maul wische, steigt es würgend in mir hoch. Nur mühsam überwinde ich meinen Ekel, streichle das Tier pausenlos, rede ihm weiter gut zu und hoffe, daß diese mondlose Nacht schnell vorübergeht. Mein Hund, der mir Schutz geben sollte vor den Gefahren am Wege – jetzt bin ich sein Beschützer und fühle mich doch so hilflos wie er.
Hätte ich wenigstens eine Uhr, damit ich wüßte, wieviel Zeit uns noch vom Morgen trennt. Das lange Warten zehrt an den Nerven. Feldmanns Anfälle scheinen etwas schwächer zu werden, sein Atem ruhiger, aber ich weiß nicht, ob er nun stirbt oder sich erholt. Unermüdlich streichle ich den warmen Hundekörper. Endlich meldet ein erster, kurzer Vogelgesang den heraufziehenden Tag. Die Sterne verblassen. Mit der Morgendämmerung weicht die Spannung von mir, und ich versinke in einen bleiernen Schlaf.
Als ich erwache, liegt Feldmann wie eine Locke zusammengerollt, mit geschlossenen Augen und ruhigem Atem neben mir. Wäre da nicht das Erbrochene auf meinem Schlafsack, ich hätte geglaubt, diese furchtbare Nacht sei nur ein Traum gewesen. Helle Wolken ziehen eilig über uns hin, hier im Wald aber ist es fast windstill. Leise nenne ich Feldmann beim Namen. Sein langer Schwanz beginnt zu tänzeln. Nach kurzem Recken stellt er sich vorsichtig auf die Tatzen und geht ein paar zaghafte Schritte zum Hochstand, um mit heruntergedrücktem Becken wie eine Hündin zu pinkeln, denn das Beinheben hat er noch nicht gelernt. Ich atme auf, es scheint ihm deutlich besser zu gehen.
Da ich nichts mehr zu essen habe, muß das Frühstück

ausfallen. Wir verlassen den Wald auf demselben Weg, den wir gekommen waren, Feldmann hinter mir, mit hängendem Kopf, ich mit einem flauen Gefühl im Magen. Das wichtigste ist jetzt, irgendwie an etwas Eßbares heranzukommen. Ich halte Ausschau nach einem Dorf. Doch nun, wo wir die Hilfe der Menschen brauchen, ist das Land wie ausgestorben: kein Bauernhof, kein Wochenendhaus, nur braune Äcker mit schnurgeraden Reihen erster winziger Keimlinge und dichte Wälder, die mir endlos erscheinen, weil ich aus Rücksicht auf meine rechte Ferse und meinen geschwächten Begleiter nur sehr langsam vorankomme.

Auf einer Schneisenkreuzung mitten im friedlichen Wald steht da plötzlich ein kolossales Monstrum: ein Panzer, dessen Kanonenrohr genau auf den Weg gerichtet ist, den wir entlangkommen. Es krampft sich in mir zusammen. Jetzt bloß keine falsche Bewegung. Wenn ich weglaufe, setze ich mich ins Unrecht. Regungslos läßt mich die Kriegsmaschine auf sich zukommen, sie beherrscht ihre Umgebung allein durch ihre drohende, stumme Präsenz.

Hinter dem eisernen Ungetüm ein Bild des Friedens: Drei ölverschmierte Gestalten in olivgrünen Pullovern sitzen um ein Lagerfeuer herum und brutzeln sich etwas Leckeres. »Guten Morgen«, grüße ich erleichtert in die Runde. Staunend blicken mich die Männer an, als sei ich hier mit meinem Rucksack völlig fehl am Platz und nicht sie mit ihrem Panzer. Es dauert eine Weile, bis einer der Soldaten die Sprache wiederfindet: »What the hell are you doing here?« fragt er kopfschüttelnd. »Walking«, gebe ich militärisch knapp zurück. Mit breitem Akzent klärt mich der Brite auf, daß ich mich in einer »Military

Area« befinde, zehn Kilometer von der Garnisonsstadt Munster entfernt, und daß »Civilians« wie ich hier gar nichts zu suchen haben. Nun ist mir klar, warum ich den ganzen Morgen keinem Menschen begegnet bin. Die vielen Kettenspuren und Patronenhülsen waren mir schon unterwegs aufgefallen, aber ich dachte an Forstfahrzeuge und Jägerei, denn irgendwelche Absperrungen oder Hinweisschilder hatte ich nirgends gesehen.

Ich erkläre den Soldaten meine Lage und hoffe, daß sie mich nicht gleich davonjagen – was dort über dem Feuer brät, riecht einfach zu gut. Feldmann steckt schon mit dem Kopf in einer Mülltüte und wühlt gierig ein paar Knochen hervor. Der Zwingerhusten scheint seinem Appetit nicht geschadet zu haben. Ich wage es nicht, mit gleicher Direktheit meinem Hunger Ausdruck zu geben. Unsicher trete ich von einem Bein aufs andere, vergeblich bemüht, nicht allzu offen in die Pfanne zu starren, und immer wieder höre ich mich sagen: »Well, well, well.« Aber die drei Kerle, alle ungefähr um die Zwanzig, einer noch mit dicken Pubertätspickeln im Nacken, rücken nicht etwa zur Seite, sagen nicht: »Have a seat«, »Be our guest«, »Would you like this steak medium or well done?« Nein, sie tun so, als sei ich gar nicht mehr da. Feldmann zieht immer neue Überraschungen aus der Tüte, erst Würstchen, dann halbvolle Büchsen Corned beef und schließlich jede Menge Weißbrot. Schlecht scheint es den Boys wirklich nicht zu gehen. Was würde ich mir vergeben, wenn ich jetzt einfach den simplen Satz herausbrächte: »I'm hungry.« Im Wald kann sich doch jeder mal verlaufen, und bis Munster ist es noch weit. Aber der Satz bleibt mir im Hals stecken, ich bekomme ihn nicht über die Lippen. Er hat etwas Peinliches, fast Obszönes, er paßt nicht in die Landschaft, zumal nicht in die bundesdeutsche des Jahres 1980. Was sollen die Tommys von diesem Land denken, in dem der »standard of living« viel höher ist als zu Hause auf ihrer Insel? Sie würden mich wahrscheinlich schallend auslachen, sie würden meinen, ich scherze. Geh die paar Meilen in die Stadt, würden sie sagen, und friß dich im erstbesten Restaurant so voll, daß du nicht mehr laufen kannst – bye-bye.

Das letzte Weißbrot kriegt Feldmann nicht mehr herunter. Sein Bauch, vorher eine Kuhle, ist jetzt ein praller kleiner Ballon. Hoffentlich behält er alles bei sich. Ohne ein Wort und mit Wut im leeren Bauch gehe ich weiter. Am liebsten hätte ich die drei zum Abschied mit ihrem eigenen Panzer plattgewalzt. »Bloody Tommys!« schreie ich so laut in den schweigenden Wald, daß Feldmann erschrocken seinen Schwanz einzieht.

Am Waldrand markiert ein Schild das Ende des militärischen Sperrgebiets: »HALT! SCHARFSCHIESSEN! LEBENSGEFAHR! – STOP! LIVE FIRING! DANGER OF DEATH«. Unter dem Text grinst mich ein schwarzer Totenkopf an, und ein Schauder fährt mir über den Rücken. Ein Glück, daß die Panzerbesatzung gerade Mittagspause gemacht hat, als ich ahnungslos durch ihre Hölle spazierte.

Im Süden breitet sich friedliches Land aus. Lerchen trällern stehend in den Lüften. Gar nicht weit liegt ein ziegelgedeckter Hof im Schatten von weit ausladenden Eichen. Der oder keiner! Quer über den Acker mache ich mich auf den Weg. Ein Mann im blauen Drillich steht an einem Türpfosten gelehnt, die Hände tief in den Hosentaschen vergraben. Während ich auf ihn zugehe, lassen sich unsere Blicke nicht los. »Guten Tag«, sage ich mit all dem Optimismus in der Stimme, der mir fehlt. Mein Gegenüber nickt nur knapp. Auf dem Fensterbrett schreckt eine Katze aus dem Mittagsschlaf. Schnell greife ich nach Feldmann und mache ihn an seiner Schnur fest. Da nichts weiter passiert, muß ich wieder etwas sagen: »Wir kommen aus Hamburg... zu Fuß.« Der Mann nickt erneut. Unbeeindruckt fragen seine Augen: »Was willst du?« Feldmann will zur Katze. Gereizt halte ich ihn zurück. Im Stall blökt ein Kalb. Ich gehe noch einen halben Schritt auf den Bauern zu, den Blick auf seine Holzpantinen geheftet. Dann sage ich: »Mein Hund, der hat Hunger – haben Sie zufällig was für uns?« Das Wort »Hunger« ist endlich heraus, uneigennützig versteckt hinter meinem Begleiter und letztlich doch auf uns beide bezogen. Dem Bauern macht die zweideutige Frage zu schaffen. Es dauert eine Weile, bis er langsam den Mund öffnet. »Die Reste sind schon bei de Schweine, aber Dickmilch könnt ihr haben«, sagt er und verschwindet im Dunkel der Türöffnung.

Dickmilch, dieses Wort muß ich erst mal verdauen. Es klingt wie Cordon bleu und schmeckt nach Kindheit: Berlin-Wilmersdorf, Mitte der fünfziger Jahre, ein heißer Frühsommertag. Die Schule ist gerade aus, völlig verschwitzt steige ich die vier Treppen hinauf, jede Stufe geht mir bis ans Knie. Oben wartet meine Mutter schon an der Tür. Ich sehe sie durch die Stäbe des Holzgeländers, wie sie mit meinem Erscheinen die Arme weit öffnet, ich rieche das Salz ihrer Achseln, spüre die Weiche ihrer Brüste und eile, nach kurzer, warmer Umarmung, in die Küche, wo es schon auf der Fensterbank steht, das Porzellanschälchen mit der Dickmilch, kühl

und köstlich, gerade aus der Speisekammer, eine dünne Zuckerschicht obendrauf.
Mit einem Emailleeimer in der einen Hand und einem Teller in der anderen erscheint eine ältere Frau mit bunter Schürze um den prallen Leib im Eingang des Hauses. »Ihr wollt was zu essen?« sagt sie mit freundlicher Miene und stellt den Teller vor mich auf die Holzbank neben dem Treppenabsatz, geht aber dann erst zu einem Blechnapf, der am Hauseck auf der Erde steht, und schüttet ihn voll bis zum Überlaufen. Die Katze hat schon mit geducktem Kopf zum Sprung angesetzt, aber die Milch in ihrem Freßnapf ist diesmal für Feldmann bestimmt, der sie gleich und in einem Nu in sich hineinschlingt. Erst nach ihm bekomme auch ich meinen Teil. Sämig und satt rinnt der gelblich-weiße Milchbrei in meinen Teller, und der säuerliche Geruch verstärkt die süßen Kindheitserinnerungen. Obwohl mein Hunger nun fast zur Gier wird, halte ich mich zurück. Erst mal muß ich dieses Gefühl, etwas zu essen zu haben, ganz und gar auskosten. Wie selbstverständlich war Nahrung bisher in meinem Leben, wie alltäglich und normal der volle Eisschrank, die freie Auswahl auf der Speisekarte – und wie besonders, ja kostbar ist jetzt dieser Teller saurer Milch. Euphorie steigt in mir auf. Ich sehe die Zukunft plötzlich in hellen Farben: kein Berg zu hoch, kein See zu tief, denke ich, wir werden unseren Weg schon gehen, nichts und niemand kann uns mehr aufhalten, keine wunden Füße und auch kein Zwingerhusten, dieser Teller Dickmilch wird uns die Kraft dazu geben.
Löffel für Löffel feiere ich ein Fest, lasse die kühlen Happen erst langsam auf der Zunge meine Körpertemperatur annehmen, zerdrücke sie dann genüßlich am

Gaumen, kaue, obwohl da nichts zu kauen ist, ein wenig mit ihnen herum, bevor ich sie in mir herunterrinnen lasse. Die Frau gewinnt Gefallen an meinem Appetit und schüttet mir noch zweimal den Teller randvoll. »Wohl länger nichts mehr gehabt?« fragt sie. »Drei Tage«, antworte ich kurz mit vollem Mund, was strenggenommen gelogen ist. Doch wer zeit seines Lebens gewöhnlich dreimal täglich gegessen hat, dem erscheint bei der ersten größeren Unterbrechung dieses Rhythmus das Hungergefühl schier unerträglich. Noch mehr aber quälte mich die Ungewißheit, ob ich überhaupt ohne Geld irgendwo von irgendwem etwas zu essen bekäme.

Nach dem dritten Teller bedanke ich mich und will weiter, doch weiterzukommen soll hier schwer sein. »In unserer Gegend ist der Krieg noch immer nicht zu Ende«, sagt mir die Bäuerin. Nach ihren Schilderungen sind wir umzingelt von riesigen Manövergebieten, eine kleine zivile Enklave im größten Panzerübungsgebiet der Republik. »Sonntags ist das hier schon mal n büschen ruhiger«, sagt die Frau, »aber wart mal ab, morgen geht das wieder rund, da versteht man manchmal sein eigenes Wort nicht mehr.« Erst im letzten Herbst haben sie drei Manövergranaten aus den Rüben gezogen, und in Munster ist sogar mal ein Fehlschuß im Kirchturm gelandet. »Wer es nicht gewöhnt ist, der kann hier schnell verrückt werden«, warnt mich die Bäuerin, »mach man nur, daß du Land gewinnst!«

Mir steht dazu nur der Weg nach Munster offen, durch einen schmalen zivilen Korridor zwischen zwei Schießplätzen. Ich traue der Landschaft vor dem Garnisonsstädtchen nicht mehr, ihr Sonntagsfrieden ist mir suspekt. Hinter den Bäumen sehe ich verdächtige Bewe-

gungen, aus Büschen ragen Äste wie Geschützrohre, halb umgestürzte Bäume werden zu Abschußrampen für Raketen. Wann geht's hier wieder rund?
Aber dann, so unvermittelt und plötzlich wie heute mittag den Panzer mitten im Wald, sehe ich sechs halbnackte Kinder im Bach bei einer wilden Wasserschlacht. Jeder spielt gegen jeden, und die wollenen Badeshorts und bunten Unterhosen leuchten nur so ins Land. Das Rinnsal ist zum Schwimmen viel zu flach, aber wer von den Knirpsen kann schon schwimmen? Feldmann kann es auf Anhieb – drei Sätze, und er ist drin, der rote Ball hat es ihm angetan. Die Kinder jubeln. »Komm du auch«, rufen sie mir zu, »kannst in den Kasten, bist so schön groß.« Ich zögere ein wenig, bis ich es wage, mit meiner Unterhose in das angenehm kühle, gar nicht so schmutzige Wasser zu steigen. Mein »Kasten« sind zwei Stöcke, die im Bachbett stecken. Nun stürmt die Meute, aber nicht aufs Tor, sondern zunächst auf den Sommersprossigen, der den Ball hat. Jeder will mich zuerst prüfen, heftiges Gerangel entsteht, Feldmann verstärkt das Durcheinander, und bald liegen alle im Wasser.
So geht das den ganzen Nachmittag, Weinen und Lachen wechseln schnell, Torwürfe sind selten, und wenn mal ein Ball kommt, dann halte ich ihn fast nie, weil ich bis zu den Schienbeinen bewegungsunfähig im Schlick festbetoniert bin. Meine kinderleichten Gegner sind mir weit überlegen. Nachdem unsere Lippen blaugefroren sind, lassen wir uns von der Sonne trocknen und wechseln dann unsere Sachen. Dabei bestätigt sich meine Vermutung, daß ich gegen ein gemischtes Team gespielt habe, denn »Tiggy« alias Tanja, sieben Jahre alt, ist wirklich ein Mädchen.

Erst auf dem gemeinsamen Weg in das heimische Dorf der Kinder kommen die Fragen: »Bist du ein Wandersmann?« »Ja«, antworte ich, und die Bezeichnung Wandersmann gefällt mir. »Und wohin wanderst du?« »Immer geradeaus.« »Und wenn der Weg eine Kurve macht?« »Dann gehe ich über den Stoppelacker.« Da blitzt es in den Kinderaugen.
Auf dem kurzen, geraden Weg bis zu den ersten Häusern höre ich viele Geschichten: vom Kalb, das letzte Nacht gestorben ist, erstickt unter der eigenen Mutter, von den Soldaten, »die alles kaputtmachen«, vom Rechenlehrer, den sie nicht ausstehen können. Als ich mich schließlich vor der Haltestelle der Bahnpost verabschiede, fragt mich das Mädchen: »Nimmst du uns mit?«
Allein gehe ich weiter. Hamburg liegt erst kurz hinter mir, und schon gibt es wieder Häuser, Straßen, Lärm. Nahe einer Kaserne stehen Männer in Uniform Schlange vor einem italienischen Eiswagen. Die Wache am Haupttor hat schon, Gewehr bei Fuß, eine Waffel in der Faust. Auch hier droht mir ein Schild: »Vorsicht – Schußwaffengebrauch!« Ein Spielwarenladen hält im Schaufenster viel Kriegsspielzeug bereit: Leopard II, Marder und Königstiger zum Selberbasteln, aber auch Kanonenfutter im Kinderwagen für die Soldatentöchter. Im Stadtpark der Garnisonsstadt flanieren rund um den Ententeich auffallend viele junge Männer, zu zweit, zu dritt, in kleinen Gruppen, alle korrekt gekleidet und alle irgendwie gelangweilt. Das Café beim Kino, in dem die U 47 gerade das britische Schlachtschiff »Royal Oak« versenkt, ist ebenfalls gut besucht von Gästen mit militärischem Haarschnitt. Bis auf die Straße hinaus riecht es verführerisch nach Kaffee und feinen Backwaren. Durch

die Scheiben sehe ich Kuchen auf den Tischen, mit Schlagsahne drauf oder überzogen von Schokolade. Sofort ist mein Hunger wieder da. »Wenne unterwegs bist, haste immer Hunger«, hatte Gustav die Ratte einmal gesagt, jener französische Fremdenlegionär aus dem Erzgebirge, der seit Diên Biên Phu »auf der Rolle« war, wie er sich ausdrückte, kreuz und quer durch die Bundesrepublik, zu Fuß, per Anhalter und gelegentlich mal mit einem »Bahnbenutzungsschein« des Sozialamts. Ich traf den Tippelbruder Mitte der siebziger Jahre vor dem Franziskanerkloster in Paderborn. Den linken Unterschenkel hielt er in einem Luftschacht versteckt, eine Zigarrenkiste mit ein paar Groschen drin hatte er vor sich. So bettelte er sich seine »Bombe« zusammen – um die drei Mark kostete damals die Zweieinhalb-Liter-Flasche Rotwein, die er täglich brauchte, »damit ich schlafen kann, ohne zu träumen, denn träumen ist schrecklich«.

Damals war ich als Reporter unterwegs, und der Artikel, den ich später schrieb, trug die Überschrift: »Betteln ist schwerer als arbeiten«. Es war ein halbseidener Artikel, voller Halbwahrheiten, ich fuhr mit Timm, meinem Freund, im flotten Alfa die Landstraßen ab, auf der Suche nach lohnenden Objekten zum Thema: »Nichtseßhafte«. Sozialreportagen waren schon damals sehr gefragt. Gustav die Ratte erzählte mir sein Leben für einen »Heiermann«, also fünf Mark, die wir ihm großzügig in seine Zigarrenkiste warfen. Und er verriet mir auch ein paar Geschäftsgeheimnisse der Tippelbrüder, so zum Beispiel, wie man in Bäckereien, ohne zu zahlen, etwas zu essen bekommt: »Hamse wohl etwas altes Brot oder Gebäck übrig?« hieß die einschlägige Frage, die mir hier vor der Konditorei auf einmal so lebendig in den Ohren klingt, als stünde Gustav leibhaftig neben mir. Nie hätte ich es mir träumen lassen, daß ich diese Redewendung der Obdachlosen einmal selbst gebrauchen müßte, um den eigenen Hunger zu stillen. Aber muß ich wirklich? Habe ich doch ein Obdach in Hamburgs feinem Stadtviertel Winterhude, für das die Miete (516 Mark plus Heizungskosten) so wie die Krankenversicherung und die monatlichen 190 Mark für das Versorgungswerk der Deutschen Presse per Dauerauftrag von meinem Bankkonto abgebucht wird. Mit diesem Konto könnte ich hier filmreife Tortenschlachten finanzieren, und doch habe ich jetzt so wenig über dem Kopf und in der Tasche wie damals Gustav, als er am nächsten Morgen im Park von Paderborn aus seinem traumlosen Rausch erwachte. Ich wollte mich versuchsweise lossagen vom Geld, weil mein Lebenshunger bisher zu meinem Einkommen und zu meinem Alter proportional gestiegen ist. So habe ich mich zu meinem Doppelgänger gemacht, und wenn ich jetzt zögere, in die Bäckerei zu gehen, um nach Brot zu betteln, dann nicht, weil ich kein Geld habe, sondern weil ich eben doch welches besitze. Zwar spiele ich meine Rolle heute authentischer als noch vor fünf Jahren, als wir das Auto im Parkhaus von Paderborn versteckten, bevor wir uns mit nacktem Oberkörper von der Heimleiterin der Obdachlosenherberge nach Läusen, genannt »Bienen«, absuchen ließen, aber meine Zwielichtigkeit ist geblieben. Ich bin mir selbst nicht glaubwürdig, und meine größte Sorge auf dieser Reise ist nicht etwa, unterwegs zu verhungern (sollte es tatsächlich hart auf hart kommen, wird mein eng geknüpftes soziales Netz mich schon auffangen), wirkliche Angst macht mir nur die Vorstellung, daß ich dies alles tue, um darüber zu schreiben. Ich sehe schon den Werbetext auf dem Buchumschlag: »*Ohne Geld durch deutsche Lande – ein Reporter erzählt*«. Mit geheuchelter Armut Geld machen, zu solch perversem Betrug wäre selbst Gustav nicht fähig, der mit allen Wassern gewaschen ist, wenn es gilt, den quälenden Durst zu löschen. Und wie scheinheilig sind meine Selbstzweifel, da ich es ja am Ende doch tun werde. Aber ich muß es tun, muß mich zur Zwiespältigkeit meiner Motive und meiner Rolle bekennen, muß laufend beschreiben, wie es mir seßhaftem Tippelbruder ergeht auf meinem Weg durchs Land.

Die Türglocke der Konditorei macht ding-dong. Fette Cremetorten und obstbeladene Kuchenböden springen mir zu Dutzenden ins Auge. Gäste und Bedienung drehen die Köpfe. Ihre Blicke wandern an mir herab: Mein Hemd ist verschwitzt, in die Jeans hat der Stacheldraht einen Triangel gerissen, sandiger Staub bedeckt die Schnürschuhe. Die Landstraße ist mir wohl schon anzusehen. Ich halte mich an meinem Stock fest und warte im Verkaufsraum vor dem Küchenbüfett, bis ich an der Reihe bin. Fünf Kunden stehen noch vor mir, zwei Uniformierte, zwei sonntagsfeine mollige Damen und ein Junge in kurzen Hosen. Er blickt mit freundlicher Neugierde, bis ihn die eine mit spröder Stimme fragt: »Willst du nun Apfel oder Aprikose?« Er will keins von beiden, lieber Negerküsse. Die Frau bestellt »zwei Aprikosenschnittchen ›mit‹«. Der Junge zieht einen Flunsch.

Nachdem die Soldaten endlich ihre Wahl zwischen dem Schokoladenkuchen, der Rumtorte und dem Buttercre-

mestrudel getroffen haben, wendet sich die Verkäuferin mir zu. »Sie wünschen, bitte?« Welch eine Frage! Mir ist alles recht, ob Schnittchen, ob Torte oder Strudel, auch einzupacken braucht sie es gar nicht erst, ich verzehre gleich hier, stehenden Fußes. Das Bedienungsmädchen, blond, weißgeschürzt, wartet auf meine Bestellung. Ding-dong, neue Kundschaft kommt, durch den Türspalt sehe ich draußen meinen angebundenen Feldmann, der sorgenvoll zu mir hereinstarrt. »Sie wünschen, bitte?« Ein wenig über den Tresen gebeugt, um nicht zu laut sprechen zu müssen, kommt aus mir der Spruch von Gustav: »Haben Sie wohl etwas altes Brot oder Gebäck übrig?« Mit dieser Frage ist auch meine Verlegenheit über dem Tresen. Als hätte ich dem Mädchen einen unsittlichen Antrag gemacht, läuft sie rot an, sagt nach kurzem Zögern dann »Einen Moment« und verschwindet durch eine Tür neben dem schön dekorierten Pralinenregal. Auf der Straße schrillt das Martinshorn einer Militärstreife heran und fährt vorbei. Die Aprikosenschnittchen lächeln mich an. Ding-dong, noch mehr Leute. Endlich kommt die Bedienung zurück, immer noch etwas verfärbt im Gesicht, eine Papiertüte in den Händen. »Bitte«, sagt sie mit betretenem Lächeln. »Danke«, sage ich, bemüht, ihrer Stimmlage zu entsprechen. Mit einem Ding-dong bin ich wieder draußen an der Luft. Feldmann tanzt.
Während ich die Stadt verlasse, stopfe ich trockene Brötchen und »Amerikaner« in mich hinein. Ich bin unsagbar stolz, meine erste große Bettelprobe bestanden zu haben, die Sauermilch vom Bauern war ja mehr eine Gefälligkeit. Ich empfinde eine Lebenstüchtigkeit, die kein auch noch so hohes Einkommen zu vermitteln vermag. Gu-

stav hatte schon recht, als er sagte: »Betteln ist schwerer als arbeiten.« Ich kann's jetzt, was kost' die Welt!
Über den Gartenzaun spricht mich ein Rentner auf meine Zweimeterlänge an. Er ist bei der Garde gewesen, erzählt er ungefragt, Hannoveraner Kavallerie, 1912, Lanzenexerzieren auf dem Kasernenhof. Meistens hat er daneben gestochen, weil die Pferde vor den mit alten Uniformen bekleideten Strohpuppen scheuten. Als später aus den Puppen Menschen wurden, hatten Pferde und Lanzen in den Schützengräben an der Somme und vor Verdun keinen Platz mehr. Nach einem Giftgasangriff lag der Kavallerist bis Kriegsende im Lazarett, blind, »aber mit einem EK, wie der Hitler«. Der Krieg scheint den Leuten von Munster nicht mehr aus den Köpfen gehen zu wollen.
Nach kurzer Nacht auf moosigem Waldboden endet der Munsteraner Sonntagsfrieden schon mit dem ersten Morgenlicht. Gewcckt werden wir von einer Staffel Hubschrauber, die im Tiefflug über uns hinwegdröhnt. Kaum haben die Vögel ihre Stimmen wiedergefunden, da bringt sie der ferne Donner schwerer Geschütze erneut zum Schweigen. Maschinengewehre bellen in rhythmischen Abständen dazwischen. Dann wieder die Hubschrauber. Zwei Piloten in jeder Maschine, sie fliegen so dicht über die Wipfel, daß ich unter den weißen Helmen ihre roboterhaften Gesichter erkennen kann. Die gleichen Gesichter wie in Brokdorf, Grohnde, Gorleben, denke ich; wann fallen die Tränengasbomben, wann kommt die berittene Bereitschaftspolizei aus dem Unterholz, mit extra langen Knüppeln, oder übt sie noch auf dem alten Kasernenhof der Hannoveraner Kavallerie?
Im Eilschritt nichts wie weg vom Kriegslärm. Es knallt

aus allen Richtungen. Im Zweifel immer nach Süden. Nur gut, daß die Sonne so verläßlich jeden Morgen genau im Osten aufgeht. Seit Hamburg ist noch kaum eine Wolke am Himmel aufgetaucht. Im Laufe des Tages wird es dann aber immer schwieriger mit der Orientierung, weil ich nicht weiß, wie spät es ist. Wie schnell vergeht die Zeit beim Gehen, rennt sie, oder schleicht sie, oder trottet sie vor sich hin? Mir fehlt noch Erfahrung, ich bin da noch nicht bewandert genug. Wenn ich meine, daß nun Mittag sein könnte, mache ich Rast, lege mich in den Schatten eines Baums und lasse die Sonne genau durch zwei markante Astgabeln scheinen. Dann mache ich die Augen zu, träume ein wenig vor mich hin, und schon nach kurzer Zeit läßt sich ablesen, ob sie steigt oder den Zenit bereits überschritten hat, das heißt, ob es noch Vormittag oder schon Nachmittag ist. Früher war es Mittag, wenn ich Hunger bekam. Jetzt aber habe ich immer Hunger, Hunger ist mein ständiger Wegbegleiter geworden, er drückt im Magen wie ein schmachtendes Völlegefühl, er beschäftigt die Phantasie auf Schritt und Tritt, läßt im Heidekraut pralle Blaubeeren erscheinen und am Himmel gebratene Tauben. »Was würdest du jetzt zu einem Spanferkel am Spieß sagen«, frage ich Feldmann mit Lust an dem Gedanken, »ich esse die krossen Schenkel und lasse dir viel Fleisch am Knochen; oder du fängst mir einen fetten Fasan, und wir machen halbe-halbe.« Aber Feldmann hat selbst gegen die flügellahmsten Enten, die er gelegentlich aus dem Schilf der kleinen Teiche am Wege hochstöbert, keine Chance.

Überraschend für mich ist, daß mich der Hunger nicht etwa lähmt oder schwächt, er treibt meinen Tritt wie eine Peitsche an. Die wunden Fersen, das Reißen in den

Waden, die schweren Schultern – alle körperlichen Schmerzen werden fast betäubt von der Leere des Magens. Ähnlich der Quirligkeit nach einer schlaflosen Nacht, empfinde ich eine innere Überreiztheit, eine fast fiebrige Präsenz, die mir die Sinne schärft. Vor allem Farben wirken stärker auf mich, das Silberweiß und gelbliche Grün einer Birkenallee, der stufenlose Übergang vom hellen Rot bis zum verwitterten dunklen Braun, fast Schwarz der Ziegel eines alten Scheunendachs, das aschfahle Grau der sandigen Rübenäcker, die so sehr auf Regen warten – all das meine ich so farbig zu sehen, wie nur ein Blinder träumen kann, oder einer, der per LSD auf dem Trip ist. Am 1. Mai 1971 spielte sich im Stadtpark von Bochum vor meinen Augen etwas ganz Ähnliches ab. Ich saß allein auf einer Bank und begeisterte mich an den Reflexionen des ruhrgebietsgrauen Himmels im Ententeich. Auf dem Wasser tanzte und schillerte es so leuchtend bunt, als seien meine Pupillen Kaleidoskope. »Vielfalt, Vielfalt«, hörte ich mich immer wieder sagen und gab mich ganz der Illusion hin, ich hätte die Schleusen meiner Sinne mit einem kleinen Stückchen Zucker weit aufgestoßen.

So etwa ist es auch jetzt wieder und das nicht allein mit den Farben. Auch die Töne klingen anders, eindringlicher, prägnanter: das helle Sterbeglöckchen in einem Dorf weitab vom Weg, sein traurig-monotones Bimmeln, das mir der böige Wind mal bedrohlich, mal zaghaft heranweht, der Lerchentriller wie festgenagelt am Himmel, das knarrende Gegeneinander zweier sich reibender Äste und dazwischen immer wieder und unüberhörbar die gnadenlos trommelnde Kriegsmaschine, die alle Nebentöne im Land begräbt.

Am stärksten aber weckt der Hunger die Nase, den Riecher für die gute Gelegenheit, die Witterung für alles, was der Magen vertragen kann: ein kleiner Gemüsegarten am Rande eines verschlafenen Dorfes. Die Johannisbeeren, noch winzig und giftgrün, die Erdbeeren erst in voller Blüte, von den Erbsen außer Holzstangen keine Spur. Schlechte Zeiten noch für ein vegetarisches Mahl. Trotzdem zieht es mich neugierig an den Zaun heran, und was lugt da auf einmal hinter dem Gerätehäuschen üppig und verheißungsvoll hervor? Eine frühreife Rhabarberstaude mit Blättern so groß wie Elefantenohren und Stangen so rot und reif, daß mir die süßesten Gedanken ihren stumpf-sauren Geschmack verzuckern. Das Mittagessen ist gefunden.

Vor einem einsam gelegenen Hof mit liebevoll restaurierter Fachwerkfassade brauche ich keinen besonderen Riecher, um meine Chance zu wittern. Harte Rockmusik dringt aus dem Wohnhaus, in dessen Türbalken ein Warner Thor Obernoh im Jahr 1752 einen schönen Spruch hat hineinschnitzen lassen: »Ach, bleib bei uns, Herr Jesu Christ / weil es nun Abend worden ist / dein göttlich Wort und helle Licht / lasz bei uns auslöschen nicht / dasz wir dein Wort und Sakrament / reinhalten bis ans...« – und da hatte sich der Zimmermann wohl verrechnet, der Balken ist zu Ende, und das Wort »End« paßt nicht mehr hin.

In einigen Fenstern hängen getrocknete Blumensträuße, Jeans flattern an der Wäscheleine, auf der Außentreppe, die zum Eingang führt, liegt ein Steckenpferd. Neugierig folge ich der Musik, steige über die alte Steintreppe hinauf zu der halboffenen Tür und betrete ein chaotisches Museum. Ritterrüstungen, Säbel, steinerne Kanonenkugeln, leuchtende Naturkristalle und Fächer aus Fasanen- und Pfauenfedern stehen und liegen im geräumigen Flur herum, als sei dies die Garderobe eines Opernhauses, in dem heute abend der Lohengrin aufgeführt werden soll. Doch ich höre Rock. Ohne anzuklopfen, öffne ich eine Tür. An einem großen Holztisch sitzt junges Volk in blauen Landarbeiterhemden und selbstgestrickten Wollwesten um einen dampfenden Topf Pellkartoffeln. Ein Säugling bedient sich an der prallen Brust seiner Mutter. Warmes Dämmerlicht fällt durch die dicken Butzenscheiben, und wären da nicht der Eisschrank und die laute Musik, die Szene könnte aus längst vergangener Zeit stammen. Jemand stellt den Plattenspieler leise. »Wer kommt denn da?« fragt eine Kinderstimme in die eingetretene Stille. Ich nenne meinen Vornamen. »Setz dich erst mal, Michael«, sagt einer ganz selbstverständlich, »ich bin der Georg.« Er stellt mir die Tischrunde vor. Da sind Willi, Christian, Paule, Renate, Peter und der kleine Hans, alles muntere, offene Gesichter.

Die Pellkartoffeln und der Zwiebelquark gehen mir nur so runter. Seit Hamburg die erste warme Mahlzeit. Feldmanns Augen schmachten unter dem Tisch hervor. »Der kann nachher was kriegen«, sagt Georg, »wir haben selber Hunde.« Zum Nachtisch gibt's eingemachtes Obst und dann auch noch Kaffee. Fettlebe! Satt und zufrieden stecke ich mir eine Pfeife an. Die Seßhaftigkeit hat auch ihre angenehmen Seiten. Keine zehn Pferde bringen mich heute noch weiter, denke ich und strecke die Beine lang unter den Tisch. Bevor ich mich zu einer entsprechenden Frage aufraffen kann, sagt Willi mit Engelszunge: »Kannst bei uns ein paar Tage bleiben, wennde uns hilfst, Platz ist genug da.« Nichts täte ich lieber,

meine Füße können eine Pause gut vertragen, und Feldmanns Pfoten wohl auch. Was immer Willi mit »uns helfen« gemeint hat, nach den mageren Tagen, die hinter mir liegen, bin ich gern bereit, für drei Mahlzeiten am Tag von morgens bis abends zu schuften.
Nachdem mein Hund eine große Portion »Pansen mit frischer Leber« verschlungen hat, zeigt mir Georg mein Quartier. Es ist nicht etwa die Scheune, auch nicht das alte Sofa auf dem Flur zwischen den Antiquitäten – es ist eine komfortable Wohnung im Gästehaus, mit Küche, Bad, gemütlicher Wohnstube und einem Schlafzimmer, in dem sich ein richtiges Bett befindet, ein Bett von französischen Dimensionen, will mir scheinen, so unvorstellbar weich, so breit, und zu allem auch noch frisch bezogen.
Drei Tage lang harke ich das Laub des vergangenen Herbstes zusammen. Daß es jetzt, mitten im Frühling, immer noch die Blumenbeete und den Rasen rund um die Hofgebäude bedeckt, läßt auf eine zwanglose Betriebsführung schließen. Kein Wunder, denn die jungen Leute hier sind keine Bauern, sondern Musiker, die mit ihrer Rockband »Feinbein« den Jugendlichen der Dörfer rundum an jedem Wochenende auf den Tanzdielen kräftig einheizen. Willi, ein ehemaliger Student der Kunstgeschichte aus Hamburg, spielt die Gitarre und singt dazu eigene Texte; Paul, nebenbei Kunstmaler, begleitet ihn auf der Hammondorgel; Christian ist Schlagzeuger und Georg der Bassist. Ihm, dem ehemaligen Antiquitätenhändler, gehört nicht nur das altertümliche Gerümpel im Flur, sondern der ganze Bauernhof, auf dem jedoch heute die Musik Vorrang hat vor allem anderen. Ihr wurde im Laufe der Jahre fast alles geopfert, was mit

Landwirtschaft zu tun hat. Die Kühe, die Schafe, die Bienen sind abgeschafft, die Felder verpachtet, und in die eigenen Wälder gehen die Männer nur dann zum Ausholzen, »wenn wir Bock darauf haben«, also sehr selten. Das wenige Geld, das die »Oberoher« zum Leben brauchen, verdienen sie sich mit ihren Konzerten und einer Art alternativem Erholungsheim für genesende Drogenabhängige, ökologisch engagierte Jugendgruppen, Schulklassen und stadtmüde Freaks aus norddeutschen Großstädten, die mal ein paar Tage frische Luft brauchen. Ein Dutzend Ferienwohnungen, wie ich eine bezogen habe, steht ihnen zur Verfügung; dort können sie tun und lassen, was sie wollen, vorausgesetzt, das Mobiliar bleibt heil.

Neben mir wohnt ein junges Paar mit zwei kleinen Mädchen. Etwas Trauriges geht von diesen Leuten aus, irgendein Schatten scheint über ihnen zu liegen. Trotz ihrer Jugend wirken sie verhärmt, fast leblos, ich spüre eine Bitterkeit, die mich besonders bei den Kindern befremdet. Aber auch ich bin diesen Menschen fremd. Obwohl wir unter einem Dach wohnen, gehen wir uns zunächst fast scheu aus dem Weg. Außer einem flüchtigen Gruß passiert nichts, und doch verbirgt sich hinter unserer Distanz ein starkes Interesse füreinander. Erst zwei Tage nach meiner Ankunft – ich stehe mit dem Rechen wieder zwischen meinen Laubbergen – kommt die junge Frau auf mich zu und fragt mich, »ob ich auch drücke«. Erschrocken schüttele ich den Kopf, mit Heroin hab' ich nichts zu tun, und da schwankt ihr Blick zwischen Enttäuschung und Erleichterung. »Ich auch nicht«, sagt sie mit unsicherer Stimme und fügt nach einer Pause hinzu: »Seit über zehn Wochen.« Eine zwei-

monatige Entziehungskur liegt gerade hinter ihr, in einer »Klapsmühle«, sechs Personen in einem Zimmer, darunter Epileptiker, Leute mit Hirntumoren und senile Greise. »Die Nächte waren das schlimmste«, erzählt das Mädchen, und hätte sie ihr Freund da nicht herausgeholt, sie wäre wohl selber verrückt geworden. Entgiftet, immerhin, ist sie jetzt, zum erstenmal seit sechs Jahren, und die Landluft tut ihr gut. In Mannheim hat sie vor ihrer Einweisung ein Gramm Heroin pro Tag gebraucht, und die zweihundert Mark dafür mußte sie sich irgendwie beschaffen. Ihren Job als Sekretärin in einem Großraumbüro hatte sie schon lange aufgegeben, so blieb, wollte sie nicht klauen, nur der Strich, »was hart ist mit zwei kleinen Kindern«. Jahrelang lebte sie ein Doppelleben. »Tagsüber war ich Hausfrau und Mutter, wurde sogar in den Beirat des Kindergartens gewählt«, und nachts hieß sie Nicole und schaffte an, »vor allem die Gastarbeiter standen auf mich«. In einer Szenenkneipe lernte sie Jürgen kennen, ihren jetzigen Freund, und er half ihr beim Versuch, von der Spritze wegzukommen. »Clean« will sie jetzt bleiben, »wenigstens versuchen muß ich's, schon wegen der Kinder«, eines ist fünf, das andere neun, vom Vater spricht sie nicht.
Ihr Freund versteht sie. Er selber war mal Fixer, und gemeinsam wollen sie sich nun stark machen gegen die Gefahr des Rückfalls, den Sog der Szene, sie wollen wieder arbeiten gehen, sich sogar einen »Trauschein holen«, als Einstiegsdroge quasi fürs bürgerliche Leben. Aber die Angst vor der Heimreise in wenigen Tagen ist groß. Die Frau fürchtet den Besuch von »alten Freunden, armen Schweinen wie ich eins war«, die ihr den ersten Schuß als Geschenk anbieten werden. Ob sie annehmen

wird, frage ich nicht. Ich frage überhaupt nichts, sondern harke meine Blätter, während sie dasitzt auf einem Baumstumpf und es aus ihr herausplätschert, als rede sie vom Wetter. Wer ich bin, was ich tue, das will sie gar nicht wissen. Die Information, daß ich »nicht drücke«, genügt ihr, damit bin ich ein »Normaler«, einer vom anderen Lager, in das sie ja nun auch will, wenn auch mehr aus Verzweiflung als aus Überzeugung. »Stricken kann ich schon«, sagt sie mir stolz, »es beruhigt.«
Ich stelle sie mir vor, die beiden, in ihrer neuen Heimat im Frankfurter Westend, 14. Etage; nach acht Stunden Arbeitskampf hinter der Schreibmaschine und an der Werkbank setzen sie sich erschöpft und entleert vor den Fernseher, sie häkelt, er trinkt sein Bierchen, nach den »Tagesthemen« gehen sie ins Bett, Licht aus, vielleicht noch ein wenig Liebe, vielleicht auch nicht. Aber die Entfremdung wächst von Woche zu Woche, er kommt immer später nach Hause, meist ist er schon stark angetrunken, es gibt öfter Krach, die Kinder werden von scharfen Wortwechseln aus dem Schlaf gerissen, sie fragen: »Warum streitet ihr euch dauernd«, eines Tages wird einer der beiden ausziehen, die Kinder werden »gerecht geteilt«, die Kleine zu ihr, die Große zu ihm, und wenn alles weitere unerwartet normal verläuft, und das heißt, wenn ein Rückfall in die Drogenszene auch jetzt noch vermieden werden kann, dann werden beide vielleicht einen neuen Partner finden, an dem sie sich wieder festhalten können wie Schiffbrüchige an einer Planke, und alles wird von vorn beginnen.
Wie ein Film läuft das abgedroschene Klischee von der unheilbar-heilen Bürgerwelt vor mir ab, während mir Monika ihre Geschichte erzählt – eine Geschichte, die ja

auch nur eine ganz normale Stereotype des Drogenlebens ist, hundertmal beschrieben, und doch einzigartig, fast unglaublich, wenn diese Frau sie mir schildert. Abends im Bett frage ich mich, ob mein Trip nicht auch zur Droge werden kann, von der ich eines Tages nicht mehr runterkomme. »Die Straße und das Meer geben keinen mehr her«, das war auch so ein Spruch von Gustav, dem Tippelbruder aus Paderborn, und der wußte, wovon er redete.

Eine Konfirmandenklasse aus Berlin trifft ein, fast alles frühreife Mädchen, die ihren vollbärtigen Pfarrer anhimmeln. Abends sitzen sie in der strohleeren Scheune, wo die »Feinbein«-Band ihre neuen Stücke einübt. Gespielt wird natürlich harter Rock, selbst komponiert, kein Mensch versteht, was Willi da Englisches singt, vor allem gegen das Schlagzeug hat seine Stimme keine Chance. Aber die Gesichter der Zuhörer glühen vor Begeisterung, einige Mädchen fangen an zu tanzen, der junge Pfarrer lächelt milde, es gibt eine Flasche Cola pro Person.

Länger als eine halbe Stunde halte ich den Lärm jetzt nicht aus. Die Musik scheint mir zu aufdringlich, die Menschen zu eng auf meiner Pelle, ich bekomme Platzangst. Du bist hier falsch, spüre ich, Hamburg hat dich wieder mal eingeholt. Ich sehne mich nach dem Schweigen des Weges, das ich bisher noch nicht gefunden habe. Genug gegessen, genug geträumt im weichen Federbett – wenn man das alles wieder hat, wenn es schnell wieder zur Gewohnheit wird, dann besitzt es kaum noch einen Wert, und altes Laub ist auch keines mehr da. Zeit zum Weitergehen.

In aller Frühe breche ich auf, mit zugeheilten Füßen und

wohlversorgt mit ein paar belegten Broten in der Jackentasche. Bereits hinter der ersten Kurve ist mir so, als sei ich schon immer gegangen, als könnte ich gar nicht mehr anders. Die Weite vor den Augen läßt mich tief durchatmen. Der feine Heidesand knirscht vertraut unter meinen Sohlen. Die Sonne ist noch nicht heraus, über dem Wald am Horizont liegt ein grauer Morgendunst. Zum erstenmal sehe ich halbgeschlossene Löwenzahnblüten, die sich im Laufe des Morgens langsam öffnen.

Ein Waldpfad führt dicht an einer schnurgeraden Bahnlinie nach Süden. »Feldmann, Fuß!« rufe ich aus Angst, der Hund könnte über die Gleise springen. Feldmann hört aufs Wort und geht mir nicht mehr von der Seite. Einige Tage schon wage ich es, ihn dort von der Leine zu lassen, wo nicht allzu dichter Verkehr herrscht. Das geht aber nur, wenn er mir in kritischen Situationen blind gehorcht. Zweimal gab es Hiebe mit dem Wanderstock – jetzt folgt er meinen Befehlen »Fuß«, »Platz« und »Voran«. Nur so können wir miteinander wandern, nur so kann jeder sein Tempo gehen, ohne daß einer den anderen behindert. Bis ich einen Acker überquert habe, hat Feldmann ihn längst mehrfach im Zickzack vermessen, bis ich am Bahndamm bin, ist Feldman längst die Böschung hinauf. Also: »Feldmann, Fuß!«

Ein Zug schleicht sich wie eine Katze geduckt und lautlos heran, wird immer schneller, immer größer, und als er dann mit einem Satz da ist und an uns vorüberjagt, bebt der Boden, und für Sekunden stirbt alles Lebendige. Ich würde zu gern wissen, wohin die Reise geht, aber die weißen Schilder an den Waggons sind nicht zu entziffern. Aus einem Fenster sehe ich flüchtige Blicke. »Platz nehmen zum zweiten Mittagessen.«

Ich sitze im Speisewagen, bestelle vom Teuren das Teuerste, geht ja sowieso alles auf Spesen. Sollte heute Montag sein, lese ich den *Spiegel*, so wie der Herr am Nebentisch, ein junger Geschäftsmann in Schlips und Kragen. Ich trage wie immer Jeans und Rollkragenpullover, darin fühle ich mich sicher, weil ich nicht so genau einzuschätzen bin wie der da drüben. Unter Termindruck stehen wir wohl beide: heute nachmittag in Frankfurt, morgen weiter nach München, auf dem Rückweg in Köln beim Presseamt der Stadt die Unterlagen abholen, am Wochenende schreiben. Der jugoslawische Ober bringt den Saftbraten. Beim Kaffee döse ich aus dem Fenster in die fliegende Landschaft. Irgendwann wird mein Blick für den Bruchteil einer Sekunde festgehalten von einem Mann, der da draußen mit Hund neben dem Bahndamm entlangläuft. Wenn mich nicht alles täuscht, habe ich auf seinem Rücken einen Rucksack und in seiner Hand einen großen Wanderstab gesehen. Wo der wohl hin will, denke ich und beneide ihn um die Zeit, die ich mir nicht zu nehmen wage...

Der Zug ist an mir vorbei, seine roten Schlußlichter verengen sich zu einem winzigen Punkt. Heute abend sind die Reisenden vielleicht schon in München. Wieviele Wochen oder Monate werde ich brauchen bis dorthin? Wird es Sommer werden oder schon Herbst?

In Lachendorf gerate ich in einen Umzug des Schützenvereins. Das Kinderprinzenpaar wird mit großem Gefolge zu Kuchen und Limonade geführt. Die Feuerwehrkapelle spielt einen Marsch. Hinter dem schwankenden Fahnenträger mit grün-weißer Schärpe und glasigen Augen ziehen wir ins Festzelt, wo die Väter der Kinder am Biertisch gerade das »Panzerlied« grölen. Ein Feuerwehrhauptmann a. D. haut mir kumpelhaft auf die Schulter und lädt mich zu einem Pils ein. »Komm, Landser, trink einen mit.« Wieder muß ich mir Kriegsgeschichten anhören, diesmal von den »langen Märschen nach Moskau und zurück«. Auch von Bundespräsident Carstens ist die Rede, der wie ich durch diese Gegend gewandert sein soll, allerdings mit einem Troß von Fernsehleuten und Sicherheitsbeamten, doch ohne Hund. Beim Bauern Tewes hat er Rast gemacht und »ganz bescheiden« einen Tee getrunken. Daß »so ein hoher Herr durch unsere Gegend kommt«, und dann auch noch zu Fuß, scheint die alten Kämpfer nachhaltig beeindruckt zu haben.

Als der Bundespräsident bei seiner Antrittsrede im Bundestag verkündete, er wolle durch Deutschland wandern, da war ich sauer. Ich hatte absolut keine Lust, in seine Fußstapfen zu treten, ich wollte auf gar keinen Fall mit einem Trend, mit einer Wanderwelle identifiziert werden, und nun drohte dieser Mensch, mir meine Tour zu vermasseln. Irgenwann machte ich mich dann frei von diesem Gedanken. Laß den seinen Weg gehen, sagte ich mir, ich geh' halt meinen, so klein ist die Bundesrepublik ja nicht, daß wir uns in die Quere kommen müssen. Aber wenn mir der Herr Bundespräsident dann doch auf die Füße tritt, so wie hier am Biertisch, wage ich nicht einmal, mich zu verteidigen, denn das könnte ja nach der faulen Ausrede eines Nachahmers klingen.

Mit dem dritten Bier verziehe ich mich in den Nebenraum, wo die Dorfkinder mehr beklommen als fröhlich auf ihren Stühlen herumrutschen, den Kuchen vor sich, die strengen Mütter im Rücken. Das Prinzenpaar am Kopfende der langen Festtafel ist so ergriffen von der

eigenen Würde, daß es keinen Bissen von der Extratorte herunterbekommt.
Draußen ist Rummel mit einem Karussell, einer Schießbude und viel Zuckerwatte. »Bitte rechts fahren«, kommandiert die Kassiererin des Autoscooters über den Lautsprecher aus ihrem Campingwagen, aber die viel zu temperamentvollen Gastarbeiterjungen halten sich an keine Verkehrsregeln und rammen unverdrossen die Wagen der blonden Dorfmädchen. Im Abfallkorb neben der Würstchenbude findet Feldmann eine halbe Bockwurst. Ich will weiter, aber da kommen drei schöne, stolze Frauen, ich glaube, es sind Zigeunerinnen. Jede führt ein Kind an der Hand. In ihren knöchellangen, schwarzgepunkteten Kleidern, die krausen Haare bis an die Hüften, sehen sie aus wie Drillinge. Ernst und entschlossen gehen sie auf das Karussell zu. Sie haben sich wohl selber viel Mut zusprechen müssen, bevor sie es wagten, hier zu erscheinen. Unnahbar und steif stehen sie am Karussell im Gedränge. Ihre Kinder drehen sich stumm auf den hölzernen Pferden. Von allen Seiten werden die Fremdlinge mit verstohlenem Mißtrauen beobachtet, keiner wagt einen offenen Blick, und mir geht es nicht anders. Bevor die Leute mit dem Holzsammeln für den Scheiterhaufen beginnen, mache ich mich davon.
Hinter Wienhausen bauen sich von Westen her die ersten Wolken auf, bis Ütze hat sich der Himmel langsam zugezogen, in Dollbergen fallen die ersten Tropfen auf meiner Reise. Vor diesem Augenblick graut mir seit Hamburg. Im Trockenen ist leicht vorankommen, wie aber ergeht es mir, wenn Nässe die Wege, die Schuhe und bald dann auch die Moral aufweicht? So konkret

habe ich mir diese Frage bisher nicht gestellt, glaubte ich doch, mich auf Sonne, Mond und Sterne absolut verlassen zu können. Drum steckt mein Regencape auch ganz tief unten im Rucksack. Nun muß es wohl oder übel heraus, und ich muß mich erstmals um ein Dach sorgen für die Nacht.

Scheunen gibt es in Dollbergen genug. Gleich beim ersten Bauernhof klopfe ich an die Tür. Ein altes Mütterchen öffnet. Ich sage: »Guten Abend, ich bin auf der Wanderschaft und wollte höflich fragen, ob ich in der Scheune schlafen darf.« Nach kurzem Stutzen schüttelt die Alte ihren kleinen, schrumpeligen Kopf und brummelt etwas von einer Base aus Nordfriesland, der »auch so Wandervolk« beim Rauchen die Scheune überm Kopf angezündet hat, »gleich nach dem zweiten Krieg«. Als ich vorgebe, Nichtraucher zu sein, winkt sie nur ungläubig ab: »Das sagen sie alle, und dann steckt doch die Pip im Büdel.« Überführt steuere ich den Nachbarhof an, wo mich ein feister Bursche vom hohen Traktor herunter abspeist: »Geh doch malochen, dann brauchst keine Scheune.« Immerhin, vom Arbeitslager ist nicht die Rede.

Der Regen wird stärker. Dachrinnen beginnen zu lecken. Das stumpfe Pflaster fängt an zu glänzen. Vor einem kleinen Lebensmittelladen stelle ich mich kurz unter. Eine Frau kommt mit vollen Tüten aus dem Geschäft. Sie trägt nur ein dünnes Kleid, auch sie scheint das Wetter überrascht zu haben. Sie hat es eilig. Ich gehe auf sie zu und stelle meine Frage. Ihre Scheune ist leer, ohne Stroh, ohne Heu, antwortet sie mit ängstlich zum Himmel gerichteten Augen. Ihr Mann hat die Landwirtschaft aufgegeben, er arbeitet in Peine in der Fabrik, und übrigens gibt es dort auch eine Jugendherberge. Danke für den Tip. Nach Peine sind es noch zwanzig Kilometer. Entmutigt gehe ich durch die Dorfstraße. Zwei Knaben folgen mir auf Fahrrädern in vorsichtiger Distanz. Beim nächsten Bauernhaus macht schon niemand mehr auf. Ein Fremder im Dorf, das spricht sich schnell herum. Was kommt denn der ausgerechnet zu uns? In der Scheune schlafen, wo gibt's denn heute noch so was? Ist der vielleicht ein Krimineller auf der Flucht? Rolläden runter! Feindseligkeit starrt aus jeder Hofeinfahrt. Mir fehlt der Mut weiterzufragen, die Angst vor neuen Zurückweisungen ist schon zu groß, mein Selbstvertrauen schwindet. Die Lage erscheint mir ausweglos. Das Regenwasser färbt Feldmann den Pelz dunkelbraun. Auch er hat Hunger, auch er ist hundemüde. Hat denn keiner ein Einsehen mit uns beiden? In einer solchen Situation hilft eigentlich nur noch der Gang zum Dorfpfarrer. Er muß uns doch helfen, schon von Amts wegen. Einen der Burschen, die immer noch hinter uns herschleichen wie Emils Detektive, frage ich, wo denn hier der Pastor wohnt. Moorblick 11, immer geradeaus, antwortet eine Stupsnase überraschend präzise, er ist wohl sein Konfirmand.

»Morgener« steht da an der Klingel eines häßlichen Neubaus. Gleich zweimal drücke ich den Knopf, Pfarrer Morgener soll wissen, die Sache ist dringend. Feldmann schnuppert am Briefschlitz. Beide lauschen wir in das Innere des Hauses. Alles bleibt still. Ist niemand zu Hause? Ich klingele noch einmal. Endlich eine Bewegung hinter den Glasbausteinen neben der Tür. Eine Hand greift zum Schloß, dreht den Schlüssel zweimal herum und verschwindet wieder. Ich bin platt, ich bin

wütend, ich möchte ihn steinigen, diesen Pfarrer Morgener, nach gutem alttestamentarischem Brauch. »Klopfet an, so wird euch aufgetan«, spricht der Herr. Denkste! Zugesperrt hat er, im wahrsten Sinne des Wortes sich mir verschlossen, ohne auch nur zu fragen, was ich will. Verflucht sei er, der Teufel soll ihn holen, und mit ihm das ganze Dollbergen!
Wie ein Ausgestoßener stehle ich mich durch den Regen aus dem Dorf. Im letzten Abendlicht finde ich noch einen verwaisten Viehunterstand, der zwar höllisch stinkt, aber Schutz bietet gegen Nässe und Wind. Auf getrockneten Kuhfladen breite ich meinen Schlafsack aus. Feldmann rollt sich gleich auf meinem Fußende zusammen. Schwere Tropfen prasseln wie Kieselsteine auf das Dach. Hoffentlich hält es dicht. Vor dem Einschlafen erscheint mir die Wetterkarte der »Tagesschau« als Horrorgemälde: »Das Tief mit seinem Kern über der Biskaya bewegt sich nur langsam nach Norden und bleibt auch morgen für ganz Deutschland wetterbestimmend. Die Temperaturen fallen auf acht bis zehn Grad, in ungünstigen Lagen ist mit leichtem Nachtfrost zu rechnen. Mittlere Winde aus West bis Nordwest, an der See stürmisch auffrischend. Die weiteren Aussichten: für die Jahreszeit zu kühl.«

Erst beim Anblick zweier großer, dunkler Mandelaugen geht die Sonne für mich wieder auf. Es ist der nächste Abend, weit über dreißig schleppende Kilometer liegen zwischen mir und dem Pfarrhaus von Dollbergen, und nun diese Augen! Sie gehören Barbara, und ihre Mutter kocht mir gerade vor dem großen Wohnwagen eine Suppe mit viel Gulasch. Ich bin bei Zigeunern gelandet, die gleich hinter dem Bahndamm der Stadt Hildesheim, zwischen Schrottplatz und Straßenverkehrsamt, ihr Lager aufgeschlagen haben. Es brauchte nicht vieler Worte, um dem Sippenältesten, einem gedrungenen Schnauzbart im abgetragenen Pepita, meine Lage klarzumachen. »Du hast Hunger«, sah er mir an, schon bevor ich meinen Mund aufbekam, »Mutter, mach ihm was zu essen.« Keine mißtrauischen Fragen, keine faulen Ausreden, klare Verhältnisse, und dazu gehörte auch die Feststellung: »Wir sind Sinti, keine Zigeuner!«

Mutter bringt mir die Gulaschsuppe unter das Vorzelt. »Mir kenn das, rumziehn, ohne was zu beißen«, sagt sie mit traurigem Lächeln, »oft genug schlagen uns die Gadschos, deine Leut, beim Hausierengehen die Tür vor die Nase.« Sie handelt mit Kurzwaren, Gummibändern, Spülbürsten und Heftpflaster, der Meter für fünf Mark. Ihr Mann hat ein »Scherenschleifgeschäft« im Kofferraum seines großen, rostigen Mercedes-Benz. Der motorgetriebene Schleifstein ist dort fest montiert und läuft über die Autobatterie. Im Land der Seßhaften scheint der mobile Betrieb recht gut zu florieren, denn immerhin ernähren auch vier Brüder des Ältesten mit solchen Kofferraumschleifereien ihre großen Familien.

Das Gulasch tut gut. Feldmann läßt meinen Löffel nicht aus den Augen. Er soll später die Reste bekommen. »Warum hast du denn den Hund mit«, fragt mich die schönäugige Tochter Barbara durch das hochgeklappte Wohnwagenfenster, »hast denn gar keine Familie?« Von meinen Eltern lebe ich schon lange getrennt, antworte ich, das ist ganz normal bei uns »Gadschos«. Das Mädchen blickt mich mitleidsvoll an. Daß ich durch das Land zigeunere, dafür hat niemand mehr Verständnis als sie, aber es alleine zu tun muß für sie schlimmer sein als eine Zweieinhalb-Zimmer-Wohnung. »Ohne meine Familie kennt ich nicht leben«, sagt sie mir, »wo die ist, bin ich zu Hause.«

Barbaras Zuhause auf vier Rädern hat alles, was ein bürgerlicher Haushalt zu haben hat: Blumen im Fenster, Einbauküche, Spiegelkonsole und einen Farbfernseher vor der Sitzgarnitur, die den Eltern nachts als Bett dient. Alles blitzt vor Sauberkeit und ist eine Nummer kleiner als gewöhnlich – eine Art mobile Puppenstube für Erwachsene. Fließend Wasser und der Anschluß ans Stromnetz fehlen allerdings. Der Fernseher ist batteriebetrieben, das Wasser holt man sich eimerweise von der öffentlichen Zapfstelle am Bahndamm. Wie überall in der Welt, wo das Wasser noch nicht aus der Wand kommt, ist dies auch hier Frauenarbeit, aber Barbaras Mutter nimmt mein Hilfsangebot dankbar an und läßt mich für sie und ihre vier Schwägerinnen die schweren Aluminiumkübel schleppen.

Derweil spielen die Männer Gitarre. Der Clanchef winkt mich zu sich. Er will wissen, ob ich schon 18 bin und Auto fahren kann. Ich nicke verdattert. »Dann kannste bei uns anfangen«, sagt er prompt, »kriegst auch immer gut zu essen.« Übermorgen schon soll es ins »Westfälische« gehen, vielleicht nach Bielefeld, vielleicht nach Münster, je nachdem, wo man die »Landfahrer« dulden wird, und da könnte ich doch als Fahrer und Hilfsarbeiter beim Scherenschleifen aushelfen. »Westfalen ist leider nicht meine Richtung«, lehne ich vorsichtig ab und bin gerührt und erschreckt zugleich, wie ernst man mich hier als Vagabunden nimmt. »Na ja, überlegen kannst es dir ja noch.«

Als es dunkelt, wird ein kleines Feuer gemacht, und die Zigeunerromantik ist perfekt. Fehlt jetzt nur noch, daß Barbara mit großen goldenen Ohrringen und tiefem Dekolleté vor uns einen Csárdás tanzt. Doch sie bleibt wie alle Frauen in ihrem Wohnwagen. Nach ein paar Musikstücken wechseln die Gitarren, jeder hier in der Runde beherrscht das Instrument, selbst die Halbwüchsigen. Gesungen wird in der Sprache der Sinti, einen Refrain aber verstehe ich:

»... so nur soll es sein,
niemals ganz allein,
sollst aus Freude oder Kummer
deinen Wein nie einsam trinken,
so nur soll es sein...«

»Warum eigentlich seid ihr immer unterwegs«, frage ich den Mann neben mir während einer kurzen Gesangspause, aber er zuckt nur verständnislos mit den Achseln und echot »warum?«. Ebenso schlau hätte ich einen Bäcker fragen können, warum er backt. Zigeuner zigeunern, es hält sie nichts.

Viele von seinem Stamm haben das Reisen schon aufgeben müssen, erzählt mir mein Nachbar, leben in Notunterkünften und sind auf die Sozialhilfe angewiesen. »Seßhaftmachen nenn das deine Leut, aber uns bringt's um«, sagt er und deutet auf eine Tätowierung auf seinem Unterarm, eine vielstellige Zahl, die mit einem großen »Z« beginnt. »Vor vierzig Jahren haben uns die Nazis in KZs gesperrt, und heut stecken ihre Kinder uns Überlebende wieder in Baracken.«

Man reicht mir eine Gitarre, aber ich muß leider passen.

Könnte ich wie diese Leute meinem Lebensgefühl Ausdruck verleihen, ich brauchte mich keinen Schritt mehr weiter zu quälen, würde keine Zeile mehr in mein Tagebuch schreiben und schon gar kein Buch. Aber mehr als drei Pfadfinderakkorde habe ich nicht im Griff, und so sitze ich sprachlos da, höre die Lieder, die ich nicht verstehen kann, fühle die Geborgenheit in dieser Männerrunde und wäre gern als Sinti auf die Welt gekommen.

Hauptbahnhof Hildesheim. Auf dem Plan hinter Glas suche ich mir den kürzesten Weg aus dem Stadtgewühl. Ich muß mich westlich halten, wenn ich zur Weser will. Um ganz sicher zu gehen, schreibe ich die Straßennamen auf den Rand eines Zeitungsfetzens: Kaiserstraße, Kardinal-Bertram-Straße, Pfaffenstieg, Dammtor, Landesrechnungshof und dann die Steinbergstraße entlang in den Hildesheimer Wald.
Nach drei bis vier Kilometern beschwerlichem Asphalt endlich die erste Wiese am Rand der stark befahrenen Bundesstraße. Ich binde Feldmann die Schnur vom Hals, doch anstatt auf die Wiese springt er freudig auf die Fahrbahn. Noch bevor ich reagieren kann, quietschen Reifen, dann ein dumpfes Krachen, Glas splittert, und der hellbraune Hundekörper schleudert in den Chausseegraben. Ich stehe da wie erstarrt, umklammere meinen Stock, möchte fliehen, aber die Füße scheinen am Boden festgewachsen wie in einem Alptraum.
Erst das Schlagen einer Wagentür bringt mich wieder zu mir: »Um Himmels willen«, schreit ein Mann mit schneeweißem Gesicht, »mein neuer Scirocco!« Feldmann liegt wie tot im Gras und blutet aus Kopf und

Hals. Eine große Wunde klafft unter seinem linken Ohr. Erst als ich ihn im Arm halte, spüre ich an seinem flachen Atem, daß er noch Leben in sich hat. »Schnell zu einem Tierarzt«, rufe ich dem blassen Autofahrer zu, aber der faßt sich nur an die Stirn, redet etwas von »weißen Lammfellsitzen« und rennt davon. Die Blutungen meines Hundes werden stärker. Mit beiden Händen versuche ich, die tiefe Halswunde zuzuhalten, aber das hilft wenig. Nase und Pfoten zittern, die halbgeschlossenen Augen zeigen nur ihr Weiß. »Feldmann«, flehe ich, »du darfst mir nicht einfach wegsterben.« Aber alles Betteln und Jammern ist jetzt umsonst, mich hat die Wirklichkeit eingeholt, jede Distanz zum Selbstexperiment, zum Doppelgänger, zum schreibenden Wandergesellen, zum wandernden Schreiber ist aufgehoben. Ich bin ich, es geht um Leben und Tod.

Der Scirocco-Fahrer kommt zurück. Die Hand immer noch an der Stirn, besieht er sich seinen Wagen. »Hören Sie«, sagt er atemlos, um mir dann mitzuteilen, daß er das Fahrzeug erst vorige Woche aus Wolfsburg geholt hat und daß der Schaden – neue Kühlerhaube, neuer Grill und neue Halogenscheinwerfer – gut und gerne seine 2000 Mark kosten wird. »Wie soll ich jetzt bloß an das Geld kommen«, sagt er und mustert mich abschätzig, »einem nackten Mann kann man ja nicht in die Tasche greifen.« Verblüfft schaue ich aus dem Straßengraben zu ihm auf. Woher weiß er nur, daß ich kein Geld habe, wie kann er sich so sicher sein? Er hält es nicht mal für nötig, mich zu fragen, wer ich bin, woher ich komme und was mich hier im Regen auf die Straße treibt. Mir soll es recht sein.

Auch für die zwei Polizeibeamten, die nach ein paar

Minuten am Unfallort eintreffen, gibt es keinen Zweifel über meine Identität. Sie sind geradezu überrascht, daß ich mich ausweisen kann und angeblich auch noch einen festen Wohnsitz habe. Ich bleibe neben Feldmann im Straßengraben sitzen, während der eine Beamte sich im VW-Bus hinter die Schreibmaschine klemmt, um von dort aus die Vernehmung durchzuführen. »Agnesstraße, sind Sie da ansässig?« fragt er. »Zur Zeit nicht«, antworte ich ausweichend. »Und einen geregelten Beruf haben Sie auch keinen?« »Keinen geregelten, nein.« »Was machen Sie denn?« »Ich bin freier Schriftsteller.« Der Polizist grinst spöttisch. »Und der Hund, gehört der Ihnen?« »Seit Hamburg laufen wir gemeinsam, und jetzt müssen wir zum Tierarzt, sonst geht er drauf.« Das leuchtet den Beamten überraschenderweise ein. Nachdem ich das Protokoll linkshändig mit ungelenker Schrift unterschrieben habe, um so die Unglaubwürdigkeit meiner Aussage noch zu verstärken, fahren uns die Polizisten zum Tierarzt. Dr. med. vet. Ute Warwas hat gerade einen Bernhardiner auf dem Operationstisch, als wir eintreffen. Ihre kaltschnäuzige Empfehlung: »Das dauert noch etwas, lassen Sie den Hund mal hier, und gehen Sie doch solange noch einen trinken.« Auch ihr ist wohl klar, wen sie da vor sich hat.

Im leeren Wartezimmer kommt Feldmann langsam wieder zu sich. Wie aus tiefem Schlaf erwacht, hebt er seinen Kopf und schaut mich benommen an. Apathisch riecht er an seiner eigenen Blutlache, dann leckt er sich gründlich die Vorderpfoten, so als sei gar nichts geschehen. Offensichtlich steht er noch unter Schock.

Sei realistisch, sage ich mir, es gibt kaum Hoffnung, daß er durchkommt. Die Wunde ist viel zu tief, der Blutverlust zu groß, die Ärztin wird ihn einschläfern müssen. Nach einer halben Stunde hilflosen Wartens bin ich dann soweit, daß ich die Kamera aus der Tasche hole, den Tisch mit den Illustrierten etwas zur Seite rücke, damit ich genügend Licht habe, und das »letzte Foto« meines Begleiters mache.

»Der Nächste, bitte!« Ich trage den Patienten in das Behandlungszimmer. Der Operationstisch ist noch warm vom Vorgänger. »Den schustern wir wieder zurecht«, sagt die Ärztin, »das ist gar nicht so schlimm, wie es aussieht.« Während sie mit ihren zwei Assistentinnen dem tapferen Tier das Fell resolut und ohne Narkose zunäht, werde ich meiner Rolle gerecht und sage kleinlaut: »Geld habe ich aber keins.« »Das hab ich mir schon gedacht«, antwortet die Frau Doktor ungerührt, ohne aufzusehen, »ich hab ja Augen im Kopf.« Aus reiner Tierliebe sagt sie, tut sie das, die Fäden muß ich ihm in der nächsten Woche allerdings selber ziehen, »wir sind hier ja nicht bei der Caritas«.

Nach zehn Minuten ist die Wunde zu, und Feldmann springt ohne Hilfe vom Tisch. »Bastarde sind zäh, nach ein paar Tagen Ruhe können Sie mit ihm weitertippeln«, sagt die Ärztin. Zwei Penicillintabletten soll ich ihm morgen und übermorgen ins Futter mischen, möglichst in viel frische Leber, die ist blutbildend. Mühsam schleppt sich Feldmann aus der Praxis. Es regnet immer noch. Wohin ohne Geld mit einem kranken Hund in einer fremden Stadt? Da bleibt nur eins: zurück zu den Sinti. Aber vor dem Hauptbahnhof kann Feldmann nicht weiter. Seine Beine knicken ihm einfach weg, und erschöpft bleibt er neben einer Pfütze liegen.

Ich trage ihn aus der Nässe in die Bahnhofshalle. Die

Leute glotzen. Eine Lautsprecherstimme meldet in dramatischem Ton eine Zugverspätung von dreißig Minuten. Dreißig Minuten, als ob dadurch die Welt aus den Fugen gerät. Viel wichtiger wäre jetzt eine ganz andere Durchsage: »Achtung, Achtung. Feldmann ist schwerverletzt und braucht unbedingt ein Pfund blutbildende Leber. Welcher Reisende hat drei Mark klein? Bitte sofort beim Stationsvorsteher melden.«

Ich sitze allein auf einer Bank und warte ohne Hoffnung, daß irgend etwas geschieht. In zwanzig Minuten geht der nächste Zug nach Hamburg – Fahrzeit keine zwei Stunden. Solange kann man es als Schwarzfahrer im Klo gut aushalten, zur Not auch mit Hund. Rechtzeitig zum Kaffee wäre ich wieder dort, von wo ich vor knapp zwei Wochen aufgebrochen bin, und Feldmann hätte genug Zeit, sich in Ruhe auszukurieren. Der Sekundenzeiger der großen Bahnhofsuhr zieht gelassen seine Kreise. Nur wenn er oben die Zwölf erreicht hat, verschnauft er kurz, als müßte er sich vom mühsamen Aufstieg etwas erholen, dann gibt er sich einen Ruck, und weiter geht's.

Um 11.43 Uhr kommt eine ältere Frau mit einer weißen Binde um den rechten Oberarm auf mich zu und fragt, ob ich verlorengegangen sei. Sie fragt das so mütterlich besorgt, so voller Mitgefühl, ich hätte sie küssen können. Im Wartezimmer der Bahnhofsmission auf Gleis 2 bringt sie mir eine Tasse Tee mit zwei Schmalzbroten und verlangt, »nur der Ordnung halber«, meinen Ausweis. Sie trägt meine Personalien in ein dickes Buch, dann quittiere ich den Erhalt des Tees und der Schmalzbrote. Ordnung muß sein. Ich erzähle der Missionarin, was uns zugestoßen ist hier in Hildesheim und daß

Feldmann jetzt dringend Leber braucht, die ich nicht bezahlen kann. Die Frau ist gerührt. »Wir dürfen ja eigentlich kein Bargeld geben, aber hier haben Sie fünf Mark, die gebe ich Ihnen aus meinem Portemonnaie, ich weiß ja, daß Sie es nicht vertrinken.« Ich lasse Feldmann auf dem Fußabtreter der Mission liegen und mach mich auf zum Metzger.

Das Fünfmarkstück in der Faust, betrete ich selbstbewußt den Laden. Es ist mein erstes Geldstück seit Hamburg, seit was weiß ich wie vielen tausend Schritten. Die Münze fühlt sich solide an, kompakt und fest. Durch und durch spüre ich ihren Wert. Sie macht mich hier zum Kunden, der Ansprüche hat und um nichts zu betteln braucht. Das Pfund Schweineleber kostet zwei Mark und 65 Pfennige. Ich kaufe anderthalb Pfund, es darf auch gern etwas mehr sein. Das Fräulein hinter den vielen Würsten und Schinken und Sülzen und Pasteten schenkt mir sogar ein Lächeln extra. Ihre Kollegin in der Konditorei von Munster war rot geworden vor Scham, als sie mir die Ware gab. Für ein paar Minuten war ich nun wieder ein ordentlicher Bürger, etwas verdreckt und stoppelbärtig zwar, aber mit einem glänzenden runden Metallstück in der Hand. Haste was, biste was, es ist wirklich so einfach.

Am Gleis 2 liegt Feldmann in tiefem Schlaf, doch der Duft des frischen Fleisches reißt ihn aus seinen Träumen. Mir macht die Missionsschwester eine klare Hühnerbrühe ohne Ei. Ich quittiere dankbar und laß es mir schmekken. Bis zum Dienstschluß um 17 Uhr darf ich hierbleiben, erlaubt sie mir, ausnahmsweise.

Alle halbe Stunde kommt ein Stadtstreicher herein und bittet um etwas zu essen. Eigentlich darf laut Vorschrift nur der ein Schmalzbrot bekommen, der sich ausweisen kann, aber die gute Schwester läßt bei ihren »Stammkunden« Nächstenliebe vor Bürokratie ergehen, denn vielen sind die Papiere angeblich gerade gestohlen worden. Einer setzt sich an meinen Tisch und schaut mir eine Weile grinsend zu, wie ich in meinem Tagebuch schreibe. »Na, Kollege«, fragt er nach einer Weile, »bist du am Dichten?«

Um 17 Uhr ist es dann soweit, ich muß gehen. Feldmann ist wieder einigermaßen bei Kräften, bis zum Zigeunerlager hält er sich tapfer auf den Beinen. »Hast es dir anders überlegt?« begrüßt mich der Älteste vor seinem Wohnwagen, »willste doch mit uns ziehen?« Ich erzähle, was uns zugestoßen ist, aber er zeigt sich kaum erschüttert. »So ein Tier ist nur eine Last, wenn man auf der Reis ist.«

Kaum zurück, werde ich wieder zum Wasserholen eingeteilt. Die Männer sind gerade vom Scherenschleifen heimgekehrt und spielen schon wieder Gitarre. Auch Barbara sitzt immer noch mit ihren schwarzen Augen am Fenster, als warte sie nur darauf, von einem Zigeunerprinzen entführt zu werden. Alles ist mir so absonderlich vertraut in dieser fremden Gesellschaft. Fast fühle ich mich hier zu Hause.

Am nächsten Morgen quittiere ich noch schnell ein Schmalzbrot auf dem Bahnsteig, nach der Devise: »Was drin ist, ist drin«, und dann geht es auf zum zweiten Versuch, diese Stadt zu verlassen. Kaiserstraße, Pfaffenstieg, Landesrechnungshof, wir kennen die Strecke, Feldmann spürt seiner eigenen Fährte nach. Wie durch ein Wunder ist er fast wieder der alte. »Entweder du kommst morgen mit«, habe ich ihm gestern abend noch

unterm Vordach des Wohnwagens ins Ohr geflüstert, »oder ich trag dich zum nächsten Teich und drücke dir den Kopf unter Wasser.« Das war hart gesagt, aber es war der ehrliche Ausdruck meiner Angst, daß dieser Unfall mir ein Motiv liefern könnte, meine Reise abzubrechen. Nicht einmal bis Holzminden zu kommen, so knapp vor diesem ersten Etappenziel aufzugeben, das hätte eine Niederlage für mich bedeutet, und die ganze Lauferei wäre für die Katz gewesen.
Feldmann hat das wohl instinktiv begriffen. Tapfer trabt er neben mir aus der Stadt, die Hildesheimer Landstraße hoch, am Unfallort sind noch die Bremsspuren zu sehen, Glassplitter liegen am Straßenrand. Diesmal halte ich ihn fest an der Leine, und erst oben im Wald mache ich ihn los.
Zum erstenmal auf dieser Reise gibt es ein Oben und Unten, zum erstenmal geht es richtig bergauf. Meinen Rucksack zieht es spürbar zu Tal, jeder Steigungsgrad drückt kiloschwer im Kreuz und in den Waden, und die Achillessehnen werden mit jedem Aufwärtsschritt zum Zerreißen gespannt. Jetzt weiß ich, wozu ich einen Wanderstock mithabe, er ist mir beim Aufstieg so nützlich wie ein drittes Bein.
Der Himmel ist bedeckt. Mir fehlt die Sonne zur Orientierung, doch solange ich gegen die Steigung angehe, laufe ich zumindest nicht im Kreis, komme voran, und das ist das wichtigste. Obwohl der Regen inzwischen aufgehört hat, tropft es noch immer von den Bäumen. Auf dem schmalen Asphaltweg strömt mir Wasser entgegen und wird von meinen Schuhspitzen wie vom Bug eines Schiffs geteilt. Ich gehe gegen den Strom. Kurz vor der Höhe hat sich der Regenbach verlaufen, dann geht es

wieder bergab, der Rucksack zieht nicht mehr, er drückt jetzt mit gleicher Kraft in mein Kreuz, und mein drittes Bein hat doppelt schwer zu tragen.
Den Hildesheimer Wald im Rücken, duckt sich ein kleines, gedrungenes Dorf vor mir in das feuchtschwere Ackerland, so, als hätte es Angst vor dem Entdecktwerden. Bellende Hunde melden unser Kommen. Eine junge Frau steckt neugierig den Kopf aus einem Fenster. Als sie uns entdeckt, lacht sie zu meiner Verwunderung ein schönes, strahlendes Lachen. Gebrannt von Dollbergen, hätte ich jede Reaktion erwartet, nur kein Lachen. Um ins Gespräch zu kommen, frage ich, wo ich hier eigentlich bin. »Hier ist Barfelde«, antwortet sie in einem Ton, als sei ihr das peinlich, und schon wechselt sie das Thema: »Ihr Hund, der guckt aber traurig.« Mitten am Tag wittere ich Morgenluft. Also setze ich zu einer ergreifenden Schilderung dessen an, was sich gestern in Hildesheim mit meinem Begleiter zugetragen hat, lasse, ohne allzuviele Übertreibungen, den Unfall in jedem Detail vor dem Mädchen abrollen, lasse Reifen quietschen, Glas splittern, Blut fließen, erzähle von den hilfsbereiten Sinti und der Missionsschwester – und sitze wenig später am reich gedeckten Abendbrottisch der Familie Meierholz. »Nun essen Sie sich mal so richtig satt«, sagt Evelyn, die Krämerstochter, »bei uns sind Sie ja an der Quelle.« Zunächst weiß ich gar nicht, wo ich zuerst hinlangen soll. Schinken, eingemachte Heringe, Salzgurken, Mettwürste, Leberwürste, Fleischwürste, Salami, Frühlingsquark mit Schnittlauch – alles ist da, und sollte mir noch was fehlen, der Lebensmittelladen im Nebenraum ist gut sortiert, und nicht nur Lebensmittel stapeln sich dort bis unter die Decke, auch eine Lotto-

Annahmestelle ist vorhanden, ein Schwarzkopf-Haarstudio und die Poststation vom Dorf.
Ich bin überwältigt. Keine Spur von Mißtrauen, keine Fremdenangst, nur spontane Hilfsbereitschaft, als wollten meine Gastgeber die Sinti Lügen strafen, die mir eben noch sagten: »Die Gadschos, deine Leut, die kenn wir, die geben nix.« Sicher, ich bin kein Zigeuner, und ich habe einen frischoperierten Hund, der das Herz der tierliebenden Evelyn und ihrer Mutter durch seinen traurigen Blick auf Anhieb für sich gewonnen hat. Aber ich bin doch ein Fremder, abgerissen und verdreckt, dem ich an ihrer Stelle sicher nicht so ohne weiteres über den Weg getraut hätte. Natürlich werden mir Fragen gestellt, warum ich unterwegs bin bei diesem Wetter, woher ich denn komme und wohin die Reise denn geht. Aber meine Antworten geraten so vage, verschwimmen so sehr im Ungenauen, daß Mutter und Tochter es sehr bald vorziehen, lieber nichts mehr zu fragen. Aus Hamburg kommt der dahergelaufen, weiß nicht recht warum, weiß nicht recht wohin, das klingt merkwürdig. Stirnrunzeln. Fragende Blicke. Städter sind komische Menschen.
Als das Telefon klingelt und Frau Meierholz aus der Küche eilt, fragt mich die Tochter, ob ich nicht Lust habe, mit ihr zum Schützenball ins Nachbardorf zu gehen, ich kann vorher auch noch duschen. Ich bin platt. In Dollbergen jagen mich die Bauern vom Hof, selbst der Pfarrer sperrt vor meiner Nase die Türe zu, und hier in Barfelde, zwei Tagesmärsche weiter südlich, will die Kaufmannstochter mit mir zum Schützenball.
Frisch gewaschen, in meinem blütenweißen T-Shirt und in sauberen Jeans, meiner Wechselkleidung, fahre ich mit

Evelyn Meierholz im Volkswagen die drei Kilometer nach Gronau. Vorher hat das Mädchen ein Scheunenquartier für mich besorgt, beim Bauern Friedel Bendschneider, einem Verwandten. Dort liegt jetzt Feldmann neben meinem Rucksack, er hat die Ruhe nötig. Während wir über die Landstraße brettern und die Chausseebäume nur so an uns vorbeifetzen, frage ich Evelyn, ob sie denn gar keine Angst hat vor mir und dem Gerede der Leute. »Ihr beide seid schon in Ordnung«, sagt sie mit ihrem zähneblitzenden Lachen, »und was die Leute sagen, ist mir schnuppe. Mir reicht's, daß ich dieses Volk acht Stunden am Tag mit Rollmöpsen bedienen muß, mein Privatleben geht die gar nichts an.«
Im Festzelt dampft es vor Menschen. Mutig zieht mich Evelyn an den staunenden, biergetrübten Blicken vorbei zur Sektbar und bestellt selbstbewußt zwei Piccolo. Noch bevor ich sie über meine Finanzen aufklären kann, hat sie ihr Portemonnaie in der Hand. »Laß mal«, sagt sie, »das mach ich schon, heute abend bist du mein Gast.« Wenn das so weitergeht, hat sie mich in drei Stunden in ihrem Bett, denke ich mit gemischten Gefühlen. Schon spüre ich mich unruhig werden, schon schiele ich besorgt nach dem Ausgang, aber Evelyn läßt mir erst gar keine Fluchtmöglichkeit, sondern bittet zum Tanz. Die Band in schillernden Smokingjacken spielt »Umba-umba-umba-tätäräh«. Auf dem Parkett ist es so eng, daß man sich nur dem wogenden Gleichschritt der Masse anpassen kann. Dennoch meint meine Partnerin, ich könne »phänomenal« tanzen, und »phänomenal« findet sie auch meine Größe. Sie ist auch nicht gerade klein, von solider Statur, mit breiten Schultern und Hüften, im Handballclub der Gronauer Damenmannschaft spielt sie

als rechter »Flügelmann«. Natürlich ist sie auch Mitglied im Schützenverein und in der Landfrauenvereinigung, das sei sie der Kundschaft schuldig. Um die Kunden muß hart gerungen werden, denn im Dorf gibt es eine Edeka-Konkurrenz, vom Aldi-Markt in Hildesheim ganz zu schweigen. »Wenn wir die Lotto-Annahme nicht hätten und die Post, wir wären längst pleite.«
Tanzpause. »Noch zwei Piccolo«, bestellt Evelyn, bevor wir die Gläser leer haben. Sie scheint es wirklich wissen zu wollen heute nacht. Die Bauernjugend kann man vergessen, sagt sie, in ihrem Alter sind schon alle längst verheiratet, »mit meinen 22 Jahren gilt hier eine Ledige fast als alte Jungfer«. Da bin ich ja gerade zur rechten Zeit gekommen, dämmert es mir. Überall stecken die Leute die Köpfe zusammen und rätseln herum, mit wem die Meierholz da wohl zusammenhockt, wobei besonders meine etwas klobigen Schnürschuhe viel Gesprächsstoff zu bieten scheinen. Evelyn genießt die Aufmerksamkeit. Es dauert nicht lange, da bittet ein pausbäckiger junger Mann das Mädchen zum Tanz. Ohne Erfolg. Bevor er sich mit seinem Korb davonmacht, wirft er mir einen so bösen Blick zu, daß ich mich aus Angst vor einer Schlägerei kaum noch aufs Klo wage.
Gegen Mitternacht, nach einem guten Dutzend Piccolos und viel »Umba-umba-umba-tätäräh«, kurven wir wieder heimwärts. Anders als meine Begleiterin bin ich ziemlich angetrunken, was aber meine Beklommenheit vor dem, was nun vermutlich kommen wird, kaum mindert. Unaufhaltsam nähern wir uns meiner Scheune. Vor dem Hof des Bauern Bendschneider hält Evelyn den Wagen an und stellt den Motor ab. Bedrückende Stille. Jetzt muß was geschehen, denke ich, du kannst sie doch

nicht einfach so unverrichteter Dinge wieder fahren lassen. Ein Dutzend Piccolos läßt doch kein Mensch aus purer Nächstenliebe springen. Aber bevor ich zu irgendeiner Verzweiflungstat schreiten muß, sehe ich auf einmal Tränen in Evelyns Augen. Alles Selbstbewußtsein bricht in sich zusammen, und was bleibt, ist die nackte, schreiende Hilflosigkeit eines Mädchens, das sich hoffnungslos verloren fühlt, gefangen in einem 200-Seelen-Dorf, eingesperrt in ihrem Krämerladen, den zu übernehmen sie ihrer Mutter nach dem Tod des Vaters hoch und heilig versprechen mußte. Dabei wäre sie viel lieber Krankenschwester geworden, in einer Stadt weit weg von zu Hause, »wo nicht jeder jeden kennt und wo man nach Feierabend tun und lassen kann, was einem paßt«. Ihr Leben, sagt sie, spielt sich doch nur im Urlaub ab, da fährt sie immer drei Wochen nach Portugal, »um mal tief durchzuatmen«, den Rest des Jahres fühlt sie sich »wie gestorben«. Seit dem Tod ihres Vaters teilt sie gar noch mit der schwer trauernden Mutter das Ehebett, zusammen mit dem väterlichen Schlafanzug, und seine angebrochene Packung Juno-Zigaretten liegt wie eine heilige Reliquie auf dem Nachttisch. »Mutter ist zu schwach, um ohne mich zu überleben«, sagt sie. So muß Evelyn ihr beistehen, auch wenn sie selbst dabei draufgeht. Als ich sie tröstend in den Arm nehmen will, wehrt sie lächelnd ab. »Laß man gut sein, ich brauchte halt mal jemanden zum Abladen, und da kamst du Herumtreiber gerade wie gerufen.«

Gegen Mittag liege ich am Hang eines Hügels unter dem Dach einer Buche, welliges Land mir zu Füßen. Ich blicke in die Richtung, aus der ich gekommen bin, zähle zwölf Kirchtürme über zwölf kleinen Dörfern, sehe ganz hinten im Sommerdunst, dort wo Barfelde liegen muß, wie Evelyn sich vom Mittagsschlaf erhebt, wie sie leise, auf Zehenspitzen das elterliche Schlafzimmer verläßt, ohne die Mutter zu wecken, wie sie über knarrende Dielen in ihren Krämerladen schleicht, um dort ein für allemal aufzuräumen: Milchtüten zerplatzen dumpf in der Kaffeeabteilung, Ketchup kleckert die Wände hinab, über den Fußboden kollern Senfgurken und Buletten, Büchsenberge sacken, von jugoslawischen Rotweinflaschen getroffen, kraftlos in sich zusammen, und als die Ananasdose für 1,95 DM durch die Schaufensterscheibe mit den aufgeklebten Sonderangeboten fliegt, schlägt auch schon die Sirene über dem Geräteschuppen der Feuerwehr Katastrophenalarm. Mutter Meierholz schreckt aus ihrer Mittagsruhe, vor dem Laden laufen die Leute zusammen, in den Fenstern recken sich die Hälse der Nachbarn, Evelyn aber sitzt hinter ihrer Kasse und sagt ganz entspannt zur hereinstürzenden Mutter: »Mama, das Geschäft ging heute wie noch nie.«

Bodenwerder, Polle, Eschershausen, Bevern, Reileifzen, Negenborn – Namen auf Wegweisern am Straßenrand wecken Gefühle der Vertrautheit. Es sind altbekannte, halbvergessene Ortsnamen aus der unmittelbaren Umgebung von Holzminden. Hoffnungen machen mir Beine. Über den Ith, die letzte Gebirgsbarriere zwischen mir und dem Weserbergland, geht es wie nix. Feldmann, obwohl noch etwas schwach auf den Beinen, hält mein Tempo tapfer mit. Wir eilen durch einen mächtigen Buchenwald. Es geht steil bergab. Altes Laub raschelt unter den Füßen. Dann, endlich, gibt eine Lichtung den Blick frei: vor uns knallgelbe Rapsfelder, die sich, wie

nirgends sonst, an die weichen Schwingungen der Hänge schmiegen. Heimisches Land! Ich könnte jubeln! Mir ist, als sei ich der Erfüllung einer unbestimmten Sehnsucht ganz nah. Von der Weser ist noch nichts zu sehen, aber ich weiß, da hinten, zwischen den hochgeschossenen Wiesen, da muß sie sein, da zieht sie ihre Bahn.
Leichtfüßig galoppiere ich über rostrosa Buntsandsteinsplitter aus dem Wald heraus und singe: »It's gonna be all right, all right, all right, all right.« Bis das Lied mich heiser gemacht hat, bin ich endlich am Ufer des Flusses. Ich habe mir fest vorgenommen zu baden, wie damals, als wir zum Beweis unserer Männlichkeit vor den Lastkähnen die Weser durchquerten – wer so riskant nahe an die Schiffe herankam, daß sie ihre Warnhörner bliesen, der war der Mutigste und hatte gewonnen. Doch heute stecke ich nicht mal den Zeh ins Wasser, so dreckig ist es. Seine Ruhe aber hat der Fluß trotz der Verschmutzung nicht verloren. Gelassen führt er sein trübes Wasser durchs Land.
Durch nasse Wiesen folge ich den Weserwindungen stromaufwärts, und zwei Tage lang gehe ich dem Wasserlauf nicht mehr von der Seite, halte mich an ihm fest, denn so kann ich Holzminden nicht verfehlen, Holzminden an der Weser. In Heidbrink, gegenüber von Polle, sehe ich zu, wie die Fähre ein paar Autos übersetzt. Genau wie früher stellt sie sich schräg in den Strom und läßt sich von der Kraft des Wassers zum anderen Ufer treiben. Als Kind hatte das immer etwas Geheimnisvolles, wenn der Fährmann bloß an einem Seil ziehen mußte, und schon setzte sich das Boot, wie von Geisterhand, leise in Bewegung. Nur das Gurgeln der kleinen Strudel am Heck war zu hören und das zeternde Quietschen der

Rollen, mit denen die Fähre oben am quer über den Fluß gespannten Drahtseil hängt. Im Moment der Erinnerung sind die Geräusche wieder da, nur der alte Fährmann, schon vor zwanzig Jahren ein Greis, in dessen Gesicht sich viel Schauriges hineingeheimnissen ließ, ist nicht mehr an Bord. Statt seiner steht da ein glatter Mittfünfziger, der mir im Finanzamt nicht weiter aufgefallen wäre. Wie hätte ich ihn wohl als Zwölfjähriger gesehen, damals, als mein Leben noch voll war von Spuk und Geisterei? Hätte ich mir bei diesem harmlos aussehenden Mann wohl auch Gedanken darüber gemacht, was er nach Einbruch der Dunkelheit tun mag, wenn das Wasser sich schwarz färbt und die Flußgeister ans Ufer kriechen, um vom Fährmann ihren Tribut zu fordern? Und wehe ihm, er verweigerte den nassen Gestalten auch nur ein einziges Mal seine liebliche Tochter, es wäre sein Untergang gewesen. Heute weiß ich: Er wird wahrscheinlich nach BAT bezahlt, hat um sieben Uhr Dienstschluß und träumt davon, einmal in seinem Leben in Robert Lembkes »Heiterem Beruferaten« aufzutreten:

Lembke: Guten Tag, Herr Weber, bitte nehmen Sie Platz, schön, daß Sie hier sind. Ich darf Sie erst mal vorstellen (ein Gong ertönt, und auf dem Bildschirm wird das Wort »Fährmann« eingeblendet). Jetzt sind Sie bitte so freundlich und machen noch eine Handbewegung, nicht zu verräterisch. (Herr Weber greift in die Luft und tut so, als zöge er an einem Seil.) Ja, sehr schön so. Und welches von den Schweinderln darf ich Ihnen geben?

Weber: Das blaue, bitte.

Lembke: Aha, das blaue. So, jetzt geht's an beim Guido.

GUIDO: Brauchten Sie eine bestimmte Ausbildung, um Ihren Beruf ausführen zu können?
WEBER: Ja.
GUIDO: Ist das eine Hochschulausbildung?
WEBER: Nein. (Das erste Fünfmarkstück klimpert in das Sparschwein.)
MARIANNE: Brauchen Sie zu Ihrem Beruf auch ein Talent? (Weber blickt den Quizmaster fragend an und nickt nach kurzem Zögern mit dem Kopf.)
LEMBKE: Ja, ja, ein Talent braucht's dafür schon.
MARIANNE: Nach Ihrer Handbewegung zu urteilen, ist es ein schwerer körperlicher Beruf, den Sie da ausführen, gehe ich recht in dieser Annahme?
WEBER: Ja.
MARIANNE: Ein Beruf, der also hauptsächlich von Männern ausgeführt wird?
WEBER: Ja.
MARIANNE: Dann sind Sie also ein Maurer?
WEBER: Nein, ein Maurer bin ich nicht. (Ein zweites Fünfmarkstück klimpert ins Sparschwein.)
HANS: Dann vielleicht ein Metzger?
WEBER: Nein.
Und nach weiteren sieben Neins geht Weber mit fünfzig Mark im Sparschwein und einem Freilos der Fernsehlotterie aus dem Studio. Die Leute applaudieren.

Holzminden schläft noch halb, als ich mit dem Morgengrauen über den Weserdeich komme. Es war so feucht und kalt in den Uferwiesen, daß ich im Schein des verhangenen Vollmondes meine klammen Sachen gepackt habe, um mich wieder warmzulaufen. Aus dem großen Getreidesilo am Hafen, wohl dem höchsten Bau

der Stadt, leuchtet eine nackte Glühbirne zwielichtig durch den Türspalt. Dort drinnen nehmen Hafenarbeiter ihre erste Flasche Bier, denke ich, und genauso ist es. Ich darf mich im Eck aufwärmen. Feldmann schmiegt sich an meine Füße, er hatte Eiskristalle auf dem Fell, als wir vorhin aufbrachen, und mir war es sogar zu kalt, gleich meine kurzen Hosen anzuziehen. Nachher im Internat, in den Büschen hinter der Sternwarte, kann ich das ja immer noch nachholen. Ich habe Lampenfieber.
»Gibt's das Landschulheim noch?« frage ich die stoppelbärtigen Männer. »Meinst du die da oben, am Wald? Ja, die gibt's wohl noch«, sagt einer mißgelaunt. Er hat andere Sorgen in dieser Herrgottsfrühe. Die *Bild*-Zeitung, auf der seine Bierflasche steht, meldet: »Nonne erschlägt ihre Mutter mit Kreuz«.
Bevor ich mich zum Waldrand hochwage, feiere ich mein Wiedersehen mit dem Städtchen. Es hat sein Gesicht wenig verändert, trotz des monströsen Kaufhauskastens, der vierstöckig in das Zentrum eingeschlagen ist wie eine Bombe. Tabak-Hoffmeister und Schuh-Schwake daneben stehen noch, auch das Süßigkeitengeschäft hat überlebt, und im italienischen Eisladen hängt nach wie vor die bunte Phototapete von den Südtiroler Alpen, vor der es sich so schön in die Ferne träumen ließ. Im Union-Theater sah ich meinen ersten Film ab 16, eine Frau tanzte halbnackt vor lauter geilen Männern auf dem Kneipentresen, und draußen stand am Schluß der Vorstellung mein Religionslehrer mit einem Notizbuch, in dem er festhielt, wer unerlaubt im Kino war. Mit drei Stunden Kohlenschippen war die Sünde in der Regel abgebüßt, die Bilder von der Tänzerin aber sind unauslöschlich in meinem Kopf geblieben; der Handel lohnte

also. Heute wird der Lehrer, wenn er nicht längst pensioniert ist, sicher vor dem Sexshop Posten beziehen, der sich im Laden vom Friseur Wittweg einquartiert hat. Das Blumengeschäft ist inzwischen modernisiert worden, aber Kösel, der Kramladen für alles, hat seine Schaufensterdekoration aus der Zeit der Währungsreform immer noch nicht verändert: Miederwaren, Lampenschirme, Bäckerbekleidung und Werkzeugkästen liegen wie eh und je auf einem Haufen. »Kösel hat's«, da komme, was da wolle. Bestimmt sind auch noch die Luftballons auf ihrem Platz in der Spielwarenabteilung – der Gedanke an sie treibt mir heute noch den Pulsschlag in die Höhe. Ein Blick über die Schulter, ob niemand guckt, ein Griff in den bunten Karton, und gut fünfzig Ballons verschwinden in meiner Hosentasche. Nun nichts wie raus, aber bloß nicht zu schnell, die Angst sitzt im Nacken: Wer beim Diebstahl erwischt wird, fliegt von der Schule. Beim Betreten der Straße dann dieses herrliche Gefühl, dieser kindliche Triumph über die Erwachsenenwelt, dieses Glück über den verbotenen Schatz in der Hosentasche.

Der Weg hinauf zum Internat ist mir geläufig. In zehn Jahren bin ich diese Kilometer sicher gut tausendmal gegangen, ich kenne jede Ecke. In der scharfen Kurve hinter der Redaktion des lokalen *Täglichen Anzeiger* fasse ich an die Narbe meines rechten Oberschenkels, die ich mir genau hier bei einem Fahrradsturz zugezogen habe. Auch der penetrante Geruch, mit dem die Parfümfabrik ein Stück weiter bergauf ihre Umgebung peinigt, hat mit den Jahren nichts von seiner lähmenden Süße verloren, und selbst am Mäuerchen vor der Gaststätte »Der fröhliche Wanderer« sind für den, der sie sehen will, noch feine rote Farbreste sichtbar vom Slogan »Amis raus aus Vietnam«, den wir da in einer 68er-Nacht hingesprüht haben.

Nach der Spurensicherung außerhalb des Internats betrete ich das Gelände des Landschulheims am Solling (LSH) mit feuchten Händen. »Privatbesitz – Durchgang verboten« signalisiert ein Schild die Exklusivität dieser Bildungsstätte, aber ich fühle mich nicht angesprochen, ich betrachte mich hier noch immer als zugehörig. Respektabel stehen die drei massigen Hauptgebäude, das Ober-, das Mittel- und das Unterhaus, in der gepflegten Parklandschaft. Menschen sind keine zu sehen, denn die Turmuhr zeigt Viertel vor neun, die zweite Schulstunde muß gerade begonnen haben. Neben der Sternwarte schlage ich mich in die Büsche, um mir nun endlich meine kurzen Hosen anzuziehen. Nur so wage ich Triller unter die Augen zu treten, denn der Erdkundelehrer Ernst-Günther Triloff war mein »Kameradschaftsführer«, so nannten sich unsere jugendbewegten Erzieher, und kurze Hosen galten ihnen als Sinnbild ihres Erziehungsprogramms. Wer im Frühjahr zuerst die Shorts anzog, der bekam ebenso eine Tafel Schokolade wie der, der sie im späten Herbst als letzter wieder auszog. Jahrelang habe ich mir beide Tafeln dadurch gesichert, daß ich ausschließlich in den Weihnachtsferien lange Hosen trug, und das auch nur meiner Mutter zuliebe. Da ich in der Schule selten versetzt wurde, waren diese Schokoladenprämien lange Zeit meine einzigen Erfolgserlebnisse.

Kurzbehost klopfe ich also an die Tür des Lehrers. Triloff öffnet, stutzt, traut seinen Augen nicht. »Herr Doktor«, sage ich stolz, »ich bin gekommen, um mir meine Tafel Schokolade abzuholen.« Der alte Wander-

vogel strahlt. Ich war sein schlechtester Lieblingsschüler und bin ihm treu geblieben. Doch Schokolade hat er leider keine im Haus. Er entschuldigt das mit seiner Pensionierung, schließlich ist er schon über siebzig, die Schüler kennen ihn kaum noch, und kurze Hosen sind inzwischen selbst bei größter Hitze kaum noch zu sehen. Bei einem Glas Apfelsaft höre ich staunend von meinem Lehrer, daß ich schon als Dreizehnjähriger von Holzminden nach Hamburg laufen wollte, und zwar barfuß. Langsam kehrt die Erinnerung zurück: Nachdem ich das dritte Mal sitzengeblieben war, wollte ich der ganzen Schule zeigen, wozu ich fähig war, was in mir steckte. Vokabeln konnte ich mir nicht merken, was Adverbialkontributionen sind, blieb mir bis heute ein Rätsel, aber die Fähigkeit, trotzdem Einmaliges zu vollbringen, die wollte ich allen beweisen. Es blieb bei einer großmauligen Idee, kein Mensch nahm mich damals für voll.
Und nun, nach zwei Jahrzehnten, komme ich zwar in Schuhen, aber doch zu Fuß aus Hamburg, um mir als erwachsener Mann die Bestätigung abzuholen, die ich als Kind so nötig gebraucht hätte. Hier vor meinem alten Lehrer bin ich wieder der kleine Quintaner, mit den gleichen Ängsten, den gleichen Selbstzweifeln, da hilft kein Abitur, kein Studium und auch kein angesehener Redakteursposten mit Telefon und Sekretärin, die mir die Rechtschreibfehler aus den Manuskripten sucht. Sind diese Kindheitswunden wirklich der Grund, warum ich durchs Land laufen und in kurzen Hosen hier erscheinen muß? Die Frage ist mir zu peinlich, als daß ich sie Herrn Triloff stellen kann.
Einige Tage lebe ich hier in meiner Vergangenheit. Der Heimleiter Helmut Brückner, einst mein geduldiger Ge-

schichtslehrer, war allerdings im ersten Augenblick recht entsetzt, als er mich bärtigen Vaganten da mit Hund über den Unterhausplatz laufen sah. »Entschuldigen Sie mal, mein Herr«, rief er scharf aus dem Fenster des Konferenzzimmers und blickte dabei mit denselben strengen Augen, mit denen er mich mal beim Onanieren erwischt hatte. Doch bevor er den Eindringling vom Privatgelände verweisen konnte, erkannte er mich. Als echter Landstreicher hätte ich hier sicher keine Schnitte Brot bekommen, als Altschüler aber, von dem man wußte, daß er es schon zu etwas gebracht hatte, war ich natürlich herzlich willkommen.

Ich beziehe also Quartier im komfortablen Haus meiner Religionslehrerin Zimmermann, genannt Zete, die vor kurzem gestorben war. Die ganze kultivierte Residenz dieser strengen Matriarchin steht mir zur freien Verfügung, mit Jugendstilbildern und geklöppelten Tischdekken, vielen Büchern und ohne Fernseher. Hier kann ich wieder Kraft schöpfen und in Ruhe mein Tagebuch schreiben, von hier aus mache ich meine nostalgischen Exkursionen zur Friedhofsbank, auf der mir Dagmar beibrachte, wie man richtig küßt, zum Hochsitz, von dem aus mein Freund Martin und ich mit einer Schreckschußpistole ein Leuchtkugel-Feuerwerk veranstalteten, in den Kohlenkeller, wo ich auf meiner Trompete Adventslieder übte, zum großen Duschraum, in dem wir pubertierenden Knaben jeden Donnerstagabend den spätentwickelten Axel, das »Baby«, mit Waschlappen »steinigten«, weil er noch immer »unten Glatze«, also keine Schamhaare hatte.

Von Zetes Haus gehe ich auch meine alten Lehrer besuchen, Frau Lehmann (Deutsch), in die ich mal sterbensverliebt war, Herrn Neubert (Tischlerei), aus dessen Werkstatt die Federschale stammt, die noch heute auf meinem Schreibtisch steht, und natürlich auch Harry Freitag (Mathematik), inzwischen ein alter Mann, den wir duzten und an dessen ausgestreckten starken Armen es sich wie an Reckstangen turnen ließ. Auch Herr Brüning, der Gärtner, ist nicht mehr der Jüngste. Da er es mit dem Herzen hat, wächst der Rasen schneller, als er ihn schneiden kann, und bis zur Pensionierung geht noch ein Jahr ins Land. Nur zu gerne helfe ich ihm ein paar Stunden am Tag und fahre mit der Mähmaschine das weitläufige Gelände ab.

Die Schüler sehen das mit skeptischem Staunen. Viele sind offensichtlich Kinder aus gutem Hause, mit modischem Popperhaarschnitt, Schottenrock und Siegelring, sie tragen ihre Schulhefte in feinen Aktenköfferchen schon so souverän in die Klassenzimmer, als ginge es zur Vorstandssitzung des Aufsichtsrats – und nirgendwo mehr kurze Hosen! »Nichts ist mehr so wie früher«, sinniere ich mit dem gleichen Anflug nostalgischer Traurigkeit, mit der schon zu meiner Schulzeit die Altschüler darüber klagten, daß ihre Zeit nicht stehengeblieben war. Ich will es einfach nicht wahrhaben, daß auch damals, »zu meiner Zeit«, viele meiner Mitschüler wie auch ich aus sogenannten »guten«, wenn auch meist kaputten Elternhäusern stammten; dem deutschstämmigen Vater meines Bettnachbarn Alex gehörte ein Sechstel aller Kaffeeplantagen El Salvadors. Wie heute wollten auch früher die meisten hier nur das leider unumgängliche »Zeugnis der Reife« erwerben, um sich dann ins gemachte Bett zu legen. Vom Geist der Jugendbewegung, in dem das Landschulheim Anfang dieses Jahrhunderts gegründet wurde, vom Protest gegen die verlogene bürgerliche Welt und von der Hinwendung zum freien natürlichen Leben war auch damals, bis auf vereinzelte kurze Hosen, nicht mehr viel übrig. Dies war ja auch einer der Gründe, warum ich so regelmäßig meine Tafel Schokolade gewinnen konnte. Die Konkurrenz war nicht besonders groß, und so richtig ernstgenommen hat mich außer Triller wohl eigentlich niemand.

Entsetzt erfahre ich dann, daß heute überall geraucht werden darf, Radios erlaubt sind und daß in den Dörfern der Umgebung die stillschweigend geduldeten Privatautos mancher älteren Schüler parken, mit denen sie übers Wochenende die Freundinnen durchs Land chauffieren. Wir mußten uns damals noch etwas einfallen lassen, um mal eine Nacht mit dem »Zahn« verbringen zu können, bei Strafe des fristlosen Rauswurfs. Zur Brunftzeit im Herbst war das einfach, da fragte ich meinen Kameradschaftsführer Triloff, ob ich nicht über Samstag/Sonntag in den Wald dürfe, zum »Hirsche-Röhren-Hören«. Der war natürlich begeistert von meiner Liebe zur Natur, und ich traf mich mit Dagmar, die sich die gleiche Ausgangsgenehmigung erschwindelt hatte, im Hexenhäuschen, einem Wildfutterschober auf halbem Wege nach Schießhaus, und ließ mich im duftenden Heu weiter gelehrig unterweisen in der Kunst des Zungenkusses.

Für viele hier bin ich als Altschüler zwar einer der ihren, als abgerissener Wanderer aber nur ein Spinner, ein »ausgeflippter Brotbeuteltyp auf dem Weg zurück zur Natur«. Doch »spinnen« hat für Dorothee, eine vierzehnjährige Kaufmannstochter, in dieser »schlaffen Zeit« auch etwas Gutes. »Normalerweise kommen die Altschüler fettgefressen im Porsche oder Mercedes daher«, erzählt sie mir, »da bist du Fußgänger mal ne ganz schön starke Abwechslung.« So stark, daß sie mich sogar fragt, ob ich nicht Lust habe, mit ihr Araberhengste in Kanada zu züchten, sie beabsichtige nämlich, nach dem Abitur eine Ranch in den Rocky Mountains aufzubauen. Aber bis dahin sind noch fünf Jahre Zeit, und so lange kann ich mir das ja noch gut überlegen.

Eines Abends bekomme ich ganz unerwartet späten Besuch. »Kann ich mal mit dir reden«, fragt mich ein hübscher Lockenkopf durch den Türspalt und tritt ein wenig verlegen ins Haus. Er ist ein achtzehnjähriger Junge, nennen wir ihn Rolf, den ich bisher nur vom Sehen kenne. Ich mache uns einen Tee, wir setzen uns in den Garten. Lächelnd erzählt er mir, daß ihm hier so ziemlich alles stinkt. Seit Jahren lebt er »auf Tauchstation«, unverstanden von den Lehrern, von den Schülern, und von den Eltern zu Hause »sowieso«. »Ich trage hier eine Maske«, sagt er, »formal funktioniere ich prima, die Versetzungen gehen immer glatt über die Bühne, aber im Grunde ist alles nur Rollenspiel, Theater.« Seit sieben Jahren spielt Rolf seinen Part. Wenn der Druck in ihm zu stark wird, nimmt er gelegentlich auch mal Dope, eine selbstgezüchtete Pilzmischung liegt »für alle Fälle« unter der Schulbank bereit. Mädchen interessieren ihn nicht, aber in den Ferien besucht er öfter einen älteren Freund, »mit dem hab ich ein gutes Verhältnis, der ist der einzige Mensch, mit dem ich klarkomme«. Rolf sagt selbst, daß er sich hier hauptsächlich mit seinem »eigenen Fall« beschäftigt, und in der Tat hat er das Soziologenvokabular für sein Außenseiterverhalten gut gelernt.

Während Rolf erzählt, wandern meine Gedanken zu einem Mitschüler, mit dem ich damals, Anfang der sechziger Jahre, auf einem Flur lebte, ein netter, unauffälliger Kerl. Eines Tages, nach einer verpatzten Mathematikarbeit, blieb sein Platz am Frühstückstisch leer, und in der großen Pause fand ihn dann einer leblos in seinem Bett, das Schlaftablettenröhrchen auf dem Nachttisch. Wie konnte das nur geschehen, fragten wir uns damals, ohne daß irgend jemand etwas geahnt hat, in einer so engen Gemeinschaft wie dem LSH, wo jeder jeden genau zu kennen glaubte. Und jetzt frage ich mich, was zum Beispiel geschieht, wenn Rolfs Beziehung zu seinem fernen Freund in eine Krise gerät? Klingt es nicht wie ein Hilferuf, wenn mich der Junge im Laufe des nächtlichen Gesprächs auffordert, doch »einfach so« hierzubleiben, als Lehrer oder Erzieher oder auch als Gärtner. »Herr Brüning ist ja bald pensioniert, da wird eine Stelle frei.«

So absurd dieser Vorschlag klingt – nachdem Rolf gegangen ist, läßt mich die Vorstellung vom Gärtnersein im LSH lange nicht los. Ich sitze grübelnd auf der Terrasse in Zetes Blumengarten, vor mir die leergetrunkenen Teetassen, und frage mich allen Ernstes, ob es nicht wirklich sinnvoll wäre, jetzt hier in Holzminden meine Wanderung zu beenden, sinnvoller zumindest, als durch die Gegend zu laufen, auf der selbstverliebten Suche nach der eigenen Vergangenheit. Hier werde ich gebraucht, und wenn ich Rolf dabei helfen könnte, sich nach sieben Jahren aus der inneren Emigration zu befreien, hätte es sich gelohnt.

Meine Gedanken erschrecken mich. Ich ein Gärtner? Noch in derselben Nacht packe ich meine Sachen.

II

»Scheiß-spiel-Scheiß-spiel-Scheiß-spiel« – rhythmisch fluchend, stapfe ich wütend durch die Pfützen. Als Begleitmusik höre ich das heftige Regengeprassel unter meiner Kapuze wie mit Kopfhörern. Von den Knien abwärts klebt mir die Hose an den Beinen. Längst sind meine Schuhe vom Morast der Wege durchnäßt. Heftige Windböen schlagen mir das Regencape immer wieder um die Ohren. »Scheiß-spiel!«
Warum bin ich bloß nicht im Landschulheim geblieben, dort, wo man mich braucht? Was soll die ganze Lauferei jetzt noch, nachdem ich mir meinen großen Sextanertraum endlich erfüllt habe? Was nun vor mir liegt, sind Erwachsenenpläne, ist nackter beruflicher Ehrgeiz: Du mußt weitergehen, weil dein Land, diese Bundesrepublik, im Weserbergland noch lange nicht aufhört, und weil ja auch dein Leben nach der Internatszeit weitergegangen ist, und zwar, laut Personalausweis, im Staatlichen Studentenwohnheim, Bochum, Laerholzstraße 40. Vom Landschulheim am Solling ins Studentenheim des Ruhrgebiets, das klingt nicht gerade verlockend, und mit jedem Schritt wird mir die Gegend fremder.
In Fürstenberg kenne ich mich noch aus, die Porzellanfabrik, das stattliche Jagdschloß, alles ist mir gut bekannt, auch im ehemaligen Kloster Corvey bei Höxter sind wir mal am 17. Juni mit der Kameradschaft gewesen, das Eis dort war gut, aber schon von Klein-Bosseborn, nur acht

Kilometer weiter westlich, habe ich noch nie etwas gehört. Meine Internatskindheit liegt jetzt hinter mir, das Land der kurzen Hosen, und die Trennung fällt schwer.
Trotz des schlechten Wetters verbringe ich die Nächte wieder im Wald. Zusammengekauert unter meinem Regenumhang, den ich an seinen Enden zwischen vier Bäumen zu einem niedrigen, schräg abfallenden Wetterdach verspannt habe, im feuchten Schlafsack, neben dem pudelnassen Hund, ohne wärmendes Feuer, weil auch die Streichhölzer naß geworden sind, und folglich auch ohne eine der Tütensuppen im Bauch, die mir Erna, die gute Seele der LSH-Küche, mit einigem Reiseproviant in den Rucksack gesteckt hat – in solch trostloser Wirklichkeit bleiben mir nur meine Heldenträume: schwülstige Gemälde vom einsamen, gottverlassenen Trapper in der endlosen Wildnis Nordamerikas, zu einer Zeit, als Männer noch Männer waren und das Leben ein Kampf. Die Winchester in beiden Händen, warte ich auf den Angriff der Wölfe, die mich seit Stunden lautlos und unsichtbar umkreisen. Zwei habe ich schon erledigt, nun bin ich wild entschlossen, mit der letzten Kugel im Lauf meine Haut so teuer wie möglich zu verkaufen. Die Bestien sollen mich kennenlernen! »Oh burry me not, in the lone prairie, where the coyotes howl, and the wind blows free...«

Vor Hainhausen am nächsten Morgen, laut Wegweiser sind es noch fünf Kilometer bis Brakel, stehen ein paar Biwaks gut getarnt in der Wiese. Aber es sitzen keine Rothäute darin, sondern, schon wieder, englische Soldaten, mit schwarzer Kriegsbemalung im Gesicht, die MP lässig um die Schulter gehängt. Feldmann hat sofort den großen Abfallkübel beim Küchenzelt spitz, in dem offenbar wieder gute Sachen zu finden sind. Da mein Verhältnis zur Royal Army seit der Begegnung mit der Panzerbesatzung bei Munster gestört ist, bleibe ich zunächst am Weg stehen und warte, bis mein Hund sich satt gefressen hat. Doch dann beginnt ein weißbeschürzter Kerl, nach Umfang und Kleidung der Koch des Camps, so intensiv mit Brot und Speck um Feldmanns Gunst zu buhlen, daß ich eifersüchtig werde und mich berufen fühle einzuschreiten. Aber der Dicke ist gar nicht zu bremsen, »nice dog« und »what a beauty«, schmeichelt er, zwei irische Setter hat er zu Hause in Manchester, und Mitglied des englischen Tierschutzvereins ist er auch. Im übrigen liebt er Tiere »more than everything«, weil sie nicht lügen können. »Would you like a cup of tea?« Ich antworte ehrlich und sage, daß ich eher hungrig als durstig sei, aber da muß der Koch passen, hundertzehn Mäuler hat er zu stopfen, die Rationen sind genau abgezählt. Nur Tee ist reichlich vorhanden. Aus einem großen Thermosfaß zapft mir der Küchenbulle einen Blechbecher voll, und ich trinke ihn so heiß, daß ich seine Wärme bis hinab in den Magen spüre. »Whithout tea«, höre ich, »we can't fight.« Wieso kämpfen? Nun, man ist hier nicht zum Vergnügen, der Feind steht drüben im Westen hinter der Hügelkette, jeden Augenblick kann es losgehen. Was kann losgehen? «The attack«, sagt der Koch, und dann richtet er seine Suppenkelle auf mich und macht »peng, peng, peng«, wie ein kleiner Junge, der Räuber und Gendarm spielt.

Vor dem großen Zelt nebenan, aus dem das Brummen eines Generators zu hören ist, erscheint ein hochgewach-

sener Mann mit gezwirbeltem Schnauzbart, borstigen Augenbrauen und gepflegter Halbglatze – jeder Inch ein Offizier Ihrer Majestät. Ungewollt nehme ich Haltung an. Freundlich, aber sehr bestimmt fordert mich der Sergeant auf, nach meinem Tee das Militärlager zu verlassen, und zwar »immediately«, man ist in einem Manöver, »everything is top secret«, und beim Wort »secret« vertieft sich seine ernste Falte, die zwischen den blauen Augen genau auf seinen Nasenrücken zuläuft.
Mir ist schleierhaft, was an den paar Zelten so streng geheim sein kann, aber schon zwei Kilometer weiter westlich soll ich es erfahren. Da stehen nämlich drei grüne Gestalten, gut getarnt am Waldrand, jeder bis an die Zähne bewaffnet, und spähen mit Ferngläsern in eben das Hainhausen hinunter, wo ich gerade meinen Fünf-Uhr-Tee zu mir genommen habe. Die drei winken mich zu sich in das Unterholz. Es sind offensichtlich Aufklärer der Gegenseite, des Manöverfeindes, die hier das Gelände ausspähen. Was ich denn da unten im Dorf so gesehen habe, wollen sie wissen. Während ich mir meine Vokabeln für die Antwort zurechtlege, zieht der eine ganz aufgeregt einen Notizblock aus der Brusttasche seines Kampfanzuges, um jedes meiner Worte genau mitzuschreiben. Ich komme mir ungeheuer wichtig vor. Endlich wollen mal Leute auch etwas von mir und nicht immer nur ich von ihnen. Das tut gut.
Gern gebe ich Auskunft: Da unten, sage ich bedeutungsvoll, ist alles streng geheim, das weiß ich von höchster Stelle. »Top secret«, notiert der Soldat. Zehn bis fünfzehn Zelte stehen gut getarnt auf einer Wiese, in einem läuft ein Generator auf Hochtouren, in einem anderen gibt es guten Tee, und der Koch kommt aus Manchester.

»Oh, Manchester«, sagt einer der drei, da wohnt seine Schwiegermutter. Die traurigste Information, die ich den drei Aufklärern geben kann, ist für sie die allerwichtigste. Es gibt da unten leider nur abgezählte Essensrationen für hundertzehn Personen. »Hundredandten people«, wiederholt mein Protokollant und haut seinen Kameraden vor Freude auf die Schultern. Damit wissen die Burschen nun genug über die Stärke des Gegners, vermutlich handelt es sich da um sein Hauptquartier, das man heute nacht angreifen will – »attack, you know: peng, peng, peng«, und wieder leuchten Kinderaugen. Ihr Aufklärungsauftrag ist damit erfüllt, jeder der drei drückt mir dankbar die Hand, »thanks a lot« – keine Ursache! Im Dauerlauf verschwinden sie im Wald und lassen mich mit meinem schlechten Gewissen stehen. Jetzt hat mir der freundliche Feldkoch da unten gerade einen Tee spendiert, und keine Stunde später verpfeife ich ihn und seine Kameraden.
Da ich kein Kriegsspielverderber sein will, nehme ich das Opfer auf mich und kehre noch einmal die beschwerlichen zwei Kilometer nach Hainhausen zurück, um dem Sergeant mit dem Schnauzer zu berichten, daß ich seine Geheimnisse verraten habe. Sofort vertieft sich seine Stirnfalte zu einer Schlucht. Damit das militärische Gleichgewicht wiederhergestellt wird, erkläre ich mich aber bereit, ihm mitzuteilen, für wann der Gegner den Angriff plant. »When?« fragt der Offizier, und mit einemmal ist all seine Autorität dahin, so lächerlich ernst nimmt er mich, einen dahergelaufenen Zivilisten, der in die Rolle eines Doppelagenten gestolpert ist. Entsprechend selbstbewußt stelle ich nun meine Bedingungen: Da jede Information ihren Preis hat, wäre ich dankbar

für eine warme Mahlzeit. Keine fünf Minuten später sitze ich im Offizierszelt vor dicken Bohnen mit Speck, und der gesamte Generalstab klebt an meinen Lippen, um zu erfahren, daß es heute abend losgehen soll mit dem »peng, peng, peng«.

Vor Paderborn werden die Wälder katholisch. Steinerne Gottesbildnisse und kleine, gemütliche Marienkapellen stehen an Wegen, auf Lichtungen oder dort, wo der »achtbare Jüngling« Martin Staebler, Bürgermeisterssohn, am 30. Mai 1912 von einem Baum erschlagen wurde. »Weinet nicht, Ihr christlichen Seelen«, ist unter dem Holzkreuz zu lesen, »sterben ist ja Menschenpflicht, aber bitte sprecht ein Vaterunser für mich an meiner Unglücksstelle.«
Besonders häufen sich die Kultstätten im Forst des katholischen Grafen von der Hinnenburg: Da kommt fast auf jeden Baum eine Madonna. Die alte Magd des Grafen bekreuzigt sich erst mal vor Schreck, als sie mich vor der schweren Eichtentür des Schlosses stehen sieht. »Die Herrschaft ist nicht zu sprechen«, ruft sie ganz aufgeregt aus dem Fenster, »die Gräfinmutter ist doch vor einem halben Jahr erst gestorben.« »Herzliches Beileid.« Ich habe den Innenhof des Schlosses schon fast verlassen, da eilt sie mir mit einem Glas Milch in der Hand hinterher: »Sie kommen doch sicher aus dem Evangelischen«, sagt sie, mit einemmal ganz freundlich, »warum sind Sie dann nicht Pfarrer geworden, statt hier herumzuschwadronieren, da können Sie heiraten und Kinder kriegen, und auf die Seligkeit brauchen Sie auch nicht zu verzichten.« Die Frage überrascht mich, und bevor mir eine passende Antwort einfällt, redet sie auch schon weiter.

Ob das nun stimmt mit dem ewigen Leben oder einfach nur ein »Mumpitz« ist, das weiß sie natürlich nicht, aber sie geht lieber auf Nummer Sicher und glaubt an den Herrn, denn wenn er hoch oben im Himmel tatsächlich thront, steht sie besser da vor dem Jüngsten Gericht, und gibt es keinen Gott, »mein Gott, dann fressen mich eben die Würmer«. Und sicher ist sicher, kramt sie mir eine Knackwurst aus der Schürze, denn »weiß der Teufel«, vielleicht bin ich ja ein Engel des Herrn, der die Nächstenliebe der Menschen auf die Probe stellt.
»Oder sind Sie etwa Sozi?« fragt sie, während ich die Wurst im Rucksack verstaue; Religion und Politik gehören offensichtlich eng zusammen im Paderborner Land. Die Magd kümmert sich eigentlich gar nicht um »so was«, Politik ist ja auch Männersache, aber die Nazis hat sie auf Ehrenwort nicht gewählt, »das waren die Evangelischen aus Lippe«, und die Sozis will sie auch nicht, »die haben drüben gelernt, der Brandt in Spanien und der Wehner in Moskau«. Strauß, findet sie, ist ein »schlauer Bengel«, der Mao hat das bestätigt, und den Schmidt wird sie selbstverständlich nicht wählen, »da sei Gott vor«.
Es ist wieder heiß geworden. Über Nacht haben sich die Wolken verzogen, doch im Schatten der Bäume läßt es sich gut gehen. Im Wald vor Bad Driburg schwitzt Kumpel Reinhold aus Castrop-Rauxel auf dem Trimm-dich-Parcours. Der Bergmann ist auf »Reduktionskur«, zehn Klimmzüge sind sein Tagespensum auf der Station XI der Selbstertüchtigungsstrecke, aber er schafft nicht mal zwei, was sowohl an der Fettleber liegt als auch an der mageren Kost. 800 Kalorien darf er täglich essen, das sind drei Scheiben Brot und ein halbes Pfund Schichtkä-

se. »Drei Wochen mach ich den Quark nun schon mit«, klagt der Aufzugsschweißer von der Zeche Erin, Eisbein ist sein Lieblingsgericht, drum freut er sich auch schon auf die Heimfahrt. »Zu Haus, da mußte zwar malochen, aber Kohldampf schieben brauchste nich und mal einen zechen gehen darfste auch, woll?«
Und weil anscheinend Hunger und Durst in Bad Driburg das Thema überhaupt ist – 16 Pfund hat Reinhold angeblich schon »abgespeckt« –, fragt er mich erst einmal, wie es denn so mit meinem Appetit steht, bei dreißig Kilometern am Tag, mit über zwanzig Kilo Gepäck, da verbrennt man ja ordentlich Kalorien. Ich erzähle von den Bohnen gestern in Hainhausen und der Knackwurst heute morgen auf der Hinneburg, und da bietet mir der Kurpatient aus lauter Mitgefühl gleich das Du an, der Hunger hat uns verbrüdert. Gemeinsam gehen wir hinab in die Stadt.
Mittagszeit, höchste Zeit für das nächste Quarkbrot. Reinhold verspricht, ein Wort im Knappschaftssanatorium für mich einzulegen. Dort verweist uns der Pförtner zum Küchenchef, und der Küchenchef zum Betriebsleiter, und der muß passen, die Menüs sind nicht nur knapp an Kalorien, sondern auch knapp kalkuliert, »leider Gottes«. Ich soll es doch mal in der Kaspar-Heinrich-Klinik nebenan probieren, vielleicht hätte ich da Glück. Auf dem Weg dorthin, Reinhold bringt mich bis zum Haupteingang, frage ich, ob ich ihn nicht mal besuchen kann in Castrop-Rauxel, ins Ruhrgebiet will ich ja auch, da könnten wir doch mal gemeinsam einen trinken, was hier verboten ist. Aber da wird der Kumpel plötzlich zum Bürger, aus Reinhold wird ein Herr Müller oder Herr Kowalski, und ich sehe schon die Tür von seinem

Häuschen in der Zechensiedlung einen zaghaften Spalt breit aufgehen und sich so schnell wieder schließen, daß Reinhold gar keine Zeit hat, seinen Hungerkumpel vom Trimm-dich-Parcours überhaupt wiederzuerkennen. Der Sonntagsbraten duftet aus dem angelehnten Küchenfenster, gleichgültig hocken die Brieftauben auf der Dachrinne. Ohne einen Spatzen in der Hand werde ich weiterziehen müssen.

Der Küchenchef der Kaspar-Heinrich-Klinik ist zu Feldmanns Glück wieder mal ein großer Tierfreund. Anders als sein Kollege von der Royal Army, hat dieser Karl Mertens jedoch keine zwei irischen Setter, sondern einen Dackel, einen Schäferhund und einen Münsterländer. Persönlich serviert er Feldmann nur vom Besten: mageren Sauerbraten, fünfzehn bis zwanzig mundgerechte Scheiben, appetitlich garniert mit etwas Petersilie auf einer Edelmetallplatte. Feldmann läßt sich's schmecken, mein Gesicht zieht sich in die Länge. »Haben Sie vielleicht auch Hunger?« fragt endlich der Koch, nachdem mein Hund den letzten Bissen nur noch mit Würgen hinuntergebracht hat, und als ich nicke, ruft Mertens »einmal die Eins« in die Küche. Das Menü eins entspricht genau den Beschreibungen von Kumpel Reinhold: zwei Scheiben Schwarzbrot, magerer Schichtkäse, ein Becher Saft und zum Nachtisch Joghurt »nature«. Ich mache die Bad-Driburg-Reduktionskur, aber mir schmeckt's.

Westlich von Bad Driburg – das ist mir neu – liegt das Eggegebirge, der südliche Ausläufer des Teutoburger Waldes. Aber statt Hermann der Cheruskerfürst begegnet mir der Harley-Davidson-Club aus Herne, dessen Präsident seine Motorradkarawane mit majestätisch erhobener Hand zum Halten bringt, nur um mir mitten im Maschinengedröhne einen Kaffee aus der Thermosflasche seines Sozius zu spendieren. »Astrein«, sagt er, boxt mir anerkennend mit seinem schweren Lederhandschuh gegen die Brust und gibt wieder Gas. Eigentlich komisch, denke ich beim Weitergehen, daß ich diesen PS-Protz mit meinen Füßen beeindruckt habe. Ausgerechnet er, der sich wahrscheinlich mit seiner Harley so ungebrochen identifiziert wie einst mein Großvater mit seinem ersten Deutz-Traktor, zieht seinen Helm vor mir, der ich stolz bin auf meine fünf autolosen Jahre, stolz auf die vielen Schritte, die ich seit Hamburg nun schon aus eigener Kraft getan habe, ich pfeife auf Maschinen, vom PKW bis zum AKW. Und doch, bin ich ehrlich, fand ich das Fahrzeug des Präsidenten auch »astrein«, es gibt ihm sicherlich eine ähnliche Illusion von Ungebundenheit und Abenteuer wie mir meine Füße.

Auf dem Kamm des Höhenzugs steht ein Schild: »Wasserscheide von Weser und Rhein«. Das macht mir Mut, denn theoretisch brauchte ich jetzt nur noch die Gesetze der Schwerkraft auszunutzen und wäre ohne viel eigenes Zutun bald an der Ruhr, die schließlich in den Rhein mündet. Der Regentropfen, fällt er auch nur einen Millimeter westlich der Scheidelinie, tut nichts anderes: Er läßt sich weiterfallen, rinnt auf dem Asphalt die Straße hinab, kommt irgendwann von der Fahrbahn ab, wird vielleicht von einer Harley-Davidson zur Seite gespritzt, sickert in den Waldboden, vereinigt sich mit dem Grundwasser, sprudelt bald kristallklar aus einer Quelle wieder ans Sonnenlicht, läßt sich munter zu Tal tragen, ein Kuhfladen, der neben ihm in den noch schmalen Bach fällt, stört ihn wenig, aber schon im ersten Dorf trübt die Abwasserzufuhr einer Gerberei seine gute Laune, unter dem Chemiewerk der Stadt geht dem armen Tropf die Luft ganz aus, bewußtlos erreicht er ein Klärwerk, wird dort kräftig durchgewirbelt, setzt einigermaßen wiederhergestellt seine Reise fort, um sich ein paar Kilometer weiter eine Bleivergiftung zuzuziehen – und so geht es bergab mit dem Regentropfen, bis er schließlich als x-mal getötete Leiche über den Totenträger Rhein in das Leichenschauhaus Nordsee überführt wird.

In der Fußgängerpassage von Paderborn, direkt neben dem Haupteingang vom Kaufhof, sitzt ein Mann mit einem Schild um den Hals, wie Kinder es tragen, wenn sie ohne Eltern vom Roten Kreuz zur Sommerfrische verschickt werden. »Armer Hund ohne Hütte bittet um eine kleine Spende«, steht auf der Pappe, von einer ungelenken, zittrigen Hand daraufgekritzelt. Zum Glück ist es nicht Gustav die Ratte, der Penner aus dem Erzgebirge, den ich vor Jahren nicht weit von hier unter dem Portal des Benediktinerklosters beim »Schmalmachen« traf, denn Gustav hätte mir den Wandergesellen kaum abgenommen. »Na, du Rotzjunge«, wären seine Worte gewesen, »dir geht's wohl zu gut – hier auf Hallodri mimen! Nun rück den Heiermann schon raus für meine Bombe, dann darfste auch wieder ein Foto machen von mir«, und ich hätte mich furchtbar geschämt.
Ungeniert schnuppert Feldmann mit wedelndem Schwanz am Mantel des armen Hundes herum, und da die beiden sich ganz offensichtlich gut riechen können, fühle ich mich ermutigt, die Zone des Schweigens zu durchbrechen, die sich zwischen dem Bettler und den

bogenschlagenden Passanten gebildet hat. »Kennst du einen Gustav«, frage ich und gehe in die Hocke, »genannt die Ratte, der hier früher öfter Sitzungen abgehalten hat?« Zwei wäßrigblaue Augen blicken durch mich hindurch. »Ich kenn viele Ratten, alle Menschen sind Ratten, aber Gustav, nee, den kenn ich nicht.« Der Mann krault Feldmann liebevoll hinter den Ohren. »Haste was zu rauchen?« fragt er mich nach einer Weile. Ich gebe ihm meinen Tabaksbeutel, und er dreht sich eine. »Feuer?« Ich gebe ihm Feuer. Nach zwei tiefen Zügen dehnen sich seine rissigen Lippen zu einem Lächeln. »Mach dir mal das Laub aus deiner Wolle, siehst ja aus wie n Penner.« Etwas verunsichert kämme ich mir mit den Fingern durchs Haar und beseitige die Spuren der Nacht im Freien. »Warste echt schon mal hier?« prüft mich der Obdachlose und hält mich fest im Blick. »Zu Fuß noch nie«, gebe ich ehrlich zu. »Warste schon beim Sozi?« »Nein, beim Sozialamt war ich noch nicht, bin ja grade erst angekommen.« »Zu spät, hat mittwochs nachmittags geschlossen, aber bei der Diakonie kannste noch Schwein haben, wenne dich beeilst, is gleich um die Ecke.«

Ich habe Schwein, wenn auch erst nach langem Warten. Diakon Brake stellt mir eine »Durchreisebeihilfe« in Form eines »Lebensmittelgutscheins« aus, der mit acht Mark (»in Worten: acht, Spirituosen- und Tabakwaren ausgenommen«) doppelt so hoch ist wie sonst üblich. Herr Brake sieht ein, daß mein Hund auch leben muß. Warum ich kein Geld habe, warum ich unterwegs bin, das interessiert den Diakon wenig. Er fragt nur nach meinem Ausweis, notiert meinen Namen auf einer langen Liste, ich unterschreibe, und damit ist die Angele-

genheit für ihn erledigt, »der Nächste, bitte«, draußen auf dem Flur warten noch drei Gestalten, um fünf ist Dienstschluß – Bürokratie der Nächstenliebe.
Einzulösen ist der Schein im Laden gleich auf der anderen Straßenseite. Geräuschlos öffne ich die Tür, kein Ding-dong, kein Schrillen, keinerlei alarmierende Laute. Der Laden ist leer. Ich gebe mir Mühe, mich als ganz normaler Kunde zu benehmen, greife mir einen Einkaufskorb, flaniere zwischen den übervollen Regalen. Aber der Ladenbesitzer ist gleich zur Stelle, er scheint seine einschlägige Kundschaft von gegenüber zu kennen. »Was darf's denn Schönes sein?« fragt er scheinheilig harmlos. Ich antworte vage, daß ich mich erst mal ein wenig umschauen muß. Das Angebot ist überwältigend, die Preise auch: Camembert 3,15 DM, Mettwurst mit ganzen Pfefferkörnern 2,77 DM, Butter, das halbe Pfund 2,48 DM, Quark 1,59 DM, Vollkornbrot und Hundefutter (»Mit saftigen Rinderstücken«) je 3,33 DM. Grob überschlage ich die Ware im Korb. Das macht zusammen weit über 10 DM, also viel zuviel. Die Butter tausche ich gegen Pflanzenmargarine ein (1,38 DM), den französischen Camembert gegen deutschen (1,58 DM), auf die Mettwurst verzichte ich ganz, vegetarische Kost ist ja auch viel gesünder, und altes Brot bekomme ich vielleicht vom Bäcker nebenan geschenkt.
Über den runden Spionspiegel verfolgt der Krämer meinen Einkauf. »Jeder Diebstahl wird angezeigt – Fangprämie 50 DM«, warnt mich ein Schild an der Wand. »Na, was haben wir denn Schönes?« fragt mich der Kaufmann, als ich meinen Korb neben die Kasse stelle. Sein spitzer Zeigefinger, mit dem er die Preise eintippt, kommt mir vor wie der Schnabel einer Krähe. »Macht

genau sieben Mark und achtundachtzig Pfennige.« Ich greife in meine Hosentasche und falte meinen Lebensmittelgutschein auseinander. »Aha«, sagt der Mann und mustert mich über den Rand seiner Brille. »Acht Mark, was nehmen wir denn da noch Schönes für den Rest, Wechselgeld gibt's ja nicht auf Schein.«
Viel Schönes ist für zwölf Pfennige nicht zu haben. Vielleicht etwas Süßes, schon lange habe ich Heißhunger auf Schokolade, aber die ist unerschwinglich. Die Rolle Lakritz kostet zwei Pfennige zuwenig, von den Gummibärchen, Stückpreis 1 Pfennig, sind nur noch fünf da, der Kaufmann wird ungeduldig. »Nun mal zu, ich hab noch andere Arbeit.« Da ich mir nicht mehr zu helfen weiß, greift er sich meinen Quark, Fettstufe 20 %, geht damit zur Kühltruhe, tauscht ihn ein in Magerquark, der 28 Pfennige billiger ist, nimmt sich aus der Süßigkeitenabteilung eine Kokosnußwaffel für 40 Pfennige und sagt: »So, jetzt brauch ich noch eine Unterschrift.« Artig quittiere ich auf meinem Gutschein den »Empfang der Ware«.
Bundesstraße 1: Paderborn – Salzkotten – Geseke, bei starkem Verkehr und glühender Hitze. Der Rucksack klebt auf dem nackten Rücken, in den Schuhen kocht der Schweiß, und die Autos bringen mich zur Weißglut. Ohne Rücksicht auf Verluste jagen sie wie Geschosse so dicht an mir und Feldmann vorbei, daß uns ihre Druckwellen fast aus dem Gleichgewicht und in den Straßengraben werfen. Der Lärm geht mir durch Mark und Bein, und im Dunst der Abgase wage ich kaum zu atmen – Scheiß-spiel!« Die Fahrer sitzen mit ernsten, entschlossenen Mienen hinter den Steuern, ihre Lippen sind gespannt, ihr Blick ist starr, bei keinem sehe ich ein

Lächeln. Manche zeigen sich im Gegenteil sichtbar verärgert, wenn sie mich vor sich entdecken. Weg da, du Idiot, scheinen sie zu fluchen, und zwischen mich und die Blechschleudern paßt dann keine Handbreit mehr.
Vor Geseke endlich ein Schotterweg, auf dem ich in den Schutz des Waldes flüchte. An einem Bächlein ziehe ich mich aus, steige durch das Farnkraut ins klare Wasser, lege mich der Länge nach in das sandige Bachbett, und einen Moment lang lasse ich alles mit mir geschehen: Sanft streichelt das kühle Rinnsal mit zärtlichem Murmeln an mir entlang. Mein Körper ist zur Insel geworden, er dampft wie ein tropischer Urwald. Selig blicke ich ins funkelnde Blätterdach über mir und spüre, wie die Welt sich dreht. Nach einer Weile rolle ich mich träge auf den Bauch. Unter der friedlich dahingleitenden Wasseroberfläche tanzen kleine, nackte Krabben in der Strömung. Ein schwarzer Wurm, kaum dicker als ein Haar, schlängelt eine feine Spur in den hellbraunen Sand. In der Gabelung zwischen meinem Daumen und Zeigefinger fühlt er sich wohl und rollt sich ein. Jetzt bin ich eins mit der Natur – und will nichts wissen von der B 1, die nur wenige Hundert Meter von mir entfernt vorbeidröhnt, nichts von den gigantischen Traktoren, die mit ihren Pestiziden das schon hohe Getreide links und rechts der Straße vergiften, nichts von den Hochspannungsleitungen, die über den Bäumen knistern.
Nach meinem Bad lasse ich mich am Waldrand von der Abendsonne trocknen. Ein kleines Feuer heizt das Teewasser. Ich war gerade ein wenig eingeschlafen, da knackt es plötzlich hinter uns im Unterholz. Feldmann springt auf, bellt und fegt auf eine Gestalt zu, die ein Gewehr schon im Anschlag hat. »Halt«, brülle ich ent-

setzt und verdecke mit dem Schlafsack meine Blöße, »nicht schießen, Feldmann, Fuß, nicht schießen!« Nur widerwillig folgt der Hund meinem Befehl. Immer noch knurrend, setzt er sich neben den Rucksack. Die Flinte unterm Arm, kommt die Gestalt näher, bleibt aber in respektvoller Distanz zu Feldmann und mir. Es ist der Jagdaufseher, in waidgerechter Lodentracht, der Rauch des Feuers muß ihn angelockt haben. Mißtrauisch mustert er unser Lager, und ich spüre, wieviel Mühe es ihn kostet, uns einzuschätzen. Gammler? Wanderer? Terrorist? – schwer zu sagen bei den beiden. Feuermachen, erklärt er mir, ist gefährlich, »vierzig Hektar Wald sind viel Brennholz«. Ich wäre nicht der erste, der aus Unachtsamkeit eine Katastrophe verursacht. Überhaupt hat man hier recht viel zu leiden unter dem »Unzeug« aus der Stadt. Erst im letzten Jahr hielt sich ein Polizistenmörder aus Braunschweig in diesem Waldstück versteckt, und vor dem Sittenstrolch, der in den fünfziger Jahren hier sein Revier hatte, »zittern unsere Frauen noch heut«.

Im Land, wo alle Hunde Feldmann heißen, im Sauerland, hier werde ich schon seit Tagen 15 Mark einfach nicht los. Trotz aller Berge komme ich mir vor wie einst in der Lüneburger Heide, denn mit Hund, Stock und Rucksack passe ich mal wieder peinlich genau in die Landschaft. Gleich hinter Brilon gerieten jedenfalls drei Frauen vom sauerländischen Gebirgsverein, rüstige Damen in Knickerbockern und Anorak, in helle Begeisterung, als ich ihnen auf einem Waldweg begegnete. »Daß es so etwas noch gibt«, staunten die drei Wandersfrauen, und eine putzte sich ungläubig ihre Brillengläser. »Nur weiter so«, wurde ich gelobt und bekam, ob ich wollte oder nicht, von jeder ein Fünfmarkstück in die Hand gedrückt: »Damit marschiert es sich doch besser durch unser schönes Vaterland.«

Nun war ich im Vorübergehen reich geworden, die drei Münzen klimperten unruhig in meiner Hosentasche herum und ließen mich tagelang nicht mehr in Ruhe. Gibst du sie jetzt für 15 Tafeln Schokolade aus (nach denen es mich besonders vor dem Einschlafen gelüstet) oder für eine halbe Flasche Asbach plus ein Päckchen Tabak (der zu Ende geht) oder für neue Schuhsohlen (die spürbar dünner werden) oder für ein Bett in einer billigen Pension (von dem ich immer mal wieder träume) oder spielst du den Gönner und schenkst sie einfach drei verrotzten Dorfgören.

Vor der Gaststätte »Stimm-Stamm« bei Meschede entschied ich mich dann für das Naheliegendste: eine gute warme Mahlzeit. Ich wollte mich gerade an einen freien Tisch setzen, da wurde ich auch schon an den Stammtisch gewunken, und fünf alte Bauern spendierten mir ein Bier nach dem anderen. »Daß es so etwas noch gibt«, wunderten auch sie sich. Die Wirtin war nicht minder beeindruckt von mir. Sie brachte mir ohne Bestellung einen Strammen Max und Feldmann reichlich Kotelettknochen.

In Alme schenkte mir der Krämer den Käse, den ich eigentlich kaufen wollte, in Scharfenberg gab es vom Bauern selbstgeräucherten Schinken, in Büren eine Tüte Schweizer Erfrischungsbonbons von der Baronin Fürstenberg persönlich – und die drei Heiermänner gaben keine Ruhe.

Auch beim Köhlerfestival im Hirschberger Gemeindewald wurde ich mein Geld nicht los. Der Pressesprecher des Fremdenverkehrsvereins schleppte mich gleich auf den dampfenden »Demonstrationsmeiler« und stellte mich und Feldmann der johlenden Menge als »vorbildlich zünftigen Wanderburschen« vor. »Von Hamburg nach Hirschberg zu Fuß, daran sollte sich unsere Jugend mal ein Beispiel nehmen.«

Ich aber folgte dem Beispiel der trinkfesten Dörfler und ließ mir am lodernden Lagerfeuer das Warsteiner Pils schmecken. Meine Saufkumpane, Förster, Kraftfahrzeuglehrling, Metzger, Waldarbeiter, der Pfarrer, ein paar Touristen – alle prosteten mir zu, als sei ich der Bundespräsident persönlich.

Etwas abseits stand ein kleiner, blasser Mann, ohne Glas in der Hand, dem nicht einmal der Schein des Feuers eine Röte auf die Backen warf. »Hans Schwarz mein Name«, stellte sich der zurückhaltende Urlauber aus Hamm in Westfalen vor. In den zwanziger Jahren war er mit der Naturfreundejugend auch viel gewandert, im Harz, in der Eifel, im Schwarzwald, bis 1934, da mußte der Maschinenkonstrukteur und aktive Gewerkschafter nach Paris emigirieren, wurde dort ein Jahr später wegen politischer Tätigkeit während des großen Verkehrsarbeiterstreiks festgenommen und in die Schweiz abgeschoben, doch die Eidgenossen wollten ihn auch nicht, also ging es weiter über die grüne Grenze nach Österreich; 1937 schlug er sich nach dem »Anschluß« nach Prag durch, und als die Nazis wenig später auch dort einmarschierten, versuchte Schwarz in die Sowjetunion zu flüchten, wurde an der russischen Grenze abgewiesen, mußte schließlich zurück nach Hamm, weil die Mutter im Sterben lag, lebte dort bis zu seiner Verhaftung im

Untergrund, kam erst ins Gefängnis, dann in ein Bewährungsbataillon, in dem er sechs Jahre Krieg in Polen, Frankreich, Norwegen, Jugoslawien mitmachte, 1945 russische Gefangenschaft, sechs Jahre Zwangsarbeit in Sibirien folgten, nach der Heimkehr bis 1970 Gewerkschaftsfunktionär bei der ÖTV, 1971 erste Krebsoperation, 1977 Glückwunschtelegramm von Willy Brandt für 50 Jahre Parteimitgliedschaft, heute Pensionär. Fast beneidete ich den Rentner um sein bewegtes Leben, so schrecklich es auch streckenweise war. Er wußte wenigstens, warum er was tat. Ich dagegen frage mich bei jedem zweiten Schritt: Warum eigentlich nehme ich nicht die Bahn?

Nach drei Tagen endlich: »Herr Ober, bitte zahlen.« Schon bevor mir der Kellner vom »Gasthof zum Goldenen Stern« in Arnsberg die Rechnung auf den Tisch legt, halte ich ihm meine drei Fünfmarkstücke entgegen, denn längst habe ich mir ausgerechnet, daß ich genau 13,80 DM für das Wiener Schnitzel mit Salat plus einem Bier zu zahlen habe. Aber zu einem »Stimmt so« kann ich mich dann doch nicht durchringen, sondern bestelle im Hinausgehen beim Wirt hinter der Theke noch eine Tafel Vollmilch-Nuß.

Erleichtert, wenn auch mit schwerem Bauch, geht es über die Ruhrbrücke und dann Richtung Nordwesten, Richtung Ruhrgebiet, eine Steigung hinauf in den regenschweren Abendhimmel. Ich wünsche mir einen schönen, kleinen Bauernhof mit frischem Heu in der Scheune, bevor die ersten Tropfen fallen. Zweitausend Schritte will ich noch durch den Wald gehen, dann wird eine Lichtung kommen, so nehme ich es mir fest vor, mit Wiesen und weidenden Kühen und dem ersehnten Gehöft gleich daneben. Ich zähle los, gehe bei dreihundertdreiundfünfzig an einer plattgefahrenen Katze vorbei, verbiete Feldmann, an ihr herumzunaschen, weil sie schon stinkt, esse vom tausenddreißigsten bis zum tausendfünfhundertsten Schritt meine Schokolade, verlängere bei tausendachthundert vorsichtshalber meine Erwartungsdistanz noch einmal um das Doppelte, und beim Schritt Nummer dreitausendsechshunderteinunddreißig läuft mir eine Gänsehaut über den Rücken – da steht tatsächlich auf einer Wiese, auf der Kühe weiden, ein Bauernhaus, und die ersten Tropfen fallen. Mir ist die Sache gar nicht mehr geheuer. Schon sehe ich mich der Hexe ein Stöckchen durch den Käfig stecken, um nicht gleich gebraten zu werden, aber mir bleibt keine andere Wahl, der Regen treibt mich unter das Vordach des alten Gebäudes. In einem offenen Abstellschuppen reißt ein wilder Schäferhund so wütend an seiner Kette, daß ich fast Angst habe, er stranguliert sich selbst. Feldmann drückt sich ängstlich an mein Bein. Bis auf den jähzornigen Wachhund rührt sich lange nichts auf dem Hof. Erst als der Regen so richtig herunterschüttet, öffnet sich eine Stalltür, und ein kleines, verwachsenes Männlein humpelt heraus. Sein Kopf steht schief, der Buckel auf seinem Rücken ist kürbisgroß. Rumpelstilzchen, denke ich sofort, als ich den Gnom sehe, wenn er auch schon etwas älter ist als im Märchen. »Was ist los?« fragt er so unerwartet herrisch, daß ich meinen ersten Eindruck, dies sei hier der Knecht, gleich korrigiere. Nur die hohe, krähende Stimme entspricht genau der mickrigen Erscheinung. »Nichts Besonderes«, sage ich möglichst undramatisch, »ich bin bloß in diesen Regen geraten und brauche eine trockene Ecke und etwas Heu zum Schlafen

– Nichtraucher bin ich auch.« Das Bäuerchen mustert mich von unten herauf, was ihm nicht ganz leicht fällt, denn er ist nicht nur klein, sondern scheint auch noch kurzsichtig zu sein. »Zupacken kannst du?« fragt er skeptisch. »Zupacken kann ich«, gebe ich zurück. »Dann bring dein Gepäck hinauf in die Scheune, binde den Hund fest, im Pferdestall ist Arbeit.«
Der Bucklige hat nicht gelogen. Im Stall ist Arbeit, jahrelang scheint hier nicht ausgemistet worden zu sein. Obwohl es schon spät ist, mache ich mich ans Werk und forke den steinhart festgetretenen Dung auf den Misthaufen. Endlich kommt mein Arbeitgeber und funzelt mit einer Taschenlampe in den Stallecken herum, um zu sehen, wie gründlich ich zugepackt habe. »Jetzt kannst du schlafen gehen«, sagt er anscheinend zufrieden, »morgen ist auch noch ein Tag.« Erschöpft und ohne zweites Abendbrot, das ich nach dieser Arbeit spielend verdrückt hätte, krieche ich in meinen Schlafsack, fest entschlossen, morgen das Weite zu suchen.
Am nächsten Morgen aber schüttet es so heftig, daß die Dachpfannen über mir dröhnen und ich froh bin, im Trockenen zu sein. Rumpelstilzchen kommt wie erwartet mit dem ersten Hahnenschrei. Ohne ein Wort zu verlieren, stellt er mir einen Teller mit ziemlich dünn bestrichenen Mettbroten auf den Rucksack. Es herrscht eine stillschweigende Übereinkunft zwischen uns: Solange es regnet, bin ich ihm ausgeliefert, er ist mein Herr, ich bin sein Knecht, im Stall liegt noch Mist für Wochen. Ich weiß also, was ich zu tun habe. Irgendwann im Laufe des Vormittags wage ich die Frage, wann es etwas zu essen gibt. Der Zwerg, der mir seinen Namen nicht von ungefähr verschweigt (»Ach wie gut, daß niemand

weiß...«), murmelt nur beiläufig: »Alles zu seiner Zeit.«
Nach Stunden ruft eine Frau, vielleicht seine Mutter, vielleicht seine Tochter, durch die Hintertür, ich könnte reinkommen. In der kargen, menschenleeren Stube, deren einziger Schmuck ein paar verstaubte Plastikblumen neben einem alten Radiogerät sind, steht eine Schüssel Bohnen mit wenig Speck auf dem Tisch am Fenster. So wird der Hexerich seinen Hänsel aber nicht schlachtreif kriegen, denke ich beim Essen und blicke flehend durch die Scheiben nach draußen, wo der Regen das Land unermüdlich grau schraffiert. Ich fühle mich wie ein Leibeigener und könnte heulen vor Wut. Grimmig schaufle ich die Bohnen in mich hinein, statt meiner Füße haben jetzt die Hände Blasen. Aber anmerken lasse ich mir meine Verzweiflung und meinen Haß nicht, statt dessen schufte ich den ganzen Tag wie ein Pferd.
Noch zweimal gibt es Bohnen zum Mittag, bis der Regen endlich aufhört. Noch am Abend schnüre ich meine Sachen zusammen und stehle mich ohne Abschied eilig vom Hof, voller Angst, der böse Zwerg könnte mir einen Blick der Verwünschung nachsenden.
Ein paar Kilometer weiter, und schon liege ich in einem herrlichen Doppelbett, zusammen mit einem gewissen Arnim Klotzbücher. Arnim ist landwirtschaftlicher Lehrling auf einem Großbetrieb mit vierzig Kühen, sechshundert Mastschweinen, viel Weide- und Ackerland und einem über zehn Hektar großen Blumenkohlfeld, auf dem wir uns auch kennengelernt haben. Ich war gerade im Begriff, mich von einem heftigen Wolkenbruch wieder einmal windelweich regnen zu lassen, suchte verzweifelt nach Schutz, einem Baum, einem

Hochstand, einer Viehhütte – irgend etwas zwischen mir und den weit geöffneten himmlischen Schleusen. Aber da war nichts als der grüne Traktor in der Blumenkohllandschaft mit Arnim am Steuer, der mir gleich den Schlag öffnete und ganz trocken sagte: »Na, komm schon rein.«

Freundlich wie der zwanzigjährige Lehrjunge ist auch sein Chef, der Bauer Heinrich Drepper. Er hat mich gleich an seinen Abendbrottisch gebeten. Meine Bitte, in der Scheune schlafen zu dürfen, schlug er entrüstet aus: »Wir haben Betten genug, wir sind hier doch nicht bei armen Leuten«.

Ich bin begeistert von diesem Mann. Gerade habe ich den einen Hof mit soviel Wut im Bauch verlassen, habe zornig die gesamte westfälische Bauernschaft verflucht, da sinke ich schon wenige Stunden später in ein gemachtes Bauernbett und erzähle Arnim die Geschichte vom bösen Rumpelstilzchen, von der einsamen Krämerstochter, vom unchristlichen Pfarrer aus Dollbergen, von meiner Tätigkeit als Doppelagent bei der britischen Armee. Ich habe, so will es mir jetzt scheinen, in den sechs Wochen Wanderei mehr und viel unmittelbarer erlebt als in sechs Jahren Journalismus.

Dafür weiß Arnim, dieser Inbegriff an Bodenständigkeit, der mit seinen zwanzig Jahren bisher kaum aus seinem Dorf herausgekommen ist, vieles zu erzählen vom Leben der Seßhaften. Was er mir über die Zustände hier auf dem Hof berichtet, ist weit weniger überschwenglich als mein erster Eindruck. »Ich persönlich kann nicht klagen«, sagt der junge Mann, »ich lerne ne Menge und werd reell behandelt. Aber es gibt auch Leute hier, die haben nichts zu lachen.« Diese Leute sind vor allem Erhard, der Melker, und Heinz, der Schweineknecht. Sie werden nach Arnims Auskunft »behandelt wie der letzte Dreck«, müssen zwischen zehn und zwölf Stunden am Tag arbeiten und bekommen dafür siebzig Mark pro Woche. Der Lohn ist genauso bemessen, daß sich die beiden davon einmal in der Woche total betrinken können, Erhard am Samstag, Heinz am Sonntag, und den Rest der Woche sind sie pleite. Ist einer von ihnen aber am nächsten Arbeitsmorgen immer noch blau, was vorkommt, wenn bei Hochzeiten oder Beerdigungen in der Dorfkneipe das Freibier reichlich fließt, dann wird ihm als Strafe sechs Tage lang der Bohnenkaffee zum Frühstück gestrichen, dann gibt es nur Muckefuck.

Auf den Schultern dieser zwei Knechte ruht der ganze Betrieb, »ohne die müßte der Bauer dicht machen«. Die Stallungen sind total veraltet, teure Maschinen werden nicht angeschafft, Heinz und Erhard arbeiten selbst wie Maschinen. Da ist es kein Wunder, daß die beiden in ihrer Freizeit nicht zur Besinnung kommen wollen.

Am Morgen sitzt Erhard vor dem Frühstückstisch in der Küche. Es riecht nach Bohnenkaffee. Der Knecht trägt ein dunkelblaues Jackett über einem dunkelblauen Hemd, denn es ist Sonntag, sein »blauer Tag«. Und tatsächlich ist er völlig betrunken, was ich aber erst merke, als er mit schwerer Zunge dem Kanarienvogel im Käfig neben ihm am Fenster einen »verdammt guten Morgen« wünscht. »Du bist ein armer Vogel«, lallt er vor sich hin, »deine Flügel helfen dir einen Scheißdreck da drin in deinem Käfig, aber ich flieg heut aus, heut ist Sonntag, da könn mich meine Küh mal am Arsch lekken«, sagt's, greift sich ins Jackett und schüttet dem

Vogel einen guten Schuß aus dem Flachmann ins Trinkwasser. »Prösterchen.«

Im Eilschritt durch Müschede, Holzen, Lendringsen, immer Richtung Ruhrgebiet. In Menden: ein gutes altes Dreipfundbrot vom Bäcker und vom Metzger vier Schweinepfoten für meinen Begleiter. Hier sagen die Leute »Wuast« und »Kiache«, das klingt schon nach Doatmund und Gelsenkiachen, aber auch sonst spüre ich die Nähe zum Pütt: Pommesbuden an jeder zweiten Straßenecke, wo Liebesperlen an die Kinder und Bochumer Schlegelbier an die Väter verkauft werden, breite Straßen, auf denen sich mehr Lastwagen als PKWs drängen und die frische Sauerlandluft kaum eine Chance mehr hat.

In Drüpplingsen an der Ruhr ist Schützenfest. Grüne Papierfähnchen und Girlanden nehmen den eintönig weißverputzten Häusern des Dorfes nichts von ihrer Gesichtslosigkeit. Die Schnapsbrennerei Bimberg hat zur Feier des Tages ihren Tag der offenen Tür. Menschenschlangen vor der Probierstube. Mir schmeckt der Johannisbeerlikör am besten, obwohl Korn, Kirschwasser, aber auch Aquavit nicht zu verachten sind. Anne Bimberg, Tochter des Hauses, füllt mich innerhalb einer halben Stunde so restlos ab, daß mir ein gradliniges Weiterkommen unmöglich erscheint, zumal jetzt, da der Regen immer kürzere Pausen einlegt, zumal hier, an der Grenze des Ruhrgebiets, das nördlich des Ruhrtals beginnen müßte, ja eigentlich schon beginnt, denn das Ufer ist kilometerweit mit Stacheldraht eingezäunt. »Wasserschutzgebiet – Betreten verboten.« Ein wogendes Haferfeld vermittelt den lang ansteigenden Hang

hinauf noch einmal die Illusion ländlichen Friedens; dann wieder Stacheldraht, der das Gelände einer amerikanischen Raketenabschußbasis sichert, zwei kohlschwarze US-Soldaten gehen dahinter Patrouille; dann auf einmal ein Stück Wiese, die Kühe darauf glotzen so verloren in die Gegend, als hätten sie hier eigentlich gar nichts mehr zu suchen; dann eine Autobahn und, wieder vor weidenden Kühen, das Stadtschild von Dortmund. Es ist, als könne sich die Landschaft noch nicht recht entscheiden. Grün und Grau wechseln unaufhörlich, Fabrikgelände drängen sich ins hohe Getreide, hinter verrußten Zechenhäusern blöken Schafe, wilde Brombeerbüsche umrahmen stinkende Mülldeponien, am Horizont werden hohe Pappeln von Fabrikschloten überragt.
Ein Schild an einer Garage verweist mich auf die Emscherquelle. Daß die Emscher, der dreckigste Fluß Deutschlands, eine Quelle haben soll, ist eigentlich naheliegend, denn irgendwo entspringt schließlich jeder Fluß. Doch allzuoft während meiner Studentenzeit habe ich sie sich als stinkenden Abwasserkanal durch Rauxel, Herne oder Gelsenkirchen quälen sehen, um glauben zu können, daß diese Brühe einmal quellreines Wasser war.
Ein paar Hundert Meter weiter ist das Wunder wahr: vor einem stattlichen Fachwerkhaus ein kristallklarer See, auf dem sich perlweiße Gänse tummeln. Am Ufer prächtige alte Kastanien, Ulmen, Eschen. Ländlicher Frieden, wie man ihn selbst im Sauerland suchen müßte. Und das soll nun der Emscher Anfang sein! Die Besitzerin des Grundstücks, die hier einen Ponyhof betreibt, bestätigt: »Jawoll, dat isse, die kommt direkt unterm Haus längs und geht gleich in nen See rein.« Von dem Genuß des Wassers rät sie mir allerdings ab, auch sie denkt beim Namen

Emscherquelle wohl ein bißchen weiter, aber die Fische gedeihen hier »astrein«, die Enten ißt sie jede Weihnachten, »und Se sehen ja, ich leb nicht schlecht.«

Wie aber wird die Quelle zur Emscher? Erst plätschert der Bach unschuldig zwischen Hecken und Sträuchern am Rande eines Feldes entlang. Das Wasser ist klar, einige Steine des Bachbetts sind von grünen Algen leicht verfärbt, ein Rinnsal im Allgäu kann nicht sauberer sein. Doch dann, hinter einem dichten Gestrüpp, ein großes schwarzes Loch, und die Emscher ist verschwunden, in einem Kanalisationsrohr unter die Erde getaucht, einfach weg. Feldmann steckt seinen Kopf in das etwa einen halben Meter hohe Rohr, traut sich aber nicht ins Dunkel. Eine Straße und mehrere kleine Gärten weiter spuckt ein ähnliches Loch das Bächlein wieder aus. Zwei Kinder inszenieren ein Spiel, das sie »Totenreich« nennen, mir aber nicht weiter erklären, weil sie mit den Großen nichts zu tun haben wollen. Meinen Hund dagegen finden sie ganz nett, er ist ja ungefähr in ihrem Alter, und so sehe ich eine Weile zu, wie er ihnen Hölzer aller Größen für den Dammbau heranholt. »Ene, bene, dittje, dattje/zippel, ribbel, bonekatje«, beschwören die beiden in rhythmischem Sprechgesang die Geister der Toten da drin im dunklen Rohr. Nachdem sie das Wasser hoch genug aufgestaut haben, gehen die Jungen über die Straße zum anderen Rohrende und schicken kleine Papierkugeln auf die Reise durch den Hades. Von fünf »Totenbällchen« kommt nur eines durch, die andern »hat der Geist gefressen«, sagen sie und reiben sich aufgeregt die Hände.

Ich folge dem »Totenbällchen« ein Stück Wegs, bis es sich hinter der nächsten Windung aufgelöst hat und von der Strömung in viele Stücke zerrissen wird. Jetzt hat die Emscher ihre Unschuld verloren, denke ich, es fängt ja oft ganz harmlos an. Bis zu den nächsten Papierfetzen ist es nicht weit, dann kommt die erste Zigarettenschachtel, die erste Coca-Büchse, ein Nylonstrumpf ist an einem Ast hängengeblieben und windet sich wie eine Schlange. Die Besiedlung am Ufer nimmt zu. Aus der Böschung ragen kleine Tonröhren, aus denen es unheilverkündend herauströpfelt, zunehmend verlieren die Algen an Farbe, zunehmend wird das Wasser trübe: das Totenreich – schon wenige hundert Meter von der Quelle entfernt kündigt es sich an.

In Dortmund-Aplerbeck verschwindet die Emscher wieder. Direkt vor dem Rathaus taucht sie unter einer belebten Kreuzung weg, und ich suche sie vergebens. »Die Emscher«, geben drei Rocker in voller Ledermontur breitgrinsend Auskunft, »die gibt's hier nicht, die gibt's nur drüben in Castrop.« Daß ich bis vor fünf Minuten noch an ihr entlanggelaufen bin, ja, daß wir möglicherweise gerade über ihr stehen, weil sie ja hier irgendwo unter der Erde weiterfließen muß, quittieren die drei nur mit einem schulterzuckendem »Na-wenn-schon«.

Im Grunde haben sie ja recht, wo die Emscher nun steckt, ist auch für mich im Moment gar nicht mehr so wichtig. Die Rathausuhr geht auf halb fünf, und seit den vielen Bimberg-Schnäpsen habe ich heute nichts mehr in den Magen bekommen. Im Bahnhof Aplerbeck gibt es leider keine Mission, die befindet sich auf dem Hauptbahnhof in der Innenstadt, fast zehn Kilometer von hier. Sozialamt, Bäckereien und Schlachter haben geschlossen, heute ist Sonntag, da läuft also nichts. Verloren irre ich durch die Straßen. Wäre ich jetzt auf dem Land, ich fände schon irgendwo einen Bauern, bei dem ich die Füße unter den Küchentisch stecken könnte. Hier aber, in der steinernen Anonymität der Stadt, traue ich mich nicht, auf die Menschen zuzugehen, es sind einfach viel zuviele. Alle haben es eilig, kaum einer schenkt mir Beachtung. Nur die Rentner, die in den offenen Fenstern, auf kleine Kissen gestützt, ihren Lebensabend vertun, scheinen Zeit zu haben. Einen frage ich, wie spät es ist. »Gleich fünf«, sagt er knapp, ohne die Hand vom Kinn zu nehmen. Mehr ist nicht von ihm zu erfahren.

Um zehn nach fünf stehe ich vor einem großen Gebäudekomplex, dem Landeskrankenhaus, einer psychiatrischen Anstalt, die Aplerbeck im ganzen Ruhrgebiet bekannt gemacht hat. »Ab nach Aplerbeck«, rufen die Kinder, wenn sie jemanden für verrückt erklären, »ab inne Klapsmühle.«

Ich zögere nicht lange. »N Abend«, grüße ich im Vorbeigehen den Pförtner. Der guckt nur kurz von seiner Zeitung hoch und wundert sich nicht einmal über uns zwei. Ein Weißkittel zeigt mir den Weg zur Küche, auch er scheint keinen Verdacht zu schöpfen. Hinter der Neurologie begegnen mir ein Dutzend Damen im besten Alter, und alle stürzen sich auf Feldmann. »Ja, wie heißt du denn?« wird er gefragt, »und was hast du für schöne traurige Augen, bist wohl hungrig vom vielen Laufen?« »Ist er«, bestätige ich, »deshalb wollen wir auch zur Küche.« »Die ist sonntags geschlossen«, höre ich von den Frauen, »am besten, ihr kommt mal gleich mit.«

Schlag sechs sitzen ich und Feldmann im Gemeinschaftsraum von Haus Nr. 36, Abteilung für suchtabhängige Frauen, und lassen uns aufgewärmte Nudeln mit Hack schmecken. Die Zahl unserer Betreuerinnen ist auf über zwanzig gewachsen, alles eher biedere Bürgersfrauen in bester Stimmung, die so gar nicht in mein Bild von Suchtkranken passen. Es herrscht eine Atmosphäre wie bei einem Betriebsausflug. Mir fällt es schwer zu glauben, daß ich hier in einem Krankenhaus bin. Ärzte und Schwestern sind nirgendwo zu sehen, der Stationsleiter hat heute frei, aber auch werktags soll es nicht allzu streng zugehen auf der Station. »Wir versorgen uns selbst«, sagt eine der Frauen, »wir können auch nach draußen zum Einkaufen, und mittwochs kommen unsere Männer.«

Warum die Frauen hier sind, brauche ich gar nicht zu fragen, denn freimütig schildern sie mir, eine nach der andern, ihre »Krankheitsgeschichte«: wie sie während der Wechseljahre ihre alte Vitalität verloren haben und sich langsam an das vom Hausarzt verordnete Captagon gewöhnten, bis es dreißig Tabletten am Tag waren und die Überaktivitäten durch Putzen, Tapezieren und zwanghaftes Kochen abgebaut wurden, wie man die gute Hausfrau zu mimen verstand, jahrelang den Ehemann liebte, die Kinder versorgte, die Wäsche wusch und tagsüber, wenn alle endlich aus dem Haus waren, das Trinken anfing, weil sich alles immerzu wiederholte, weil man den täglichen Trott vom Saubermachen, Spülen, Bettenmachen, jahraus, jahrein, nicht mehr aushielt, wie man lernte, die Flasche gut zu verstecken, und fast wahnsinnig wurde, wenn man sie selber nicht wiederfand, bis die lieben Angehörigen dann, mißtrauisch geworden, alle Schlupfwinkel kannten, bis auf den einen, den letzten, den besten: den Tank der Scheibenwaschanlage im Zweitwagen.

So plaudern sie, während ich es mir schmecken lasse, über Suizidversuche, Schnapsdiebstähle, Rezeptfälschungen und Prostitution, als sei's das Normalste von der Welt, was es in der Welt dieser Klinik anscheinend auch ist.
Hier werden nun Alkohol und Tabletten ersetzt durch Abhängigkeiten anderer Art: Kaffeegier, Kettenrauchen, Konsumfieber, Freßsucht, Jieper nach Sprudel, nach Gewürzen, nach allem, was süß schmeckt. Eine Frau legt sich abends fünf Tafeln Schokolade auf den Nachttisch, und am Morgen sind sie verschwunden, »im Halbschlaf weggeputzt, wie in einem süßen Traum«. Eine andere muß sich nach Tisch zwei halbe Hähnchen aus der Imbißstube holen, obwohl sie eigentlich keinen Bissen mehr herunterbekommt.
Mein unersättlicher Appetit und auch Feldmanns Freßwut begeistern meine Zuschauerinnen, für Maßlosigkeit haben sie größtes Verständnis. Im Anschluß an die reichliche Mahlzeit laden mich vier Damen zu einem Eiskaffee in das »Sozialzentrum« ein, die andern hüten den Hund. In einem niedrigen Pavillon löffeln wir unsere doppelten Portionen, und meine Begleiterinnen stellen mich stolz der Bedienung vor: »Das ist Michael, unser neuer Pfleger, der ist uns grade zugelaufen.« Schallendes Gelächter. Es herrscht eine ganz unerwartet entspannte Atmosphäre. Etwa fünfzig Patienten sitzen in Gruppen oder auch einzeln an den Tischen, man plaudert, man lacht, und wüßte ich nicht, wo ich bin, ich könnte meinen, ich säße in meinem Stammcafé »Lindtner« in Hamburg-Eppendorf.
Der Vergleich erschreckt mich selbst. Pausenlos liest man von den katastrophalen Zuständen in psychiatri-

schen Anstalten, und nun bin ich mittendrin und fühle mich sauwohl. Dabei vermute ich, daß auch hier, irgendwo hinter den sauberen Fassaden, in Gummizellen gesperrt, in Zwangsjacken gesteckt wird, daß Psychopharmaka und Elektroschocks an der Tagesordnung sind. Daß ich die Atmosphäre trotzdem so gedankenlos genießen kann, mag eine Menge mit mir zu tun haben, mit meiner geistigen Verfassung nach über sechs Wochen auf der Straße. Da genügt schon der Geruch von Kaffee, um mich in Hochstimmung zu versetzen. Natürlich übersehe ich nicht die traurigen Existenzen hier, den Einsamen hinten im Eck, der nur immer gegen die Decke starrt, als fürchte er, sie käme ihm jeden Moment entgegen; oder die beiden Greise, die vor lauter Tattrigkeit ihre Kaffeetasse kaum noch zum Mund führen können. Aber solche Leute gibt's beim »Lindtner« auch. Was es dort nicht gibt, wer dort sofort von einem der beiden chronisch mißgelaunten Kellner an die Luft gesetzt würde, ist dieses nicht mehr ganz junge Paar uns gegenüber. Die beiden müssen frisch verliebt sein, während sie sich angeregt unterhalten, streichelt er ihr ganz zart, aber ohne jede Scheu, über den Busen. Als der Mann seine Freundin nach langem Streicheln auf die Wange küßt, holt sie dankbar eine Flasche 4711 aus ihrer Handtasche und tröpfelt es ihm aufs schüttere Haar. Kein Mensch wundert sich darüber, nur ich verschlucke mich fast vor Staunen. Wer ist hier der Kranke, wer sind die Gesunden? Hier könnte ich, ohne weiter aufzufallen, auf den Tisch steigen und »La Paloma« auf vier Fingern pfeifen oder einer meiner vier Begleiterinnen eine Kugel Erdbeereis in den Ausschnitt stopfen, aber so verrückt bin ich leider nicht, ich bin hier nur Zaungast.

Immerhin, zu der Frage, ob es in der Klinik nicht irgendwo einen trockenen Schlafplatz für mich gibt, ringe ich mich am Ende durch. Die Frauen am Tisch sind von meinem verrückten Ansinnen geradezu entzückt. Selbstverständlich läßt sich da etwas machen, meinen sie, die Rosemarie ist ja gerade entlassen worden, Zimmer 12 steht leer. Das einzige Problem ist die Nachtschwester, aber mit der wird man schon fertig werden. »Komm gleich wieder mit und laß uns nur machen, wir schaukeln das schon hin.« Im Haus 36 schlagen zwanzig Mutterherzen höher. »Endlich passiert mal was«, schwärmen die Frauen, und fast gibt es Streit, weil jede mein Bett beziehen will.
Um Punkt halb neun betritt die Nachtschwester Gertrude, eine große, blonde Person, mein Zimmer. Ich liege schon im Bett, die Decke wie ein Schwerkranker bis zum Kinn hochgezogen. Der Rucksack steht halb verdeckt unterm Waschbecken, davor macht Feldmann Schnecke. Eben habe ich mich nebenan geduscht, die Zähne sind geputzt, sauber wie ein Bräutigam fühle ich durch jede Pore das frische Bettzeug. »Alles in Ordnung?« fragt mich die Schwester mit einem Lächeln. Wir sehen uns an, und beide wissen wir, daß so ziemlich alles in Unordnung ist, was in einem Krankenhaus in Unordnung sein kann: ein Gesunder im Krankenbett, ein Mann auf der Frauenstation, dazu noch mit Hund – wenn das der Stationsleiter erfährt. Jetzt muß die Blonde nur noch unter meine Bettdecke kriechen, und die Lokalsensation ist perfekt. »SKANDAL!« würden schon übermorgen die Zeitungen schreiben, »PENNER SCHLÄFT MIT HUND UND KRANKENSCHWESTER BEI ZWANZIG FRAUEN IM IRRENHAUS.« Die Oppo-

sition im Stadtrat würde die Gelegenheit sicher gleich zu einer kleinen Anfrage nutzen:

ABGEORDNETER X (CDU): Wie stellt sich die Stadtverwaltung zu den unglaublichen Vorgängen im Landeskrankenhaus?

MINISTERIALRAT Y (SPD): Herr Abgeordneter – auch wir sind von den in der Presse verbreiteten Meldungen überrascht worden. Die Sachlage wird noch überprüft, vorher können wir keine endgültige Stellungnahme dazu abgeben. (Unruhe bei der CDU-Fraktion)

DER RATSPRÄSIDENT: Ich bitte um Ruhe. Zusatzfrage des Abgeordneten X.

ABGEORDNETER X: Welche konkreten Schritte beabsichtigt die Stadt zu unternehmen, damit sich ähnliches in Zukunft nicht wiederholt?

MINISTERIALRAT Y: Herr Abgeordneter, wie schon gesagt, wir prüfen noch. (Erneute Unruhe bei der CDU-Fraktion) Aber meine Herren... (Zwischenrufe aus der CDU-Fraktion) bitte beruhigen Sie sich doch. Sollten sich die Meldungen als korrekt erweisen, werden wir sofort einen Untersuchungsausschuß einsetzen und den Dingen bis ins einzelne nachgehen. (Beifall bei der SPD-Fraktion).

Das Gefühl, hier für einen Skandal zu sorgen, hier selber Nachrichtenstoff zu produzieren, ist dabei für mich als ehemaligen Journalisten besonders reizvoll. Fast bin ich ein wenig enttäuscht, daß diese Nacht völlig harmlos und bei aller Außergewöhnlichkeit unerwartet normal vorübergeht. Keine kollektive Vergewaltigung durch die zwanzig Patientinnen, die zu mitternächtlicher Stunde in mein Zimmer eindringen, nicht einmal zufällig irrt sich eine auf dem Gang zur Toilette in der Tür und sagt:

»Ach, ich bitte vielmals um Verzeihung«, nein, rein gar nichts geschieht. Es ist eine ruhige Nacht, fast wie in einem Hotel, und draußen tröpfelt Regen leise auf die Dachziegel vor dem Mansardenfenster, eine schöne Musik, wenn man in einem Bett liegt.
Gemeinsames Frühstück um sieben im Aufenthaltsraum der Station. Das Ei viereinhalb Minuten, die Brötchen frisch, der Kaffee heiß. »Gut geschlafen?« »Danke, bestens!« Ich fühle mich wie ein Scheich in seinem Harem.
Und dann die große Überraschung: Um halb neun, eine halbe Stunde früher als gewöhnlich, betritt der Stationsleiter Haus 36, und ich traue meinen Augen nicht. Er braucht sich nicht vorzustellen, ich erkenne ihn sofort: Es ist Hans-Jörg Lütgerhorst. Fünf Jahre haben wir zusammen an der Ruhr-Universität studiert, er Psychologie, ich Sozialwissenschaften, aber gemeinsam waren wir in Ellen, die Anglistin, unglücklich verliebt, was uns in rivalisierende Nähe gebracht hat. Wenn sein Auto vor ihrem Haus parkte, durfte ich nicht hinein, und wenn meines dastand, war ihm der Zutritt verwehrt. Wir hielten uns eisern an diese Regel und kamen gut miteinander aus. Was mich an Hans-Jörg damals besonders beeindruckte, war sein dichter Vollbart, seine innere Ruhe – beides hatte in meinen Augen viel miteinander zu tun – und vor allem sein proletarisches Elternhaus. Er war das erste Arbeiterkind, das ich näher kennenlernte. Wenn mein Vater in den studentenbewegten Diskussionen Ende der sechziger Jahre zu Hause die Meinung vertrat: »Arbeiter sind nun mal am besten Arbeiter«, dann war mein studierender Freund immer das schlagendste Gegenargument.
Dieser Hans-Jörg steht nun vor mir, und es dauert eine

Weile, bis wir nach einem fast gleichzeitigen »Was-machst-du-denn-hier?« unsere Sprache wiederfinden. Ich habe einerseits ein schlechtes Gewissen, illegal in seinen Verantwortungsbereich eingedrungen zu sein, und bin andererseits schrecklich stolz darauf, bei »seinen Patientinnen« genächtigt zu haben, sein Wagen stand ja nicht vor der Tür.

Auch bei Hans-Jörg muß einiges durcheinandergehen. Er ist zunächst einmal der Stationsleiter hier, und seine Patienten, die schuldbewußt ganz still geworden sind, erwarten jetzt, daß sich der Chef auch wie ein Chef benimmt. Ich dagegen würde am liebsten von ihm freudig in den Arm genommen werden nach all den Jahren, schließlich haben wir einst nicht nur um ein Mädchen, sondern auch gegen die Fahrpreiserhöhung, das Hochschulrahmengesetz und den Vietnamkrieg gekämpft.

Souverän bittet mich der Stationsleiter in sein Büro. Erst dort sind wir so frei, uns über das Wiedersehen zu freuen. Die gute alte Studentenherrlichkeit leuchtet bald in rosa Farben, und fast klingt alles so, als hätten wir nicht vor knapp zehn Jahren im Beton der Bochumer Universität studiert, sondern vor einem guten Jahrhundert unterm Heidelberger Schloß.

An der Emscher, gegen Mittag, geht es wieder hart an der Wirklichkeit entlang, aber es ist eine andere Emscher, die sich hinter Aplerbeck zurück ans Tageslicht wagt. Sie ist nun kein munterer Bach mehr, an dessen Ufern Kinder ihre Totenreichphantasien austoben könnten, sie ist selbst zu einem toten Fluß geworden, der leichenblaß wie verbrauchtes Abwaschwasser durch einen schnurgeraden Betongraben unter schnurgeraden Pappelalleen schnurgerade durchs Industrieland fließt,

begleitet von Stacheldrahtzäunen, die alles Leben fernhalten sollen. Nur Ratten und Kaninchen gelingt es, hier zu existieren. Ohne natürliche Feinde haben sich besonders die Karnickel so stark vermehrt, daß mein Hund sie meist gleich scharenweise aufstöbert, zwanzig, dreißig Stück auf einem Fleck. Kommt Feldmann mit ekstatischem Gejaule auf sie zugerast, spritzen die Tiere in alle Richtungen auseinander, so daß er gar nicht weiß, welches Opfer er sich zuerst vornehmen soll. Wie irre jagt er hin und her, schlägt sich selber Haken, bis alle in ihren Löchern verschwunden sind. Die Enttäuschung des Jägers, sein etwas blöder Blick bei schief gestelltem Kopf, hält aber nicht lange vor, denn schon unter der nächsten Pappel sieht man wieder braune Ohren in der kurz gehaltenen Wiese wackeln, und auf ein neues fegt Feldmann drauflos.
Nach einer wie mit dem Zirkel gezogenen Biegung verschwindet die Emscher erneut in einem Rohr unter einer Art Hochebene aus Schrott, Schlacke und Bauschutt. Ein riesiger Bagger steht einsam auf dem wüsten Feld, den Greifarm hoch in die Luft gereckt, so, als wollte er sich im nächsten Moment in den Müll graben. Aber der Fahrer ist im Betriebshäuschen auf seinem Sitz eingeschlafen, die Mittagspausenzigarre hängt noch schlaff zwischen seinen Lippen, auch möglich, daß er schon seit Tagen tot ist, denn weit und breit gibt es hier niemanden, der es hätte bemerken können. Weit und breit nur rostrote Wüste vor einer fernen Kulisse aus festungsähnlichen Fabrikgebäuden. Von dort sind schwere Schläge zu hören, wie wenn Eisen auf Eisen trifft.
Wo aber ist die Emscher? Gradewegs gehe ich auf das

ferne Getöse zu. Unter den dünn gelaufenen Sohlen spüre ich scharfe, kantige Unebenheiten, und auch Feldmann hat Mühe, seine Pfoten so zu setzen, daß es ihm nicht wehtut. Jetzt ein Kaninchen, und seine Läufe würden bluten, aber zu seinem Glück ist dieser Eisenacker wohl selbst den zähen Nagern zu hart. Der Lärm kommt näher. Ein Lautsprecher brüllt fast unverständlich die Zahl fünfundzwanzig. Ich stehe vor einem baumhohen Tor, in das eine kleine Metalltür eingelassen ist. Die Tür ist nur angelehnt, mit dem Ellenbogen drücke ich sie auf, und das tosende Krachen trifft mich wie ein Hammer. Ohrenbetäubend bricht sich das Dröhnen an den harten Wänden der Halle, ein Hochgebirgsunwetter im Ruhrgebiet. Jede Rockband könnte hier ohne Verstärker auftreten, kein Konzertsaal hat eine solche Akustik, solche Dimensionen. Ich stehe in einem Raum, dessen Größe mich zu einer Ameise schrumpfen läßt und Feldmann zu einem Floh. Gigantische Eisenquader türmen sich vor mir zu kantigen Steilwänden. Jeder Klotz ist mit einer endlosen Zahlenkolonne versehen. Vom Dach, das dem Himmel näher zu sein scheint als der Erde, baumelt ein mächtiger Eisenhaken herab, so, als fordere mich da oben der Herrgott persönlich zum Fingerhakeln auf.
Menschen sehe ich keine. Sie sind auch viel zu klein, um hier entdeckt zu werden. Der Herrgottshaken wandert, wie vom Höchsten bewegt, an einer Stahlschiene entlang, bleibt dann in der Mitte der Halle stehen und schwingt, von dicken Trossen gehalten, langsam aus. Mehr passiert nicht. Optisch ist alles ruhig, aber die tosende Akustik treibt mich wieder aus der kleinen Tür im großen Tor.
Dankbar folgt mir Feldmann um das Gebäude herum.

Eine Straße führt uns immer tiefer in das Fabrikgelände, eine Industriekathedrale folgt der andern, überall pulsiert die Arbeit, es zischt und kracht und kreischt und knallt, aber nirgendwo sind Menschen. Angst steigt in mir auf, auch der Hund drängt sich eng an mich. Wie kommen wir hier jemals wieder heraus, wo ist der Weg zur Emscher?

An einer Wand aus Ziegelsteinen stehen mit Kreide ein Name und eine Zahl geschrieben: »Schalke 04«. Also doch Menschen, doch nicht der Mars. Wo sind die Fußballfans? Schreien ist sinnlos, Ameisen werden hier nicht gehört. Ich gehe durch eine Unterführung. Orangenes Neonlicht färbt das Hundefell fuchsrot. An einer Kreuzung dann, endlich, wie vom Himmel gesandt, ein Radler. Im weißen Arbeitsanzug mit weißem Schutzhelm kommt er munter des Wegs, den Mund halb offen vor Erstaunen. »Wat dat denn«, brüllt er laut, aber freundlich in mein Ohr, »machste Urlaub bei Hoesch?« Ich erkundige mich nach dem Ausgang, und er zeigt mir den Weg mit einer Handbewegung, die soviel sagt wie «immer geradeaus«. Irgendwann begegnet mir dann noch ein Arbeiter, der mit rotglühendem Kopf Wasser auf rotglühende Stahlplatten spritzt. Es ist so höllisch heiß in seiner Nähe, daß ich nur beiläufig mit dem Kopf nicke, ohne meinen Schritt zu verlangsamen.

Aber sehr viel weiter komme ich nicht. Ein gelbes Auto jagt aus einer Querstraße und stellt sich in meinen Weg. Zwei grau-uniformierte Männer springen heraus. Sie tragen Armbinden mit der Aufschrift »Werkschutz«. Einer fordert meinen Ausweis, der andere lädt meinen Rucksack in den Kofferraum. Mit mir und Feldmann auf dem Rücksitz geht es so schnell, wie sie gekommen waren, ab durchs Gelände zum Pförtnerhäuschen am Ausgang. Dort stehen schon fünf weitere Werkschutzkollegen vor der Tür, Grau neben Grau, wie zum Empfang des Aufsichtsrats. Mein Personalausweis geht von Hand zu Hand. Ein Telefon klingelt. »Nein, alles in Ordnung, wir haben ihn.« Ich schildere meine Lage, erzähle von der Emscher, die ich hier vergeblich gesucht habe, und ernte erstaunte Blicke. So dummdreist scheint noch niemand das Hoeschgelände betreten zu haben, die Zaunlücke an der Emscher ist selbst den gewieftesten Einbrechern und Werkspionen noch nicht aufgefallen. Daß ich ausgerechnet aus Aplerbeck komme, wundert dann eigentlich niemanden mehr, »da gehen Sie mal besser gleich wieder hin«. Gelächter begleitet mich durchs Werktor.

»An einem Tag habe ich die Sonne 43 x aufgehen sehen«, steht auf der Mauer am Bahndamm. Dahinter kommt meine Emscher wieder zum Vorschein. Das Flußbett ist nun erheblich breiter ausbetoniert als vorher, die Färbung des Wassers geht ins Rot- oder eher Kotbraune, und sie riecht deutlich stumpf und muffig, so wie feuchte Wäsche, die zu lange in der Waschmaschine lag. Der Geruch ändert sich mit jedem Zufluß, der links und rechts aus Rohren aller Kaliber mal wäßrigdünn, mal dickflüssig wie eine Mehlspeise in die Emscher geleitet wird. Im Stadtteil Barop riecht es plötzlich nach faulen Eiern, in Dorsfeld liegen ätzende Schwaden über der Wasseroberfläche, in Holthausen macht sich eine schwere Süße breit. Kein Fluß der Welt ist so abwechslungsreich in seiner Abscheulichkeit, keiner bietet bei aller monotoner Traurigkeit so viele Überraschungen. Da geht es auf glitschigen Stiegen durch dunkle Unterführungen, aus denen Feldmanns wildes Bellen Fledermausschwärme hochscheucht, da hängen tropisch anmutende Schlinggewächse wie ein grüner Vorhang von Eisenbahnbrücken herab, da liegt am Ufer, durchnäßt und halb verwittert, eine Urkunde, auf der zwei muskulöse Bergleute zu erkennen sind, die mit freiem Oberkörper Kohle aus dem Berg hauen, und darunter steht: »Für 25 Jahre treue Dienste HERRN HERMANN JONIGK. Gelsenkirchen Bergwerks-Aktien-Gesellschaft, Zeche Zollern II, den 2. 1. . . .«, die Jahreszahl ist nicht mehr zu entziffern.

Die eigentliche Überraschung an dieser Emscher-Wanderung aber ist, daß ich durch das dichtest besiedelte Gebiet Europas laufe und dabei kaum Menschen begegne. Nach dem Jüngsten Gericht, stelle ich mir vor, oder nach dem Inferno einer Atomkatastrophe muß es auf der entvölkerten Erde ähnlich aussehen wie hier und jetzt. Nur daß dann die Emscher wohl sehr bald wieder quellklar sein wird, Bussarde werden vom blauen Himmel herab die Kaninchenplage bekämpfen, auf dem dicht bewaldeten Betriebsgelände von Hoesch wird der Platzhirsch mit seinem Rudel im ersten Morgenlicht zwischen den schweigenden Fabrikruinen äsen, durch deren zerbrochene Fenster die Schwalben ein- und ausfliegen. Das Paradies auf Erden, denn der Mensch, der ärgste Feind der Natur, wird endlich verschwunden sein.

»Dortmund-Huckarde« lese ich auf dem orangegelben Ortsschild oben auf einer Brücke, mit der eine Straße über mich und die Emscher hinweggeführt wird – nach zwei Tagen Flußlauf also immer noch in Dortmund. Mühsam schlängelt sich der tote Fluß durch die Außenbezirke der Stadt, und entsprechend beschwerlich ist mein Vorankommen. Dauernd behindern mich Stacheldrahtzäune, Wehrmauern, finstere Tunnels, rutschige Uferwege; wenn das so weitergeht, brauche ich noch Wochen bis Bochum. Und wo soll ich bloß schlafen an diesem stinkenden Styx, hier gibt es nicht mal einen Fährmann, in dessen Kahn ich vielleicht unterschlupfen könnte.

»Dat jibbet ja nich«, höre ich auf einmal jemanden sagen, »dat Se hia anna Ämscha längskomm, da müssn wia ain drauf trienkn.« Ein Schrebergärtner bittet mich über den Zaun. Nach der zweiten Flasche Bier duzen wir uns, nach der vierten bietet mir Horst sein kleines »Gartenhäusken, main ain und allet«, als Schlafquartier an. Stolz führt mich der Elektroschweißer durch sein »Raich«. Zwischen Emscher-Zaun und mannshohen Gichtgasröhren der Hoesch-Werke züchtet er Geranien, Rosen und Tomaten. Jede einzelne Pflanze wird von feinmaschigem Draht gegen die Kaninchen gesichert, denn selbst mit seinem Kleinkalibergewehr wird er der Schädlinge nicht Herr. Bevor Horst »auf Spätschicht« geht, verfaßt er sicherheitshalber eine schriftliche Übernachtungsgenehmigung für mich: »Horst Schneider gestattet Herrn Holzach, hier zu schlafen«, schreibt er auf einen Bierdeckel und darunter seine Telefonnummer. »Muß dich nicht störn, wenns heute nacht bisken lebhaft wierd voan anne Röhrn, dat sind die flaißigen Mädchens mit ihre Freia, hier wierd nämlich viel jevögelt, wails so absaitich liecht.« Und da der Straßenstrich öfter mal von der Polizei kontrolliert wird, wäre es gut, wenn ich was Schriftliches in der Hand hätte. Den Schlüssel soll ich morgen früh unter die Türritze schieben, bittet Horst mich noch und verschwindet mit seinem Kadett. Er-

staunlich, denke ich und schaue ihm nach, wie kann dieser Mensch einem Dahergelaufenen wie mir sein »ain und allet« anvertrauen mit Hausschlüssel und einer noch halbvollen Kiste Bier?
Im Gartenhäuschen ist es urgemütlich. Ein altes Sofa, darüber röhrende Hirsche in Öl, ein kleiner Gasofen, eine Kuckucksuhr und viele alte Bierkrüge auf dem Wandregal. Da das Sofa zu kurz ist, mache ich es mir auf dem Holzfußboden im Schlafsack bequem und erwarte eine ruhige, erholsame Nacht an der Emscher – aber die Nacht, sie soll furchtbar werden: Kaum bin ich eingeschlafen, weckt mich ein Grollen in der Magengrube. Erst denke ich, es ist wieder der Hunger, der sich da knurrend meldet, aber schon bald treibt es mich hoch, hinaus in den Schrebergarten, wo ich noch gerade rechtzeitig die Hose herunter bekomme. Kaum habe ich in die Wärme meines Schlafsacks zurückgefunden, setzt das Magenbeben von neuem ein, wieder muß ich unter stechenden Schmerzen ganz dringend hinaus, so dringend, daß die armen Pflanzen jetzt wohl meinen, die Emscher sei über ihre Ufer getreten.
Ich weiß nicht, wie oft sich in dieser Leidensnacht das Drama wiederholt, aber als der Morgen endlich graut, ist das letzte Blatt von Horsts Klopapierrolle verbraucht, und ich fühle mich, als hätte ich alle meine Innereien ausgeschieden.
Entkräftet mühe ich mich den Unterweltsfluß entlang. Immer wieder zwingt mich der Dauerdurchfall in die Knie, immer wieder stellt Feldmann seinen Kopf schief, als wollte er mich fragen, was bloß los ist mit mir. Ich weiß es selber nicht. Sollten die lieben Patientinnen in Aplerbeck mich vergiftet haben, war irgendein erbettel-

tes Brot vielleicht doch verdorben, oder bin ich durch die Giftschwaden der Emscher schon verseucht? Sicher ist nur eins: Ich bin sterbenskrank und muß ins Bett! Wär ich doch in Aplerbeck geblieben, denn nun habe ich wirklich Anspruch auf ein Krankenzimmer.

Mehr tot als lebendig erreiche ich schließlich Dortmund-Mengede, eine kleine Gemeinde zwischen Werkhallen und Wiesen, zwischen Stadt und Land. Auf der Brücke steht, Arm in Arm, ein junges Paar unterm Regenschirm und spuckt in den Fluß. Er heißt Giesbert, sie Monika. Vom Jugendclub »Hot« (Haus der offenen Tür) telefonieren sie mit dem Vikar Gödecke: »Wir haben da grade einen kranken Wanderer aus der Emscher gefischt, der braucht ein Bett.«

Der Vikar läßt bitten. Ein blasser, dunkelhaariger Mann öffnet mir die Tür des Gemeindehauses. Ohne jedes Mißtrauen erkundigt er sich in sachlichem, fast distanziertem Ton nach meinen Beschwerden. Im »Meditationsraum« unter den »Betenden Händen« von Dürer lege ich mich auf drei zusammengeschobene Matratzen, der Geistliche bringt mir Kohletabletten mit einem Glas Wasser an mein Krankenlager. Ich fühle mich viel zu elend, um Dankbarkeit für diese spontane Nächstenliebe zu empfinden, von der ich nie vermutet hätte, daß es sie in der Kirche noch gibt.

Es grenzt an ein biblisches Wunder, aber am nächsten Morgen schon bin ich armer Lazarus wieder auf den Beinen, etwas wacklig zwar, aber ohne Magenschmerzen. Der Vikar hat mich um 8 Uhr geweckt, mit der gleichen nüchternen, etwas blutleeren Stimme, mit der er mich empfing, aber sein Lächeln verrät etwas von Erleichterung, die jemand empfindet, dessen blindes

Vertrauen nicht über Nacht enttäuscht wurde. Gemeinsam decken wir den Frühstückstisch. Abgestandene Nahrungsmittel im Eisschrank und die vielen Büchsen und Fertiggerichte in der Speisekammer weisen eindeutig auf einen Junggesellenhaushalt hin. »Ich mag das Alleinsein«, sagt der Vikar und stellt mir Maggi's klare Hühnerbrühe mit Ei auf den Tisch, »vor zweihundert Jahren wäre ich wohl ein Einsiedler im Karthäuserorden geworden, aber mit den Menschen hier im Ruhrgebiet läßt es sich gut zusammenleben. Für die zählt nur, was einer kann, und nicht, was einer ist.«
Das Telefon unterbricht unsere Unterhaltung, noch bevor sie recht begonnen hat. Gödecke wird zu einem Sterbenden gerufen und eilt, das Marmeladenbrot noch in der Hand, aus dem Haus. »Machen Sie's gut, schmieren Sie sich noch ein paar Brote für den Weg«, und schon ist er draußen.
Ich steige wieder hinab in mein Totenreich. Gleich nach Mengede beginnt das Stadtgebiet von Castrop-Rauxel, und noch bevor ich wieder richtig Tritt fassen kann, stehe ich vor einem meterhohen Maschenzaun, dahinter uniformgekleidete Männer und Baracken, deren Fenster solide vergittert sind. Aus der Ferne dachte ich zunächst an etwas Militärisches, aber nun ist klar, daß diese tristen Gebäude keine Kasernen, sondern Gefängnisse sind, und die Uniformierten keine Soldaten, sondern Strafgefangene. Am Ende des Zauns riecht es nach Eßbarem. Ein dicker Mensch steht im Unterhemd in der Tür und genießt die Sonne, die sich an diesem Morgen immer mal wieder hinter den Regenwolken hervorwagt. Ich frage nach »Resten für meinen Hund«. Der Mann dreht sich wortlos um und geht in das Gebäude, das dem

Geruch nach die Gefängnisküche sein muß. Dann fliegen zwei Kalbsknochen über den Stacheldraht. Wenn ich noch eine halbe Stunde warte, sagt der Dicke, bis nach dem Mittagessen, dann kann ich auch was bekommen, »wir lassen hier niemanden verhungern«.

Nach einer halben Stunde kommt der Mann wieder an den Zaun und steckt mir eine Mettwurst, einen Joghurt, zwei Apfelsinen und ein in Pergamentpapier eingewikkeltes Stück Brot durch die Maschen, seine ganze Essensration! »Nimm schon«, sagt er, »ich muß sowieso abnehmen, '83 komm ich raus, und dann soll mich meine Frau schließlich noch wiedererkennen.« Zehn Jahre hinter Gittern wegen doppelten Totschlags haben ihn kräftig zunehmen lassen, »bei deinem Auslauf wäre ich auch so schlank«. Nach dem freundlichen Totschläger kommt noch eine ganze Horde tätowierter Häftlinge, es regnet Margarinewürfel, Bananen und Brotscheiben, es ist wie im Schlaraffenland. Alle lachen, alle haben einen Riesenspaß an der Aktion, ich spüre, wie gut es den Männern tut, jemandem helfen zu können, endlich mal nicht Sünder, sondern Wohltäter zu sein. Zum Schluß posieren sie mit ihren Schlangen, Bikinimädchen und zähnefletschenden Panthern auf Brust und Oberarmen für meine Kamera, ich muß das fotografieren, sonst glaube ich morgen selber nicht mehr, daß diese Bösewichte im Gefängnis an der Emscher so gut zu mir waren. Die Knackis und die Emscher sind hier wohl nicht zufällig Nachbarn – beide sind Abschaum und Opfer unserer Gesellschaft, und beide sind ihre Gefangenen. Dank der Verbrecher kann ich mich über meine reine Weste freuen, dank der Emscher können Frau Saubermann und ihr proppрer Meister Riese schäumende

Weißmachorgien feiern, ich sehe schon die strahlend weiße Wäsche auf der drei Kilometer langen Persil-Wäscheleine flattern, die von den Henkel-Männern für den Fernsehspot zwischen die Uferpappeln gespannt wurde. Auch für diesen Dreck muß die Emscher die Zeche zahlen.

In Henrichenburg geht es auf einmal nicht weiter. Der Rhein-Herne-Kanal, die Verbindung des Dortmund-Ems-Kanals mit dem Rhein, kreuzt meinen Weg, und der Fluß läuft in einer breiten Abflußrinne auf Brückenpfeilern darüber hinweg. Künstlich wie die Fahrbahnen bei einem Autobahnkreuz schneiden sich hier schwarzes und graues Wasser, ohne sich zu mischen. Fußgänger haben bei dieser Flußüberführung keinen Platz, und so verläßt mich die Emscher, aber der Abschied fällt mir nicht schwer, denn am Kanal ist Leben. Fischer sitzen an den Ufern unter großen bunten Sonnenschirmen, die sie vor den Regenschauern schützen, Frachter aus Köln, Bremen, Basel, ja sogar Rotterdam, Wrozlaw und Frankfurt/O. folgen in dichtem Abstand voneinander und heißen »Poseidon«, »Madeleine«, »Erwin II« und »Heimat IV«. Schwerfällig wie trächtige Nilpferde arbeiten sie sich den Kanal entlang und sind dabei nicht viel schneller als ich. Wenn sie mich langsam überholen, gibt es genug Zeit zum Betrachten, zum Winken; ein Steuermann prostet mir aus seinem Führerhaus mit dem Kaffeebecher zu, eine Frau angelt sich schnell ihren Säugling aus dem Laufstall, bevor die nächsten Tropfen fallen, und da fast auf jedem Schiff auch ein Spitz vorne auf dem Bug hockt, hat Feldmann viel zu bellen.

Die »MS Konradshöhe« im Hafen Herne-Ost wartet seit Tagen auf eine Ladung Kohle für Berlin. Kapitän Wolfgang Hartmann, dem die eintönige Liegezeit langweilig geworden ist, freut sich über meinen Besuch. Er lädt mich zu einem Tee mit Kandis und Rum in die Kombüse. Eigentlich wollte der gebürtige Ostpreuße ja zur See fahren, aber der Vater wollte nicht, und was in Ostpreußen der Vater nicht will, das wird auch nicht gemacht. Also fand man einen Kompromiß auf dem Wasser im Lande. Heute leben die Eltern in Berlin, die Freundin in Bremen und vermutlich mancher Balg dazwischen, denn Wolfgang sieht nicht schlecht aus. »Die Mädchen stehen auf mich«, berlinert der Ostpreuße, »heute hier, morjen da, det kommt bei manchen an.« Vom Heiraten will der Fünfundzwanzigjährige vorläufig nichts wissen, »dazu jeht's mir noch zu jut, ich brauch meine Freiheit.« Der Wetterbericht meldet eine regenreiche Nacht. »Willste nich hier schlafen?« fragt der Kapitän. »Ene Koje is frei, der Schiffsjunge hat zwe Tage Landurlaub.« Dankbar willige ich ein.

Aber es ist noch früh am Tag, und ich hab' noch Wichtiges vor. Direkt südlich von Herne liegt Bochum, keine 15 Kilometer entfernt ist die Laerholzstraße 40, mein ehemaliges Studentenwohnheim. Also lasse ich mein Gepäck mit Hund für ein paar Stunden auf dem Schiff und fahre – allen guten Vorsätzen zum Trotz – schwarz per Straßenbahn über den Hauptbahnhof zum staatlichen Studentenheim.

An der Station »Ruhr-Universität« steige ich aus. Wie eine Schlachtschiffarmada auf dem Trockendock ragen die 16 grauen Universitätsgebäude in den grauen Himmel. Vor zehn Jahren war das hier noch eine riesige Baustelle, nur in den drei Gebäuden IA, IB und IC wurde unterrichtet. Heute scheint alles fertig verbetoniert

zu sein, auch die Neue Heimat hat fünfzehnstöckig zugeschlagen, die Selbstmordquote, Anfang der siebziger Jahre die höchste aller deutschen Universitäten, wird wohl proportional zu den Bauwerken in die Höhe geklettert sein.
Am Staatlichen Studentenheim hat sich äußerlich mit den Jahren nichts verändert, in vertrauter Tristesse fügt es sich in die Betonlandschaft ein. Das Zimmer A 306, in dem mein Leben nach dem Abitur vor zwölf Jahren weiterging, ist zugesperrt. Im Flur mischt sich wie eh und je der Geruch von scharfen Reinigungsmitteln mit dem abgestandener Speisereste. Durch diesen Flur bin ich wie verrückt getanzt, als ich es endlich, nach so vielen Ängsten, geschafft hatte, mit einer Frau zu schlafen, durch diesen Flur haben sie zwei Jahre später dieselbe Frau mit einer Überdosis Schlaftabletten zum Notarztwagen getragen. Noch am selben Tag bin ich zum erstenmal richtig abgehaun, nachdem ich im Krankenhaus mit ihr endgültig »Schluß« gemacht hatte. In Amsterdam suchte ich mein Heil bei den Hippies, in Paris das Abenteuer, im protestantischen Kloster Taizé schließlich probierte ich es mit dem lieben Gott – alles vergeblich. Nach drei Monaten kehrte ich enttäuscht nach Bochum zurück und wandte mich der Politik zu. Als Mitglied des Sozialdemokratischen Hochschulbundes wurde ich Sozialreferent im AStA, hatte ein richtiges Büro mit eigener Durchwahl und Sekretärin, hielt große Reden vor dem Studentenparlament, fuhr zu Konferenzen, gab die *Bochumer Studentenzeitung* mit heraus, ich organisierte Demonstrationen, malte Transparente, schrieb Flugblätter, spürte Gummiknüppel, wurde festgenommen, wegen »Widerstandes gegen die Staatsge-

walt« angeklagt und freigesprochen. Von morgens bis spät in die Nacht war ich aktiv, fühlte mich wichtig mit meinem Namensschild an der Bürotür, fühlte mich sicher in meiner politischen Gruppe und dachte nur noch beiläufig an Mädchen und ans Studium.
Aber von den alten Genossen ist hier im Studentenheim längst keiner mehr zu finden, und statt der politischen Parolen hängen die Sonderangebote vom Großmarkt am Schwarzen Brett. Mir wird klar, daß die Uni mich nichts mehr angeht. Der südländischen Reinemachefrau, die mir beim Hinausgehen mit ihrem Putzwagen begegnet, nicke ich freundlich zu. Ist das die Türkin von damals? Egal.

III

Baukau, Wanne, Bismarck, Schalke, Hessler, Altenessen, Ebel – alles Namen, die mir etwas sagen. Als Zeitungsvolontär war ich oft in dieser Gegend unterwegs, um alte Leute zu interviewen für die Rubrik »Wir gratulieren«. Dieser »Job« war in der Redaktion so unbeliebt wie das Schreiben des Wetterberichts oder des Veranstaltungskalenders, ich aber tat es gern, denn die Jubilare hatten mir viel zu berichten. »Erzählen Sie mir mal von früher«, bat ich sie, wie der Enkel seine Großeltern, und dann erzählte mir zum Beispiel der damals 90jährige Franz Wachowiak aus Castrop von seiner polnisch-pommerschen Heimat, aus der er als Neunzehnjähriger am Ende des letzten Jahrhunderts in den Pütt gewandert war, um wie Zehntausende seiner Landsleute unter Tage zu arbeiten. Auch in Westfalen hat Wachowiak sein »Polenblut«, wie er es nannte, nie verleugnet. Er gründete den Gesangverein »Harmonia«, wo nur polnische Lieder gesungen wurden, und rettete die Noten im Kaninchenstall über die Nazizeit. Und unbeirrt hielt er der Madonna von Tschenstochau die Treue, und wenn ihn etwas mit der neuen Heimat verband, dann waren es die Fußballhelden Szymaniak, Tibulski und Cszepan, die damals für »Schalke 04« die Tore schossen. Das spannende Leben des Pommern, den mittlerweile sicher schon westfälischer Rasen bedeckt, hatte ich dann in der *Westfälischen Rundschau* mit einem »Dreizeiler ab-

zufeiern«, und was dabei herauskam, las sich ungefähr so: »Franz Wachowiak begeht heute sein 90. Wiegenfest. Wir wünschen unserem treuen Leser und altverdienten Bergmann weiterhin einen schönen Lebensabend.«
Nach meinem Volontariat mußte ich die *Rundschau* verlassen – zu meinem Glück, denn nun war ich arbeitslos und hatte Zeit, mich monatelang mit Franz Wachowiak und den Polen im Pütt zu beschäftigen, jenen Gastarbeitern der wilhelminischen Zeit, die das Ruhrgebiet zu dem gemacht haben, was es einmal war, und deren Kinder und Enkel heute von den eingefleischtesten Westfalen nicht mehr zu unterscheiden sind.
Während der Recherche traf ich auf der neunten Sohle der Zeche »Minister Achenbach«, in tausend Meter Tiefe, den Essener Fotografen Timm Rautert, der dort für *DIE ZEIT* Aufnahmen machte. Er fand Interesse an meinem Thema, fotografierte Wachowiak, und ein paar Wochen später erschien das Bild des Rentners auf der Titelseite des *ZEIT-Magazins,* wie er halbblind in seiner kleinen Wohn- und Schlafstube saß, das Christuskreuz über dem Bett, die Ansichtskarten aus Posen, Krakau und Stettin in der Vitrine. In den folgenden Jahren haben Timm und ich zusammen über dreißig Reportagen gemacht, wir wurden ein »Team« und so enge Freunde, daß eifersüchtige Kollegen argwöhnten, wir seien schwul. Und nun bin ich allein unterwegs, ohne Timm. Nicht erst hier, wo der Rhein-Herne-Kanal seinen Wohnort durchquert, habe ich ein Gefühl von Untreue, von Fremdgehen. Aber nun ist mein schlechtes Gewissen so groß, daß ich mit Timm reden muß.
Ein Tankwart glaubt mir die Geschichte vom verlorenen Portemonnaie und läßt mich umsonst ein Ortsgespräch

führen. Timm ist gleich am Apparat, also nicht »auf Reportage« in Portugal, Australien oder Rio, wie ich befürchtet hatte. An der Kanalbrücke von Altenessen treffen wir uns, und wir tun zunächst ganz so, als sei alles wie früher. Mit dem Alfa geht es im Sausewind zum nächstbesten Italiener, dem »La Grotta« in Schalke, ich bestelle auf seine Kosten einmal Saltimbocca alla Romana, und wie immer fließt viel Chianti. Begierig höre ich den neuesten Journalistentratsch: daß im New Yorker Büro von *GEO* fünfzehn Leute gefeuert wurden, daß in der *ZEIT* ein Grabenkrieg ausgebrochen sein soll zwischen Liberalen und Konservativen und daß Augstein mit Haschisch im Gepäck festgenommen wurde. Begierig lasse ich mir von den schönen Reisen berichten, die Timm gerade hinter oder vor sich hat, von Portual, Australien und Rio. Da kann ich mit Aplerbeck, Holzminden und Hildesheim kaum gegenanstinken, denke ich, doch Timms Augen leuchten so wie meine. »Tolle Geschichten«, sagt er, und mir dämmert, wie sehr ich doch ganz der alte geblieben bin. Vielleicht ist diese Wanderschaft gar nichts Neues für mich, sondern nur die Fortsetzung meines Lebenswegs mit anderen Mitteln. Die Füße ersetzen den Alfa, die leeren Taschen die vollen, aber ansonsten bin ich nach wie vor für jede »heiße Story« dankbar.

Ein Nichtseßhafter war ich auch als Reporter, Abhauen war mein Beruf, und ich wurde gut dafür bezahlt. Gratis dazu gab es schöne Reisen, teure Hotels, gutes Essen, berufliches Renommee, aber was war mit den Leuten, über die wir berichteten? Mitte der siebziger Jahre recherchierten Timm und ich eine Geschichte über Spätaussiedler. Wir fuhren nach Schlesien und besuchten

Polen deutscher Nationalität, die sich seit Jahren vergeblich um eine Ausreisegenehmigung in die Bundesrepublik bemüht hatten. Vierzehn Tage nachdem wir in einer großen Reportage über das persönliche Schicksal dieser Menschen berichtet hatten, durften sie endlich reisen. Stolz empfingen wir sie im Lager Friedland und riefen die Leser auch noch zu Patenschaften auf, um den Aussiedlern die Integration in ihre neue Heimat zu erleichtern. Auf die Idee, selber Pate zu werden, kamen wir erst gar nicht. Wir hatten einen guten Artikel geschrieben, damit war die Sache erledigt. Längst wartete ein neues »brandaktuelles« Thema darauf, daß wir es anpackten: Gastarbeiter, Arbeitslose, Chile-Flüchtlinge, Nichtseßhafte, jugendliche Trinker.

So schmarotzten wir uns mit unserem »sozial engagierten Journalismus« durch das Elend der Leute, und oft wurde uns selbst hundeelend dabei. Zwar brachten wir der Öffentlichkeit die Probleme mancher Randgruppe näher und dienten damit auch deren Interessen, doch die Betroffenen selbst blieben dabei fast immer auf der Strecke. Sie hatten uns ihre Not geschildert, wir nahmen alles zu Protokoll, machten Bilder, und weg waren wir. Das ging auf die Dauer an die Nieren, und es war auch einer der Gründe, warum ich vor Jahren den guten Job bei der *ZEIT* kündigte, um mich intensiver und ein Stück ehrlicher mit den Leuten zu befassen, denen ich meinen journalistischen Erfolg verdankte. Ich packte die Koffer und fuhr nach Kanada, wo ich ein Jahr lang bei den Hutterern lebte, einer deutschstämmigen Wiedertäufersekte, die seit Jahrzehnten einen urchristlichen Kommunismus praktiziert. Mich faszinierte das enge Gemeinschaftsleben dieser »Brüder und Schwestern«, wie sie sich selber nennen, die den Privatbesitz ebenso ablehnen wie jede Art von Gewalt. Ich glaubte, hier eine Lebensform gefunden zu haben, von der ich und meine Leser einiges lernen könnten. Damit ich auch wirklich wußte, worüber ich schrieb, brachte ich mich ganz ein in diese Glaubensgemeinschaft, trug hutterische Tracht, betete hutterische Gebete, erntete hutterischen Weizen. Doch als das Jahr um war, enttäuschte ich wieder: Die strenggläubigen Hutterer mißverstanden mein persönliches Engagement und betrachten mich heute fast als Abtrünnigen, der in ihre Gemeinschaft gekommen war, nicht um einer der ihren zu werden, sondern allein um ein Buch zu schreiben. Wieder einmal stand ich ratlos vor einem Scherbenhaufen, und doch glaubte ich, richtig gehandelt zu haben.

Nach all diesen Erfahrungen grub ich meinen alten Plan wieder aus, eine autobiographische Wanderung durch Deutschland zu machen, zunächst noch ohne jede Verwertungsabsicht. Ich wollte einfach losgehen und die Orte ansteuern, die mit mir persönlich etwas zu tun haben. Wen interessieren schon Holzminden oder Heppenheim oder Bergisch-Gladbach, fragte ich mich, die interessieren vor allem mich selbst. Und unterwegs wollte ich den Menschen, über die ich früher Artikel geschrieben hatte, nicht als Reporter begegnen, sondern als einer, der selbst notleidend ist, der Hilfe braucht und der in erster Linie kein Informationsbedürfnis hat, sondern Hunger. So war das Projekt in meinem Kopf gewachsen, und als ich losging, steckte dann doch die Kamera im Rucksack.

»Scheiß-spiel!« Nun liege ich chiantischwer unter der Kanalbrücke. Timms Angebot, bei ihm zu Hause zu schlafen, habe ich trotzig abgelehnt. Aber noch bevor es Tag wird, kommt der Kater. Das Bochumer Studentenheim ist hinter mir, mit Timm hab' ich gut gegessen – was nun kommt, ist erneute Ungewißheit und Leere. Wie nach dem Verlassen meines Internats in Holzminden muß ich mich neu orientieren, mir neue Ziele setzen, und das fällt schwer. Bergisch-Gladbach, wo das inzwischen verkaufte Haus meines verstorbenen Vaters steht; Heppenheim, wo ich während meiner ersten sechs Lebensjahre herumgereicht wurde; München, wo meine Mutter als lustige Witwe lebt – all diese Orte schrecken mich mehr, als daß sie meinem Schritt Mut machen.
Ohne Frühstück weiter durch Regen, Regen, Regen. In meinem Cape, die Kapuze bis auf ein kleines Guckloch zugeschnürt, fühle ich mich wie eine Schnecke in ihrem Haus. Meine Augen sind zu Sehschlitzen verkniffen, die nur den einen Meter vor mir sehen wollen, die Pfützen, den Stein und mehr nicht. Was links und rechts von mir liegt, davon nehme ich nichts mehr zur Kenntnis, Schiffe begegnen mir ungesehen, das Winken der Schiffer bleibt unbeantwortet, Ortschaften sind namenlos. Die Außenwelt ist wie abgestorben, aber auch in meinem Schnekkenhaus will es mir nicht behaglich werden. Alles ist wieder klammnaß, alles ist wieder dumpf und taub, von den Fußsohlen bis hinauf zu den zusammengepreßten Lippen. Ich habe wieder Sehnsucht nach Freda, nach meinen eigenen vier Wänden, nach überschaubaren Verhältnissen, nach allem, wovor ich früher Angst hatte.
Nur Feldmann ist wunschlos glücklich. Es macht mich rasend, daß er rein gar nichts spürt von meiner Nieder-

geschlagenheit. Ich könnte ihn treten, den Köter! Statt mich zu trösten, schnüffelt er mit pulsierender Nase aufgeregt an allem herum. Die Nässe, die mir so sehr zu schaffen macht, genießt er, weil durch sie die Welt erst richtig zu riechen beginnt.

Duisburg-Ruhrort. Hier wird der Kanal zum Hafen. Ein Wald aus Kränen ragt in den dämmrigen Himmel. Bunte Öllachen treiben auf dem schwarzen Wasser. Träge scheuern sich die Schlepper an der Pier. Hamburg geht mir nicht aus dem Sinn.

Frierend erreiche ich die Innenstadt. Die Bahnhofsmission hat schon geschlossen, aber im Wartesaal ist Hochbetrieb. Stadtstreicher vertrinken die Bettelbeute des Tages, Gastarbeiter reden mit Händen und Füßen aufeinander ein, alte Frauen spielen, die Hände voller Münzen, an Groschenautomaten um ein bißchen Glück, wartende Reisende, hier deutlich in der Minderheit, distanzieren sich in betont aufrechter Sitzhaltung hinter Kaffeetassen und aufgeschlagenen Zeitungen vom übrigen Geschehen.

Umständlich schnüre ich mich gleich neben dem Eingang aus meiner Regenplane, und alles wartet gespannt, wer wohl darunter zum Vorschein kommt. »Ei, ei, der Rübezahl«, ruft ein vor Kraft strotzender Mann mit rotunterlaufenen Augen. Ich überhöre die spöttische Bemerkung, stelle mein Gepäck in die Ecke, lasse Feldmann davor Platz nehmen und verschwinde erst einmal auf der Toilette, um meinen dringendsten Bedürfnissen nachzugehen. Die Klotüren aber lassen sich nur öffnen, wenn man 30 Pfennige in den Verriegelungsautomaten geworfen hat. Eine Klofrau, die ich vielleicht hätte bereden können, ist nicht da. Statt dessen steht nur eine leider

leere Untertasse für das Trinkgeld herum. Schon überlege ich mir, ob ich nicht über eine Tür klettern könnte, da kommt ein Mann, der sich problemlos mit drei Groschen dort Einlaß verschafft, wohin es auch mich drängt. Ich warte, bis er wieder herauskommt, und stelle flink meinen Fuß in die Tür. Früher waren Bahnhofstoiletten für mich das Unappetitlichste, was sich denken ließ, fast schlimmer noch als von Unbekannten benutztes Bettzeug. Und nun empfinde ich zu meiner Überraschung nicht den geringsten Ekel in dieser dumpfen Enge, die noch nach Vorgänger riecht. Meine Anpassung ans Wanderleben hat spürbare Fortschritte gemacht.
So trinke ich auch, ohne lange zu zögern, aus dem Glas des Mannes mit den geröteten Augäpfeln, der mir spendabel den Rest seines Bieres überläßt. »Was bettelt ihr Penner euch so durchs Leben, ihr Feiglinge«, schimpft mein kräftiger Nachbar, der sich mit großen Geldscheinen bei seinen Saufkumpanen Respekt verschafft. »Ihr müßt angreifen, ihr müßt euch nehmen, was ihr braucht, nicht auf der Straße drum betteln.« Und damit gleich klar ist, was er meint, greift der Mann in seine Lederjakke und holt eine Handvoll funkelnder Digitaluhren heraus. »Karstadt«, sagt er stolz, »500 Mark im Vorbeigehen, dafür müßt ihr sechs Wochen die Hand aufhalten, ihr Flaschen. Ihr müßt angreifen!« Alle bestaunen wir die Ware, die uns der stolze Dieb wie eine Trophäe vor die Nase hält. Einer ist vom Fach und wagt die abschätzige Bemerkung »Ramsch«. Da zieht der Muskelmann ein giftgrünes Ding aus der Hosentasche, und mit scharfem Schnappen schnellt eine blitzende Klinge hervor. Sofort ist Ruhe. Mir fährt das Blut in die Schläfen. Abhaun ist mein einziger Gedanke, nichts wie weg von hier. Den

Rucksack unterm Arm, das nasse Cape und den Stock in der Hand, flüchte ich in die Schalterhalle, laufe weiter über den Bahnhofsvorplatz, durch irgendeine Straße, rette mich unter irgendein Dach, das mir Schutz bietet vor dem Wetter. Auf feinen Kieselsteinen, neben einer großen Glasfassade, rolle ich meinen Schlafsack aus. Hinter den Fenstern sehe ich im Halbdunkel große Statuen stehen – sind es griechische, sind es römische, meinetwegen können es auch Schaufensterpuppen sein. Ob Museum oder Kaufhaus, Hauptsache, das Gebäude hat einen anständigen Vorbau, unter dem es sich trocken schlafen läßt. Für Sehenswürdigkeiten, wie diese vielleicht sehr bedeutenden Plastiken dort drinnen, bin ich blind, sie sagen mir nichts.

Auch die Ruine der Kaiserpfalz von Kaiserswerth am Rhein besichtige ich nur, um während der Führung ein neues Nachtquartier auszuspähen. »Gebaut im Jahre ... war die Kaiserpfalz eine der bedeutendsten Festungsanlagen nördlich des Mains«, doziert mir der Geschichtslehrer einer Düsseldorfer Schule ins eine Ohr rein und aus dem anderen wieder raus, »hier wurden zwei deutsche Kaiser gekrönt...« Leider haben die Franzosen die Burg im Jahre 1702 so gründlich zerstört, daß sich nirgendwo ein brauchbarer Platz zum Pennen findet.

Vom Düsseldorfer Flughafen, wo ich in der Abflughalle Ausland eine warme, trockene Nacht verbracht habe, führt der schnellste Weg durch die Stadt nach Süden über die Königsallee. Ungeniert tragen hier Frauen spazieren, was ihre Männer jährlich an Steuern hinterziehen: Nerz, Ozelot und Chinchilla haben, lässig über die Schulter geworfen, das ganze Jahr Saison. Blasse Chauffeure warten versteinert in geparkten Limousinen, bis die Herrschaften von der Anprobe zurück sind. Eine zur Mumie geliftete Dame läßt sich vor »Selbach« links, rechts, links auf die dicke Schminke küssen. Die Bettler, die hier alle hundert Meter auf die Knie gegangen sind, sehen mit stumpfem, leblosem Blick durch die Passanten hindurch. Die Pfennige in ihren Hüten, Pappschachteln oder hingereichten Händen lassen sich im Vorbeigehen zählen. Zur erlösenden Rotweinbombe für 2,98 DM reicht es an diesem Vormittag noch bei keinem.

Es treibt mich aus der Stadt, es zieht mich zu Anne Bimberg. In Köln-Weidenpesch, keine vierzig Kilometer von hier, wohnt die lustige Schnapsbrennerstochter, die mich beim Schützenfest in Drüpplingsen an der Ruhr vor etwa zwei Wochen so freigebig mit Johannisbeerlikör abgefüllt hat. Sie gab mir damals ihre Studienadresse in Köln mit auf den Weg, es könnte ja sein, daß ich da mal vorbeikomme.

Der erregende Gedanke, bei diesem fremden Mädchen einzukehren und eine weiche Nacht zu verbringen, hält meine Füße auf Trab. Sie wird mich nicht abweisen können, mich, den mittellosen, heimatlosen, hilflosen Wanderer, auch wenn ich Köln erst mitten in der Nacht erreichen sollte. Jeden Wunsch wird sie mir von den hungrigen Augen ablesen, wie eine Mutter wird sie mich versorgen mit allem, was mir jetzt fehlt, mit Bratkartoffeln, einer Badewanne, einem Bett und vielleicht auch mit Liebe. Immer wieder aufs neue stelle ich mir die Szene vor, wie ich dastehe vor ihrer Tür, die Tür geht auf, und Anne Bimberg strahlt mich an.

Aber Anne Bimberg ist nicht zu Hause. Erst klingle ich zögernd, dann läute ich Sturm, klopfe mit dem Knauf meines Stocks energisch gegen die Tür ihrer Dachgeschoßwohnung im vierten Stock des Mietshauses. Nichts rührt sich, die Tür geht nicht auf, niemand strahlt mich an. Erschöpft sacke ich auf die Stufen, erst jetzt spüre ich die vierzig Kilometer in den Beinen. Sicher ist sie im Kino oder in einem späten Seminar, rede ich mir gut zu, sie kann mich doch jetzt nicht einfach so sitzen lassen.

Mit der Dämmerung verschwimmen die Konturen des Treppenhauses. Das Kinn auf beide Hände gestützt, döse ich dahin, rieche ganz deutlich Bratkartoffeln, werde von Anne Bimberg in die Arme genommen, liege in ihrer Badewanne. Plötzlich reißt mich grelles Flurlicht aus dem Halbschlaf. Ich höre Schritte, sie kommen näher, Schlüssel klimpern, aber dann schlägt unter mir, im zweiten oder dritten Stock, eine Tür, und ich bleibe allein. Nach einer Weile verlöscht das Licht wieder, die Nacht gähnt mich an, doch die Seßhaften sind noch nicht ganz zur Ruhe gekommen: Durch ihre Wohnungstüren dringt der Schrei eines Kindes, eine Lokusspülung rauscht, Eheleute keifen sich an, er nennt sie »Hure«, sie nennt ihn »Schwein«, ein Radio dudelt, Geschirr klappert. Steif vom Sitzen mache ich mich in meinem Schlafsack lang. Die Hoffnung auf Anne Bimberg habe ich aufgegeben, und irgendwie bin ich froh, daß mir nun meine Träume unbeschädigt erhalten bleiben.

Das ferne Rasseln eines Weckers holt mich aus meinem Treppenhausschlaf. Zum Aufstehen habe ich keine Lust, zum Laufen habe ich keine Lust, ich fühle mich so schwer und unbeweglich, als hätte man mich über Nacht eingegipst, der Mund schmeckt nach Fäulnis. Bergisch-Gladbach – der Gedanke macht mich mutlos. Irgendwo auf der anderen Seite des Rheins, weit kann es nicht mehr sein, steht das Haus, das meinem Vater einmal gehört hat, ein neureicher Prachtbau mit allem, was in den sechziger Jahren so dazugehörte: Swimmingpool, Sauna, Bibliothek, Doppelgarage für den ersten und den zweiten Mercedes; sogar ein atomsicherer Bunker war im Keller, mit Notausgang in den Rhododendron. Aber sicher und geborgen war ich dort nie, mein Zimmer hatte für mich eher den Charakter einer Hotelunterkunft. Wenn ich in den Internatsferien herkam, war mein Vater meist auf Geschäftsreise, und meine Stiefmutter mochte ich nicht leiden. Vor über zehn Jahren mußte das Haus verkauft werden, denn mein Vater verlor seinen Direktorenposten. Weil er das üppige Leben nicht lassen konnte, ging er bald pleite.

Widerwillig mache ich mich auf. Köln schläft noch. Eine Zeitungsfrau erklärt mir den Weg nach Bergisch-Gladbach. Auf der Mülheimer Brücke zerrt Feldmann aus einer verregneten Plastiktüte acht dicke, stinkende Schweinekoteletts, die er heißhungrig hinunterwürgt. Mich packt der Futterneid. Ich tröste mich mit der Hoffnung, vielleicht im ehemaligen Haus meines Vaters eine ordentliche Ration zu bekommen, denn da war immer das Beste gerade gut genug: aus Norwegen geräucherte Rentierschinken, aus Mailand rosinengespickter Topfkuchen und aus der Schweiz kartonweise Schokolade. Mein Vater war oft in seiner Geburtsstadt Basel und studierte dort, wohl auch er auf der Suche nach sich selbst, seine Familiengeschichte, die er bis ins 13. Jahrhundert zurückverfolgte. Im »Baseler Hof« hat er sich dann auch umgebracht, und auf dem Baseler Wolfgottesacker liegt er bei seinen Urahnen begraben.

Die Mutzerstraße ist nicht wiederzuerkennen. Wo früher

nur wenige Villen am Rande des Bergischen Landes lagen, drängeln sich heute die Wohlstandsbauten. Nach langem Suchen finde ich endlich das alte Holzachhaus. Es unterscheidet sich durch nichts von seinen Nachbarn. Bundesdeutscher Neoklassizismus, mit Marmortreppe und schmiedeeisernen Laternen zu beiden Seiten der Tür. Die Rhododendronbüsche sind groß geworden, das schiefergedeckte Dach ist vom Wetter ein wenig gezeichnet, ansonsten erscheint äußerlich alles so abweisend-prächtig wie früher. Die eigentliche Veränderung aber sehe ich erst, als ich den Daumen schon fast auf der Klingel habe: »Strehl« lese ich da in Messing graviert, »Strehl« und nicht »Holzach«, und mir ist klar, daß ich hier nichts mehr zu suchen habe.

IV

»Zückerschen lecken«, sagt mir der beleibte Mann im gemütlichen Singsang des Bergischen Landes, stemmt seine Fäuste in die zu enge Hose und den Bauch nach vorn, »Zückerschen lecken is bei uns nit drin, Schluckspeschte, Faultiere und diebische Elstern haben hier nix zu suchen.«
Pudelnaß, hundemüde und hungrig wie ein Wolf stehe ich mit Feldmann im Büro eines Heimes, das den verheißungsvollen Namen »Haus Segenborn« trägt. »Arbeitslager« nannte man früher solche Einrichtungen treffender, in denen »Strafentlassene und Nichtseßhafte reintegriert werden«, wie es der Sozialarbeiter vom »Sozi« in Bergisch-Gladbach behauptet hatte, an den ich mich vor ein paar Tagen wegen einer »kleinen Unterstützung« wandte. »In Segenborn kommen Sie wieder auf die Beine«, versprach er mir und schickte mich mit einem Essensgutschein über fünf Mark als Zehrgeld auf den Weg. Die vier Tafeln Schokolade reichten gerade bis zur Stadtgrenze, die restlichen fünfzig Kilometer waren ein einziges Hungerleiden.
So denke ich vor allem daran, möglichst bald etwas zwischen die Zähne zu bekommen, während der Sprechgesang des Heimleiters auf mich niedergeht wie lauwarmes Weihwasser. Es ist viel von »Besserung« die Rede, von »Anstand« und »guter Führung«. Blind unterschreibe ich ein Stück Papier, das mir am Ende der Moralpre-

digt vorgelegt wird, und sehe meinen Ausweis in einer Schublade verschwinden, in der schon viele Ausweise liegen. »Den kriegense nach Ihrer Entlassung zurück«, höre ich, »jetzt lassense sisch erst mal einweisen, und den Hund lassense über Nacht im alten Kälberstall, da ist Platz jenug.«

Ein Kalfaktor führt mich in meine Unterkunft, ein sauberes Zimmer mit vier Betten, vier Schränken und vier Stühlen um einen viereckigen Tisch. Er gibt mir frisches Bettzeug, blaukariert, ein Stück Seife, ein Handtuch und, wichtiger für mich als alles andere, den Hinweis, daß um 12.30 Uhr zu Mittag gegessen wird.

Um 12.30 Uhr steht eine lange Schlange ungeduldig wartender Männer vor dem Speisesaal. Auf Zehenspitzen sehe ich durch die offene Tür auf die gedeckten Tische und meine, Gulasch zu riechen. Alles scheint gerichtet, aber ein kleiner, schwindsüchtiger Kerl versperrt uns Wartenden mit dem Rücken zum Eßraum den Zutritt. Die Uhr in der Hand läßt er noch ein paar Minuten vergehen, bis der Zeiger auf halb eins gekrochen ist. »Fertig – Essen fassen«, signalisiert er, und wir stürmen auf die langen Holzbänke zu. Ich setze mich gleich nach vorn an den Eingang, doch da kommt der kleine Türsteher und scheucht mich davon. »Holla, holla, mein Herr«, sagt er, »du setzt dich mal schön nach hinten ins Eck, wir sind hier nicht bei den Hottentotten, hier herrscht Ordnung.« Mir soll es recht sein, denn auch da hinten, neben dem diebstahlsicher montierten Fernseher, gibt es etwas zu essen.

Aber die Fehlplazierung hat mich wichtige Sekunden gekostet. Kartoffeln sind noch reichlich da, in der Gulaschschüssel jedoch muß ich nach den letzten Fleisch-

brocken fischen. Meine acht Tischgenossen schaufeln bereits kräftig in sich hinein. Ihren ausgezehrten Gesichtern ist anzusehen, daß sie schon schlechtere Zeiten erlebt haben. Ob blaß vom Knast oder wettergegerbt von der Straße, jedes Gesicht zeigt Spuren der Auszehrung, der Ruhelosigkeit, der inneren Zerrüttung. Gustav die Ratte aus Paderborn würde hier nicht auffallen, aber auch an mir nimmt anscheinend niemand Anstoß. Was sich neben dem Rand des eigenen Tellers abspielt, ist jetzt nicht wichtig; wichtig ist nur: satt werden, Kräfte sammeln, wieder auf die Beine kommen. Unser gieriges Schweigen hat etwas Tierisches.
Ich habe den Kartoffelberg auf meinem Teller noch nicht einmal zur Hälfte abgetragen, da stehen schon die ersten auf, um in der Küche Nachschlag zu holen. Kartoffeln gibt es jede Menge, Gulasch aber ist rar. Das bringt der kleine Koch persönlich im Metalleimer und verteilt das knappe Gut mit seiner Kelle ungleich auf unsere Teller. Die einen bekommen fast nur Fleisch, die anderen fast nur Soße, doch niemand sagt ein Wort. Schweigend schlucken wir die Ungerechtigkeiten, die er uns auftischt. Als der Koch dann auch noch eine verlockend aussehende Quarkspeise ausgerechnet denen vorsetzt, die ohnehin schon genug hatten, kann ich mich nicht mehr länger zurückhalten. Ich frage meinen Nachbarn, wieso wir schon wieder leer ausgehen. »Dat is die Treueprämie für die alten Hasen«, antwortet der zahnlose Alte mürrisch, »die schon Wochen hier sind.«
Warum es nur so wenige im »Haus Segenborn« wochenlang aushalten, wird mir gleich nach dem Essen klar. Der Kalfaktor führt mich in eine flache Baracke unterhalb eines Hühnerstalls zum »Kloppen«. Dort sitzen die Män-

ner schon um drei große Tische vor Bergen aus eckigen, weißen Plastikstücken und pfenniggroßen Aluminiumteilen, die sie mit Gummihämmern stumpfsinnig zusammenklopfen. »Fünf- bis sechstausend Stück am Tag sollten für den Anfang drin sein«, wird mir gesagt.
Also lege ich, so wie es mir die anderen vormachen, Metall auf Plastik und schlage zu. Nachdem mir die ersten Teile verkanten, weiß ich bald, wie man's macht. Unablässig geht mein Hammer auf und nieder, hundertmal, tausendmal. Als der Nachmittagstee gebracht wird, sind meine Finger taub. Das »Kloppen« verstummt. Kurze Pause. Zigaretten werden gedreht, die Leute schütten sich den dünnen Tee in alte Nescafégläser, die Gespräche beschränken sich auf das Nötigste: »Gib mir mal Feuer«, »Wer hat Tabak«, dann herrscht wieder Schweigen.
Erst spät nachts, nach was weiß ich wie vielen Hammerschlägen, nach einem recht guten Abendessen mit reichlich Aufschnitt und Treuekuchen für die Alteingesessenen, nach einem endlosen Fernsehabend, den ich, wie die meisten hier, von der »Tagesschau« bis zum Sendeschluß im Tiefschlaf über mich ergehen lasse, erst danach, als wir schon in den Betten liegen, das Licht ist längst verloschen, fängt einer an zu reden: »Du hast dir nichts zuschulden kommen lassen«, redet er mit sich selber im Dunkel des Zimmers und läßt sich von Heintje nicht stören, der leise aus seinem Kassettenrecorder dudelt, »bist immer höflich, immer nett, gegenüber von Tchibo warmes Mittagessen, der Weg nach Gummersbach hat sich gelohnt, alles klar... Die drei Pastoren in Lüdenscheid, von jedem einen Heiermann, das soll dir doch erst mal einer nachmachen, und dabei immer höflich,

immer nett.« »Halts Maul jetzt, du Aufschneider«, unterbricht ihn eine rauhe Stimme, »deine Geschichten kennen wir langsam.« Dann ist wieder Ruhe. Nur Heintje singt noch eine Weile von Liebe und Heimat und Sonnenschein im Herzen, und ich bekomme Beklemmungen und renne im Dauerlauf raus, durch einen unendlich langen Emscher-Tunnel, Feldmann hechelt mir voran, es ist stockfinster, der Weg ist glitschig, der Fluß riecht ätzend scharf, ein falscher Tritt, und ich falle ins Wasser, aber ich muß da durch, irgendwo muß ja das Ende sein, irgendwann muß das Licht wiederkommen, doch der Tunnel verengt sich, die Luft wird immer beißender, immer drückender, ich halte den Atem an, stoße mir den Kopf an der feuchten Decke, stürze, rappele mich wieder hoch, laufe gebückt schneller und schneller, ermüde, verzweifle, meine Lage scheint ausweglos.
Das Zimmer ist hell und leer, als ich erwache. Niemand hat mich geweckt. Ich springe in meine Sachen. Feldmann wartet schon mit sehnsüchtigem Jaulen darauf, daß ich ihn endlich aus seinem Kälberstall befreie. Im Speisesaal wischt der Koch die abgeräumten Tische. »Du fängst ja gut an, Langer«, spöttelt er, »denkst wohl, wir sind ein Erholungsheim.« Mit einem Marmeladenbrot schickt er mich zur Arbeit. Aus der Baracke ist schon das eintönige Klopfen zu hören. Keiner der Männer nimmt von meinem Zuspätkommen Notiz. Ich bin bestimmt nicht der erste, der schon nach einem halben Tag »Kloppen« genug hat von Segenborn und mit dem Gedanken spielt, gleich wieder abzuhauen.
Mir kommt die Arbeit heute noch eintöniger vor als gestern. Es sind die völlig veränderten Lebensbedingungen, die mir zu schaffen machen, die ewige Sitzerei im

verbrauchten Werkstattmief, der genau festgelegte Tageslauf, die strenge Hierarchie: Heimleiter, Kalfaktor, Koch, Wochenlängliche und Eintagsfliegen – das alles steht in so scharfem Kontrast zum Leben auf der Straße, wie es sich krasser kaum denken läßt.

Am schwersten aber bedrückt es mich, mit Menschen zusammenzuleben, mit ihnen zu arbeiten, zu essen, zu wohnen, und das alles ohne den geringsten Kontakt, ohne die leiseste Andeutung einer persönlichen Annäherung. Zwischen den Männern ist keinerlei Zuneigung zu spüren, auch keine Ablehnung – Gleichgültigkeit beherrscht das Klima, seelische Apathie. Das einzige, was von ihnen ausgeht, ist Resignation, Hoffnungslosigkeit, Trauer.

Aber dann finde ich am Abend meines dritten Tages in Segenborn beim Zubettgehen einen Brief unter meinem Kopfkissen, der mir zeigt, wie ahnungslos ich bin. »Lieber Junge«, steht da ungelenk auf einem herausgerissenen Fetzen, »ich beobachte Dich, seit Du hier bist und hab mich in Dich verliebt. Ich würde gern Dich treffen. Wenn Du willst, komm vor die Eßraum, da warte ich. Den Brief zerreiß sofort. Ich heiße Jacky.« Betroffen lasse ich das Papier in meiner Hosentasche verschwinden. Um nicht weiter vor meinen Zimmergenossen aufzufallen, ziehe ich mich erst mal aus und tue so, als sei nichts gewesen. Aber die nehmen ohnehin keine Notiz von mir, mich könnte jetzt der Schlag treffen, niemand würde das registrieren. Im Bett versuche ich meine Gedanken zu ordnen. Was soll ich tun? Wer ist Jacky? Wenn er mich schon seit Tagen beobachtet, warum habe ich das nicht gemerkt? So etwas müßte mir doch auffallen, gerade hier! Und gerade hier, wo jeder nur dumpf vor sich hin zu vegetieren scheint, da finde ich zu später Stunde einen Liebesbrief unter meinem Kopfkissen – eine Geschichte, wie sie ein Lore-Roman nicht besser erfinden könnte. Schlecht in dieses Bild paßt allerdings, daß ich mich hier nicht auf einem Wasserschloß an der Loire befinde und daß Jacky wohl kein Prinz ist. Eine Comtesse wäre einer solch dreisten Aufforderung zum Rendezvous auch gar nicht nachgekommen und hätte den Verliebten draußen schmachten lassen. Ich aber ziehe mich wieder an und verlasse ohne überflüssige Begründung den Raum.

Vor dem ungeschützten Eingang des Speisesaals steht ein Mann rauchend im Regen. Das schwache Licht der Außenlampe des Hauses streift ihn von schräg oben und verzerrt sein Gesicht. Seine rötlich schimmernden Haare sind naß, er muß schon länger hier gestanden haben. »N Abend«, grüße ich, ohne meine Beklemmung überspielen zu können. Der Mann antwortet nicht, sondern reicht mir eine fertiggedrehte Zigarette, die ich an seiner Kippenglut entzünde. Ein paar Züge lang schweigen wir. Dann fragt Jacky, mit starkem slawischem Akzent: »Warum bist du gekommen?« »Weil ich froh war, hier endlich mal mit jemandem reden zu können«, antworte ich. Wieder glühen unsere Zigaretten ein paarmal auf, bevor sich Jacky erkundigt, ob ich »gesessen« habe. »Nein«, antworte ich, »und du?« Jackys Lebensgeschichte ist lang, aber er zögert nicht, sie hier, mitten in dieser regnerischen Nacht, bis ins Detail vor mir auszubreiten: In Budapest war er Schauspieler, wurde eingezogen, kämpfte 1956 gegen die Russen, flüchtete nach der Niederschlagung des Aufstands im Panzer nach Österreich und ist seitdem unterwegs. Seine Pommesbude in Mün-

chen machte Pleite, die Kölner Baufirma, für die er dann Entlüfter installierte, ging in Konkurs, in Hamburg war er eine Weile im Hafen beschäftigt, in einer Fabrik, im Gartenbau. Als ihn sein Freund verließ, mit dem er zehn Jahre alles geteilt hatte, schnitt er sich in einer Pension die Pulsadern auf, aber das Zimmermädchen kam früher als erwartet. Heute bereut Jacky, der eigentlich Laszlo heißt, daß er sich damals in Ungarn am Aufstand beteiligt hat. »Es war Blödsinn, für das zu kämpfen, was uns die ›Stimme Amerikas‹ versprochen hat«, sagt er leise, »was ist das hier schon für eine Freiheit.«
Der Regen hat aufgehört. Jacky schaut mich an, als erwarte er, daß ich nun von mir erzähle, aber ich sage nichts, fühle mich mies, weil ich nicht gekommen bin, um zu reden, wie ich es vorgab, sondern um zu fragen, auszufragen, aus reiner Neugierde. Der Reporter ist hellwach.
»Bist du überhaupt schwul?« fragt mich Laszlo. Fast schuldbewußt schüttle ich den Kopf. »Mach dir nichts draus«, sagt er, wirft seine Zigarette in die Nässe und geht.
Warum ich am nächsten Morgen im Büro meinen Abschied nehme, scheint den Heimleiter nicht weiter zu interessieren. »Se kommen unse jehen«, singsangt er mit demonstrativer Gleichgültigkeit und kommt gleich zum Geschäftlichen: »Dreieinhalb Tage, dat is ne halbe Woche«, rechnet er mir korrekt vor, »also jenau siebenmarkfuffzisch minus fünf Mark Vorschuß sin zweimarkfuffzisch Rest.« Dreieinhalb Tage, rechne ich für mich nach, das waren in etwa achtundzwanzig Arbeitsstunden für dreißig Pfennig Stundenlohn runde 75000 Scharniere. Die Heimwerkstatt muß sich bei dieser Bezahlung

wirklich hervorragend rentieren. Mit dem Restlohn bekomme ich auch meinen Ausweis zurück und bin wieder frei.
Erleichtert lasse ich die Beine fliegen, der Rucksack tanzt mir auf dem Rücken, Feldmann schießt aufgekratzt durch das Bergische Land. Es geht durch enge, geduckte Täler, über kleine, gedrungene Hügel durch Wälder und Felder. Tiefe Wolkenbänke entladen sich immer wieder mit solcher Heftigkeit, daß mir das Wasser aus dem Bart läuft. Dann hellt es wieder auf, die Wälder beginnen zu schwitzen und dampfen in dichten Nebelschwaden die Nässe aus sich heraus. Laut Bibel hat die Sintflut vierzig Tage gedauert – diesmal scheint es der liebe Gott in der halben Zeit zu schaffen, denn das Land ertrinkt. Die Kühe stehen bis zum Euter im Morast, der einmal Weide war, feuchtes Getreide läßt die Köpfe schwer hängen, schwarze Heuhaufen faulen zu Kompost, überreife Wiesen sind längst fällig für den ersten Schnitt – es muß bald Juli sein!
In den Gärten der Bauern stehen Pfützen, groß wie Seen, die grünen Erdbeeren liegen im Dreck, die Kirschen platzen unreif an den Bäumen. Ein Anblick des Jammers. Wie sehr habe ich mich aufs Erdbeer- und Kirschenklauen gefreut. Allein die Johannisbeeren schaffen es, weiß der Himmel wie, auch ohne Sonne süß zu werden. Von ihnen vor allem ernähre ich mich tagelang, sie geben zwar wenig Kraft, dafür aber genügend Vitamine, um mir in diesem Wetter die Grippe vom Hals zu halten.
Bei Übersetzig überquere ich die Sieg. Auf der Brücke reizt es mich sehr, einen hohen Regenbogen in den Fluß zu pinkeln. Wegen des Hochwassers laß ich es dann doch lieber bleiben, denn aus mir soll der Tropfen nicht

kommen, der das Gewässer zum Überlaufen bringt. Dafür hebt Feldmann, als sei's Gedankenübertragung, hier über der Sieg zum ersten Mal in seinem Leben das Bein. Statt wie eine Hündin in die Hocke zu gehen, steht er nun auf drei wackligen Beinen, grätscht das vierte im stumpfen Winkel weg, und fünf, sechs Spritzer verfehlen die Brückenlaterne nur knapp. Ich bin stolz auf meinen Hund! Seit ich ihn aus dem Tierasyl befreit habe, hat er sich auch sonst gut entwickelt, die Brust ist trotz der schlechten Ernährung breiter geworden, das Fell dichter, und mit der wachsenden Kraft hat auch das Selbstvertrauen zugenommen. Seine Ausflüge in die Wälder sind keine scheuen Erkundungsgänge mehr wie früher, als er sich alle zehn Schritte hilfesuchend nach mir umsah, selbständig stöbert er heute durch die Gegend, den Schwanz aufrecht wie eine Standarte. Kein Gatter ist ihm zu hoch, kein Graben zu breit, ich muß manchmal energisch mein »Feldmann, Fuuuß!« brüllen, bis er sich widerwillig dazu durchringt, von einem fliehenden Hasen abzulassen, dem er jaulend und japsend auf den Fersen war.

Je weiter wir nach Süden gehen, desto einsamer wird das Land. Die Großstädte sind fern, die Dörfer ärmlich und damit in meinen Augen schön. Die Bewohner scheinen kein Geld zu haben, um ihre alten Fachwerkhäuser abzureißen oder mit Eternitplatten zu verschandeln, Supermärkte, Selbstbedienungstankstellen, selbst die fahnengeschmückten Niederlassungen der Japanautos fehlen meist, und die Kreissparkasse ist nur mit einer unscheinbaren Haltestelle für den Geldbus vertreten, der einmal in der Woche hier die Runde macht. Auf dem Schwarzen Brett von Giesenhausen am Fuße des Westerwaldes ist zu

lesen, daß die rheinland-pfälzische Landesbildstelle am nächsten Montag mit dem fahrbaren Röntgenschirm eine kostenlose Tb-Reihenuntersuchung vornehmen will, zu der der Gemeinderat die Bevölkerung herzlich einlädt. Mobil ist auch der Textilhändler, der seine Ware auf der Hauptstraße direkt ab PKW verkauft: Socken und Kinderbekleidung liegen nach Größen sortiert auf der Motorhaube, Oberhemden auf den Rücksitzen, die Miederwaren lagern diskret im Kofferraum. Vor dem Gewerbeaufsichtsamt braucht man sich hier in der Einsamkeit des Westerwaldes nicht zu fürchten.
Einsam ist es hier wohl auch, weil der Dauerregen in diesem Jahr die Touristen vertrieben hat. Überall verweisen die »Zimmer frei«-Schilder der kleinen Pensionen und Gasthöfe auf eine schlechte Saison. So habe ich das Land ganz für mich, aber auch die Leute sind besonders aufgeschlossen, sie grüßen betont freundlich und scheuen oft nicht einmal die Mühe, eine Karte zu holen, um mir den Weg zu erklären, meinen Weg in Richtung Heppenheim. Und weichgeregnet, wie ich bin, habe ich kaum Schwierigkeiten, mein Nachtquartier zu finden. Selbst die scheuesten Bauern lassen mich in ihren Scheunen schlafen und vergessen all ihre Ängste, die ihnen Eduard Zimmermann & Co Monat für Monat am Bildschirm eingebleut haben:

»Es klingelt. Frau G. geht zur Tür, öffnet – und ›kämpft gegen einen Kraken‹, wie sie später aussagt. Denn überall sind seine Hände, greifen nach ihr, tun ihr weh, ekeln sie. Dabei hätte sie ›diesem verwahrlosten, schmutzigen Typ‹ bestimmt nicht aufgemacht, hätte sie ihn nur vorher gesehen.

Ja – hätte sie. Dabei ist es so einfach, dafür zu sorgen, daß man vorher sieht, wer zu einem will. Ein moderner Weitwinkeltürspion kostet nur einige Mark, und er ist auch im Nu eingesetzt. Mieter sollten allerdings ihren Vermieter vorher fragen; da ihm das Wohl seiner Mieter am Herzen liegt, wird er die Genehmigung kaum verweigern.
Wenn schon der Sichtkontakt zum Besucher nicht möglich ist, sollte zumindest ein Hörkontakt hergestellt werden, über die Gegensprechanlage oder – notfalls – durch die Tür. In jedem Fall sollte man Fremden die Tür immer nur mit vorgelegter Sperrkette öffnen, denn schließlich gibt es ja auch den Wolf im Schafspelz, rät die Kriminalpolizei.«

Mir dagegen trauen die Leute hier auf den ersten Blick. Ich werde ja wohl die Scheune nicht anstecken, das Haus nicht ausräubern, die Frau in Ruhe lassen, es passiert ja so viel im »Fennseh«, da sieht man es ja mit eigenen Augen. Nein, sag' ich, ich werde nicht, bin viel zu müde, und was soll schon brennen, es ist ja doch alles naß. Auf einem einsam gelegenen Gehöft hinter Niederirsen bekomme ich sogar Bratkartoffeln mit Spiegelei und Feldmann Küchenabfälle die Menge, in Thal bei Roth bringt mir die Bäuerin vom Hahnenhof für die Nacht trockene Unterwäsche und Socken ihres Mannes in die Scheune, bis sich meine Sachen am Küchenherd ausgetropft haben.
Professionelle Gastfreundschaft wird mir im Kloster Marienstatt geboten, das im Nistertal mitten in der Abgeschiedenheit des hohen Westerwaldes seine monumentale Pracht entfaltet. Gerade erst bin ich so ehrfurchtsvoll,

wie das der frontale Gebirgsregen nur eben zuließ, übers alte Kopfsteinpflaster zwischen verwitterten Grabplatten auf das herrschaftliche Mönchsschloß zugestiefelt, habe mit meinem ganzen Gewicht die schwere Eichentür aufgestoßen und stehe nun, vor Nässe triefend, von marmornen Engeln und Heiligenfiguren umstellt, in der grandiosen Empfangshalle des Klosters, da entriegelt der Bruder Pförtner auch schon eine Sprechluke und fragt: »Darf ich Ihnen eine kleine Speise bringen lassen, Sie sehen so aus, als könnten Sie's gebrauchen?« Überrascht, wie sehr man sich in dieser weltabgewandten Frömmigkeit offensichtlich noch den Blick für die Realitäten erhalten hat, setze ich mich auf einen kunstvoll geschnitzten Stuhl vor einem runden Tisch und lasse mich bedienen. Ein junger Mönch in weißen, wallenden Gewändern liest mir alle Wünsche von den Augen ab: Die Tomatensuppe ist so gut, wie es eine gewöhnliche Tomatensuppe eigentlich gar nicht sein kann, der Kochfisch zergeht auf der Zunge, die Götterspeise ist himmlisch. An den Hund unterm Tisch denkt mein frommer Kellner, beim heiligen Franziskus, ganz von selbst und bringt so viele Knochen und Kartoffelreste, daß Feldmann fast vor dem Futterberg kapituliert hätte.

Aber mit dem göttlichen Mahl ist der Service des Mönchs, der sich mit »Frater Ambrosius« vorstellt, noch lange nicht erschöpft. »Kommt ein Wanderer des Wegs, so beherberge ihn wie den Heiland selbst«, zitiert er eine Ordensregel der Zisterzienser und fragt rhetorisch, ob ich nicht ein wenig bleiben wolle, das richtige Wanderwetter sei das ja nun wirklich nicht, außerdem stehe der heilige Sonntag vor der Tür. Etwas Ruhe und innere Einkehr, bis die Sachen wieder trocken sind, können

nicht schaden. Fast dankbar greift der Geistliche zum Telefon und regelt meine Unterbringung.
Die Kammer, in die mich Ambrosius führt, ist karg möbliert, das Bett unterm großen Holzkreuz kaum gefedert und das Waschbecken wenig größer als die Weihwasserschale neben der Tür. Ein bißchen spartanisch für den Heiland, denke ich. Auf körperliche Behaglichkeit wird wenig Wert gelegt, dafür ist für das Seelenwohl gesorgt: Am Schrank, dort, wo in Hotels gewöhnlich die Preisliste hängt, befindet sich eine Liste mit den »Offizien«, den sechs Gebetszeiten: »5.15 Uhr Laudes, 6.15 Uhr Terz, 12.55 Uhr Sext, 15.30 Uhr Vesper, 17.30 Uhr Matutin, 20.00 Uhr Komplet.«
Kaum habe ich meine nassen Kleider mit der klammen Wechselgarderobe getauscht, meine Haare trockengerieben und im Spiegel einen von asketischer Selbstkasteiung ausgemergelten Jesuiten betrachtet, da ruft mich die Kirchenglocke auch schon zum Komplet. Neugierig folge ich dem hellen Läuten, eile durch den Klosterfriedhof – und entschwebe in eine andere Welt. Erhabene Orgeltöne heben mich schon im Eingang auf die Zehenspitzen, und eine Gänsehaut der Ergriffenheit überzieht meinen Rücken. Das fast menschenleere Kirchenschiff liegt im Halbdunkel der Dämmerung, die, von buntem Fensterglas gebrochen, den Raum in ein diffuses, warmes Licht taucht. Der Altar aber ist hell erleuchtet. Vor ihm sitzen sich die Mönche auf doppelreihigem Chorgestühl wie in einem mittelalterlichen Konzil gegenüber und singen ihre schönen Psalmen im sonoren Wechselgesang: »Laudate nomen Domini», klingt es von der einen Seite, »Laudate servi Dominum«, antwortet sanft die andere. Die Harmonie ist nahezu beängstigend, es gibt nichts,

woran sich die Sinne stoßen könnten, nicht einmal der Weihrauch zwickt mir in der Nase, wie sonst in katholischen Kirchen. Licht, Farben, Töne, alles steht vollkommen miteinander in Einklang und fügt sich in die klaren Linien der Kathedrale. Hingegeben sitze ich in einer der vorderen Bänke und genieße das sakrale Schauspiel, denn ist der Bauch gefüllt und das Bett gemacht, erwachen mir wieder die Sinne fürs Höhere. »Laudate nomen Domini...«

Am Ende des Psalms beugen sich alle Brüder nach vorne und blättern raschelnd in ihren dicken Gesangbüchern, was sich anhört, als schreckte ein Schwarm Fledermäuse hoch. Die Geistlichen folgen dabei dem Beispiel eines Mannes mit kurzgeschorenem Silberhaar, der vorn rechts in einer besonders schön geschnitzten Sonderloge sitzt, vermutlich der Abt des Klosters. Ambrosius erkenne ich ziemlich weit hinten, er wirkt älter in dieser würdigen Umgebung, er hat etwas Unnahbares, fast Reines – kaum zu glauben, von ihm gerade mit Fisch bewirtet worden zu sein.

Am nächsten Morgen nach der Terz treffe ich im blendend weiß gekalkten Kreuzgang Ambrosius und erzähle ihm, daß ich ihn gestern abend fast beneidet hätte, wie er dort vor dem Altar im Schoße seiner Gemeinschaft von Glaubensgenossen saß. Der da weiß, wo er hingehört, hatte ich gedacht, der weiß, wo es langgeht im Leben auf Erden und im Leben danach, sein Weg ist ihm so eindeutig vorgegeben wie der alltägliche Gebetsstundenplan, alles hat seine feste Ordnung, Zweifel sind ausgeschlossen, auf jede Frage gibt es eine klare Antwort – herrlich!

»Viele, die uns hier besuchen, empfinden so wie du«,

sagt der junge Mönch, »die Leute glauben, sie hätten alles, aber bei uns merken sie, was ihnen draußen fehlt.« Dem Novizen, der im nächsten Jahr sein Gelübde auf »Armut, Keuschheit und Gehorsam« ablegen will, ist es nicht anders ergangen. »Ich war ein ganz normaler Junge, habe Fußball gespielt, bin in Discos gegangen, und onaniert habe ich auch.« Aber irgendwann hat ihn der »Zwang zur totalen Befriedigung aller Wünsche« immer unzufriedener gemacht. »Ich wollte raus aus dieser endlosen Glücksspirale«, sagt er und lächelt ein wenig zu milde für seine einundzwanzig Jahre. Auf der Suche nach einem Ausweg hat er während der Pubertät mit den Terroristen sympathisiert, deren Bereitschaft zur hemmungslosen Gewalt ihm dann doch unheimlich wurde, anschließend überrollte ihn die Poona-Welle, schließlich überzeugte ihn »der wahre Aussteiger Jesus Christus«. Also auch ein Flüchtling, der die Realität nicht akzeptieren kann, denke ich, und noch dazu einer, der mir auf so zweifelhafte Weise sympathisch ist, wie gestern abend mein Spiegelbild. Arm und keusch laufe ich ja auch schon eine ganze Weile unter meiner Regenkutte herum, entsage trotzig meiner Welt, und wenn Ambrosius das Kreuz des Herrn willig auf sich geladen hat, so schleppe ich halt das Joch meines Rucksacks.

Kaum sind wir im Kreuzgang einmal im Quadrat gegangen, da läutet die Kirchenglocke die nächste sonntägliche Gebetsstunde ein. Aus allen Richtungen eilen die Mönche herbei, formieren sich zum doppelreihigen Gänsemarsch und verschwinden, der Abt vornweg und Ambrosius als Schlußlicht hinterher, durch eine schmiedeeiserne Tür in Richtung des Gotteshauses.

Im Empfang erlaubt mir der Pförtner ein kurzes Telefongespräch. Der Stimme nach ist Freda noch im Bett. Im Hintergrund höre ich klassische Musik. »Wie geht's?« fragt sie knapp und scheint gar nicht so freudig überrascht von meinem Anruf, wie ich das erwartet habe. »Es geht«, antworte ich, »bin jetzt im Westerwald.« »Sagt mir wenig – ist das am Rhein?« »Nicht direkt«, sage ich und habe Mühe zu erklären, wo ich hier eigentlich bin, »mitten im Wald, so zwischen Köln und Frankfurt – wo wollen wir uns treffen?« Freda erzählt mir, daß sie demnächst mit der Bahn nach Italien fahren will, da könnte sie doch die Reise für ein paar Tage unterbrechen. »Genaueres schreib ich dir noch postlagernd nach Frankfurt.«

Ohne den Feiertag zu heiligen, mache ich mich gleich auf die Socken nach Frankfurt. Sonntage sind für mich ohnehin Feiertage, an denen es nichts zu feiern gibt, denn die Geschäfte sind zu, und auf den Straßen quält sich der zermürbende Wochenendverkehr. Die Leute in den Dörfern und Kleinstädten, in Hachenburg, Alpenrod und Westerburg, tragen ihren sauberen Sonntagsstaat spazieren, was den Kontrast zu meinen abgerissenen Klamotten noch stärker werden läßt als sonst.

Der wievielte Sonntag mag das nun sein, seit ich Hamburg verließ? Der siebte, der achte oder gar der neunte? Je weiter ich zurückrechne, desto mehr verschwimmen die Wochen. Dem Gefühl nach bin ich schon Jahre unterwegs, hinter mir liegt eine Ewigkeit. Habe ich je etwas anderes gemacht in meinem Leben als laufen, laufen, laufen, ist der Rucksack nicht längst ein Teil meines Körpers geworden, sind die speckig gegriffenen Riemen nicht längst auf den Schultern festgewachsen? Die Suche nach etwas Eßbarem, der prüfende Blick in

die Obstgärten, die Bäckereien, die Abfallcontainer hinter den Wochenendmärkten, das gespielt schüchterne Fragen nach einem Platz im Heu, in der leeren Garage oder meinetwegen auch im Bett, dies alles ist mir längst zur blinden Gewohnheit geworden, zum Vagabundenalltag, wie Regen, nasse Füße und talgiger Zahnbelag. Mein Weg ist inzwischen mit Routine gepflastert, weg ist das Kribbeln der täglichen Ungewißheit, die gespannte Erwartung des Abenteuers, das hinter jeder Kreuzung lauern könnte, weg ist auch das Glücksgefühl beim Anblick eines Tellers mit Dickmilch und die Verzweiflung, wenn ich irgendwo zurückgewiesen werde. Meine monatelange Wegerfahrung hat mich abgebrüht und ausgekocht; nichts kann mich mehr so recht erschüttern, weder die Haushälterin des Pfarrers in Weilmünster, die, statt mir etwas zu essen zu bringen, die Polizei alarmiert, noch die gute Oma Keller aus Obernhain im Taunus, von der ich ungefragt »Griesklößsche mit Ädbeern« nach einer deftigen »Gemüsesupp« bekomme – es ist, als sei meine Empfindungsfähigkeit betäubt, gute und schlechte Erfahrungen nehme ich fast gleichgültig hin, das Besondere gibt es nicht mehr, nichts kann mich mehr so recht aus dem Tritt bringen, stumpfsinnig trotte ich voran.
Was habe ich mich noch vor zwei Wochen über die Parfumschwaden der Königsallee in Düsseldorf ereifert, und wie vergleichsweise gelassen ertrage ich nun die duftigen Rosenhecken der Heinrich-von-Kleist-Straße in Bad Homburg. Es ist eine stinkreiche Gegend, wo sich die herrschaftlichen Villen hinter haushohem Gebüsch verstecken, als hätten sie ein schlechtes Gewissen. Wer hier etwas haben will, muß sich erst einmal tief hinab-

beugen, denn anders erreicht man die in Kniehöhe angebrachten Klingelknöpfe an den Eingangstoren nicht. Namen stehen nirgends, dafür geheimnisvolle Initialen. D. SCH. steht bei meinem ersten Kunden. »Hallo, wer ist da«, kommandiert es aus dem Sprechautomaten. »Hallo, ich bin auf der Wanderschaft und wollte fragen, ob ich Ihnen vielleicht für ein Stück Brot zur Hand gehen kann.« »Es ist genug Personal im Haus«, antwortet die weibliche Stimme und legt auf.

Beim Nachbarn, einem gewissen Dr. V, liegt die Klingel etwas höher, aber direkt daneben starrt mich ein Fernsehauge an. Automatisch fahre ich mir durchs wilde Haar. Kurz nachdem ich gedrückt habe, leuchtet ein kleines rotes Lämpchen auf. Achtung Aufnahme. Ich mache mein freundlichstes Gesicht und lege los: »Guten Tag, ich bin auf der Wanderschaft und...«, das Licht verlöscht, Ende der Sendung. Auch von N. B., C. Z. und A. B. ist nichts zu holen. Unbeeindruckt wechsle ich die Straße und versuche im Philosophenweg mein Glück. Dort hat Dr. Baumstark keine Hemmungen, seinen Namen in großen Lettern an seine Privatklinik zu schreiben. Aber die Küchenchefin fertigt mich eiskalt vor dem Hintereingang ab: »Wenn Sie was zu essen haben wollen, dann gehen Sie doch in den Laden und holen sich was.« Danke für den Tip.

Unten in der Innenstadt gibt es genug Läden. Wo hole ich mir nun was? Beim Metzger ist zuwenig Kundschaft und zuviel Bedienung, da würde ich sofort auffallen. Im Supermarkt ist zwar viel Betrieb, aber dort habe ich Angst vor den Hausdetektiven und Videospionen. Bleibt nur Kaiser's Kaffeegeschäft, auf Schokolade hab ich ohnedies am meisten Appetit, fast mehr noch als auf gebra-

tene Lammkeule mit Rosmarin, Thymian und viel Knoblauch, mein Lieblingsessen.
Die Süßigkeitenabteilung lächelt mich an. Ein Paket Filterpapier und drei Dosen Kaffeesahne liegen schon in meinem Einkaufskorb, zur Tarnung. Wer Filterpapier und Kaffeesahne kaufen will, der hat auch ein Zuhause, denke ich, da fallen die dreckigen Hosen nicht so sehr auf. Zum Glück ist genügend Betrieb im Laden, die beiden Verkäuferinnen beachten mich nicht. Ich kann also ungestört, wenn auch mit erhöhtem Puls, das Angebot studieren. Um die Preise schere ich mich einen Dreck. Krokant, Mokka, Vollmilch mit Pistazien, mit Mandeln, mit Haselnüssen, alles ist da, und in Mengen, die mich bis München ernähren könnten. Beherzt greife ich zu, die Augen konzentrieren sich auf die Reaktion der Bedienung. Während ich mit der linken Hand eine Tafel in den Korb lege, gleitet die rechte sanft unter meine Lederjacke und klemmt die Ware unter der Achsel fest. Keiner hat's gesehen. Scheinbar gelassen gehe ich zur Kasse. Noch während das Fräulein die Preise addiert, bekomme ich einen demonstrativen Schreck. »Wo ist mein Portemonnaie?« frage ich und greife in die leere Innentasche meiner Jacke, »ich muß es zu Hause vergessen haben.« Artig bitte ich die Verkäuferin, meine Sachen einen Moment beiseite zu legen, ich käme gleich zurück.
Kaum bin ich um die Ecke, schlägt die innere Spannung aus Angst und Beklemmung auf einmal um, und das herrliche Glücksgefühl aus Kindertagen, als ich bei Kösel in Holzminden zum erstenmal Luftballons klaute, strömt mir durch die Adern. Mit vier Tafeln »Mocca-Sahne« nehme ich Frankfurt im Sturm.

Genau achtzehn Kilometer trennen mich noch von der Frankfurter Hauptpost, wo hoffentlich Fredas Brief auf mich wartet. Je weiter ich mich von Freda entferne, desto näher kommt sie mir, desto wohler fühle ich mich mit ihr, und die Vorfreude auf ein Wiedersehen läßt mich wie auf Watte gehen. Es gibt keine Ängste, keine Bedrängnis, keine bohrenden Fragen nach der Zukunft, es gibt nur die reinste Wolkenkuckuckserwartung, die mir selbst Frankfurts Vororte nicht vermiesen können.
Die ersten Wohnklötze von Bonames stehen erbarmungslos in der abfallenden Mainebene. Halbwüchsige drücken sich an Bushaltestellen herum, die Freundin im Arm, die Kippe im Mundwinkel, und es gärt die ausweglose Langeweile des Feierabends. Die Mopeds stehen startklar auf dem Bürgersteig, noch heute nacht könnten sie über alle Berge sein, aber niemand scheint zu wissen, wohin es gehen soll, also stehen sie da und warten, bis endlich etwas passiert, egal was. Auf den Fenstersimsen einer amerikanischen Kaserne grünt Marihuana. »Nodopenohope« heißt der flüchtig hingesprühte Slogan an der Mauer. Jetzt würde ich gern mit einem »Walkman« AFN hören und dabei zusehen, wie die Wolkenkratzer beim Hineingehen in die Stadt in den Himmel wachsen. Wenn schon Frankfurt, dann original! Aber auch ohne Ton ist das Näherkommen der City aufregend. Zum erstenmal sah ich die Mainmetropole an diesem Morgen aus geschützten dreißig Kilometern Entfernung von der Taunuskuppel nahe der Saalburg. Ein Dutzend Stecknadeln ragten aus dem Dunst wie ein kleines Fakirbrett. Nun sind aus den Nadeln dicke Sargnägel geworden, und schon bald laufe ich auf eine zerklüftete Steilwandlandschaft zu, aus schwarzem Quarz, silbernem Eis und

grauem Granit. »Imagine all the people...« singt John Lennon aus meinem Kopfhörer, und der »Reminder« mahnt »Don't forget our 52 fellow countrymen in Teheran«. – Ob die US-Geiseln wohl immer noch in persischen Händen sind? Was ist aus dem Olympiaboykott geworden? Gibt's die Freie Republik Wendland noch? Und wie steht es eigentlich mit der Bundestagswahl?

Auf der Zeil, vor der verschlossenen Hauptpost. Es ist zehn nach sechs, ich bin zu spät. Wohin jetzt, wo die Nacht verbringen, wie etwas zu essen besorgen mitten in Frankfurt am Main? Um in irgendwelchen Büschen zu schlafen, ist es zu feucht, die Übernachtungsherberge für Nichtseßhafte am Bahnhof ist, wie ich von Gustav weiß, zu gefährlich, »da klaun sie dir nachts die Schnürsenkel weg«. Also bleibt nur die Szene. Zwei Mädchen in langen Afghanenkleidern sehen mir nach Wohngemeinschaft aus, und ich frage sie, ob sie wissen, wo ich heute nacht schlafen kann. »Bei uns in der WeGe ist alles voll«, sagt die eine, »aber ruf mal diese Telefonnummer an und frag nach Klaus oder Axel und sag, du hättest die Nummer von Doris.« Zwanzig Pfennige bekomme ich auch gleich dazu. Ein Peter meldet sich am Telefon. Klaus und Axel sind in der »Batschkapp«. »Wo?« frage ich. »In der ›Batschkapp‹«, buchstabiert Peter und beschreibt mir den Weg in die alternative Kneipe.

Mit der Straßenbahn fahre ich hin. In einem Dämmerschuppen knallt so harte Musik, daß Feldmann lieber vor der Tür auf mich wartet. Junge Leute mit Stirnbändern, abgewetzten Lederjacken und Latzhosen drängeln sich. Die Luft ist zum Schneiden. Die Haschkekse, Stück für fünf Mark, gehen weg wie warme Semmeln. Wo sind

Axel und Klaus? Das Mädchen mit den blonden Zöpfen hinter dem Ausschank hat sie heute noch nicht gesehen, kein Wunder bei dem Qualm, aber wenn sie auftauchen, will sie mir Bescheid sagen. Ich warte draußen auf den Steinstufen, dort komme ich wieder zu Atem. Teilnahmslos lasse ich die Menschen an mir vorbeigehen. Irgendwann werden sie schon antanzen, tröste ich mich. Die Stunden vergehen. Immer wieder sacke ich kurz weg und stehe auf überfluteten Brücken, vor brennenden Scheunen und in niederbrechenden Wäldern, und überall erscheint Freda wie ein guter Engel und geht unberührt vom Schrecken des Geschehens durch meine Traumbilder, schaut immer nur zu mir herüber und lächelt.
»Bist du der Freund von Axel?« weckt mich ein junger Mann mit vielen Locken, und ich nicke verwirrt. »Dann komm mit, ich bin der Burkhard, bei uns kannste pennen.« Also gehe ich mit, steige in einen alten Volvo und lasse mich in die Innenstadt zu einem der stattlichen alten Mietshäuser fahren, die Krieg und Spekulanten überstanden haben. Im Flur blättert die Farbe von den Wänden, aber die Wohnung im dritten Stock ist überraschend gut gepflegt. Weiße Rauhfasertapeten, abgeschliffener Holzfußboden, in der Küche jedoch ein Chaos. Burkhard zeigt mir mein Zimmer, dessen Besitzer, Michael, gerade auf Kreta Ferien macht. Das Bad ist gleich nebenan, das Klo eine Tür weiter, Burkhard verliert nicht viele Worte, wofür ich ihm dankbar bin, »im Eisschrank kannste dich bedienen«, sagt er noch und läßt mich allein.
Ich habe keine Mühe, mich sofort wie zu Hause zu fühlen. Die Schaumstoffmatratze im Eck, davor die Stereoanlage, daneben der Fernseher, auf dem Schreibtisch

ungeöffnete Strafmandate, an den Wänden gerahmte Poster der italienischen Gewerkschaften, die mit geballter Faust zur Teilnahme am »1. Maggio 1903« aufrufen – so ähnlich war meine Studentenbude in Bochum, und so ähnlich sehen auch die meisten Hamburger Wohngemeinschaften aus, die ich kenne; sie gleichen sich wie ein »Interconti« dem anderen. Selbst im Bücherregal kenne ich mich aus: Marx, Mitscherlich, Mead und Adorno stehen wie einst bei mir fast unberührt einträchtig beieinander. Die Pornos dagegen sind arg zerlesen und nicht gut genug versteckt im unteren Drittel des *Frankfurter Rundschau*-Stapels. Ein kurzer Rundblick genügt, und ich kann mir anhand der Zimmereinrichtung ein recht gutes Bild von dem Typ machen, der hier wohnt: Er muß so Ende zwanzig sein, studiert inzwischen lustlos irgendeine Sozialwissenschaft, seine Jugendträume haben längst zu welken begonnen, auf den Demos läuft er ohne innere Anteilnahme nur noch mit, Examensängste plagen ihn mehr als Mittelstreckenraketen und der Freiheitskampf in El Salvador, seit Jahren war er mal wieder beim Friseur und kam sich vor wie auf dem elektrischen Stuhl, die Freundin trägt sich zu allem Übel auch noch mit Heiratsabsichten, weil sie auf die Dreißig zugeht und nicht zu spät ein Kind haben will, nun kann er nicht mehr mit ihr schlafen, und das Fingernägelkauen hat er auch wieder angefangen. Kurz, er ist ein Mensch aus meiner Welt, bei dem ich traumlos gut schlafen werde.

Am nächsten Morgen, Punkt acht, bin ich wieder an der Hauptpost, aber es wartet dort kein Brief auf mich. »Fehlanzeige«, sagt der Postler, nachdem er noch einmal auf mein Bitten das Fach mit dem Buchstaben »H« durchgesehen hat.

Drei Tage muß ich warten, bis der Brief da ist. Der Text ist von telegrammhafter Kürze: »Lieber Michael, komme am 12. 7. um 12.50 Uhr in Darmstadt an. Hoffe Dich dort zu sehen. Freda.« Am Zwölften, also in zwei Tagen. Im nächsten Buchladen sehe ich mir auf einer Karte an, wo dieses Darmstadt eigentlich ist. Keine vierzig Kilometer liegt es von hier, immer geradeaus durch Sachsenhausen, Neu-Isenburg, Langen, Egelsbach, das ist bis übermorgen leicht zu schaffen.
Trotzdem jage ich zurück in meine Wohngemeinschaft, als ginge es um Minuten. Meine Sachen habe ich schnell zusammengepackt, der Abschied von Burkhard ist kurz und kühl. Die Erleichterung, daß ich nun endlich wieder abhaue, ist uns beiden anzusehen. Statt einer Nacht bin ich vier Tage geblieben, ein bißchen lang für zwei Leute, die sich nicht viel zu sagen haben. Wir sind uns meistens aus dem Weg gegangen, jeder saß in seinem Zimmer, er arbeitete an seiner »Diss«, ich schrieb mein Tagebuch oder sah fern, und daß ich immer mal wieder kräftig im Eisschrank zugelangt habe, schien ihn nicht weiter aufzuregen – schließlich brachte ich dafür die versiffte Küche auf Hochglanz.
Schmarotzen wollte ich in diesen vier Frankfurt-Tagen auch noch woanders, und zwar im Bahnhofsviertel. Weser-, Elbe-, Moselstraße, das Herz der Stadt, ich kenne es gut; es gab keine Reise nach Frankfurt, ohne daß ich nicht dort gewesen wäre. Prostituierte sind ja auch eine diskriminierte Minderheit, eine Randgruppe, ein richtiger Reporter kennt keinen Feierabend, der ist auch zwischen den Schenkeln einer Hure im Dienst.
Ohne Geld allerdings war ich noch nie im »Palais d'Amour« oder im »Sex-Inn«, wo braucht man es nöti-

ger als eben dort, ohne Geld ist man machtlos im Puff, ohne die Grundtaxe von 50 Mark gibt es nicht mal ein Lächeln.

Ganz dicht hinter einer Gruppe von Geschäftsleuten stahl ich mich diesmal in den Kontakthof und verdrückte mich gleich in eine Ecke, von wo ich die Mädchen aus sicherer Distanz beobachten konnte. Auf die Huren selbst kam es mir gar nicht so sehr an, es genügte die Atmosphäre hier, die mit einem Schlag eine altvertraute Aufgereiztheit in mir wachrief, die mich den Herzschlag ganz oben im Hals spüren und meine Handflächen feucht werden ließ; es war der süßliche Geruch, die schwülstige Musik, das schwarzlila UV-Mischlicht, das die spärlich bekleideten Prostituierten zu negroiden Wachsfiguren verfremdete, mit dunkler, glänzender Haut und Augen wie aus weißem Glas. Beängstigend unnahbar erschienen mir diese Lustobjekte, ehrfurchtgebietend und erbärmlich zugleich, fast war ich froh, daß sie diesmal unerschwinglich für mich waren. Auch ohne Geld kam ich hier auf meine Kosten – das »Hochgehen«, das »Zahlen«, die »Nummer«, das fade Gefühl »danach«, das alles würde mir heute erspart bleiben.

»Sssst, Kleiner, komm mal her«, zischte es aus dem Schummerlicht, und ich fuhr zusammen wie ein Schuljunge. Eine große Frau bewegte sich auf mich zu. »Was stehst da herum? Kommst mit?« Nun hatte man mich gestellt, nun konnte ich mich nicht mehr verstecken und verstellen, nun half kein noch so bezwingender Charme, kein mitleiderregendes »Guten Abend, ich bin auf der Wanderschaft...«, nun mußte ich mich zu erkennen geben. Verunsichert wie noch nie auf dieser Reise, fragte ich: »Was kostet's denn?« »Fünfzig.« »Mit allem?« Ironisches Grinsen. »Beide nackt siebzig, und mit Verwöhnen hundert.« Ich schwieg. Sie blickte mich an, ich blickte irgendwie an ihr vorbei. »Na, wie isses?« fragte sie ungeduldig und legte eine Hand auf ihre ausladende Hüfte. »Ich muß mich erst mal n bißchen umschauen«, antwortete ich. Endlich ließ sie von mir ab. Ich floh zum Ausgang.

Pünktlich um 12.50 Uhr rollt der Schwarzwaldexpreß aus Hamburg in den Darmstädter Hauptbahnhof, und die Sonne lacht. Ich hätte mich gern noch eine kleine Verspätung lang auf diesen Augenblick gefreut, aber nun ist es schon soweit. Kaum daß ich in der Mission einen schnellen Kaffee heruntergeschüttet habe, wird es also ernst mit dem Wiedersehen. Der Zug kommt zum Stehen. Die Türen werden geöffnet. Aus den Waggons quellen Menschen, die mir den Blick verstellen. Ich recke den Hals. Wo ist Freda? Ist sie überhaupt mit im Zug oder hat sie ihn heute morgen fahren lassen, weil sie die gleiche Wiedersehensangst spürte, die ich jetzt spüre, diesen erbärmlichen Bammel vor dem Augenblick der Wahrheit und dem Ende der langgehegten Sehnsucht, der Träume, der Hoffnung auf Veränderung? »Darmstadt Hauptbahnhof, Darmstadt Hauptbahnhof«, meldet der Lautsprecher und spricht mir aus der Seele. Kofferkarren scheppern an uns vorbei. Feldmann läuft mir unruhig zwischen den Beinen herum. Die ersten Türen schlagen. Die Menschenflut verebbt. Der Lautsprecher bittet um Abstand von der Bahnsteigkante. Der Schaffner hebt die Kelle und pfeift. Mit dem Anrucken des Zuges höre ich meinen Namen rufen. Ich drehe den Kopf – da ist Freda!

Gemeinsam rucksacken wir in den Odenwald hinauf. Ich

suche nach Worten, aber ich finde keine. Auch Freda sagt nichts. Ihre Schritte sind kürzer als meine, ihr Atem geht schneller. Wenn es hart auf hart kommt, ist sie die Stärkere, denke ich, wie vor gut einem halben Jahr in den Vogesen. Da waren wir auch mit dem Rucksack unterwegs, eine Woche lang, über Weihnachten. Wir wollten die Neujahrsnacht in einer Hütte verbringen, die auf meiner Karte deutlich eingezeichnet war. Stundenlang ging es steil bergauf, durch knietiefen Schnee, gegen schneidend kalte Windböen. Wir spurten abwechselnd, bevor der eine nicht mehr konnte, übernahm der andere die Führung, wir waren ein gutes Team; es bestand eine ganz enge, sprachlose Übereinstimmung. Als wir auf über tausend Meter die Hütte erreichten, war dort alles zu, winterfest verrammelt, und die Dunkelheit zog schon herauf. Weit und breit nur verschneite Wälder. Die Tür hielt meinen Tritten stand, dreimal versuchte ich vergeblich, sie einzurennen, dann war ich völlig erschöpft, am Ende, fertig. Ungläubig sah ich, wie Freda ihre Schneeschuhe wieder unterschnallte, den Rucksack schulterte und nichts weiter sagte als: »Los, komm.« Ich folgte ihr auf eine Bergkuppe, bis an die Taille reichte uns der Schnee, aber als wir oben waren, lag da, nicht weit von uns, ein Dorf.

In brütender Hitze sitzen wir an einer Quelle und kühlen uns die Füße. Freda raucht schweigend eine Zigarette, auch mir fehlen die Worte. Dann dränge ich zum Weitergehen. Bis spät in den Abend quäle ich mich durch das Auf und Ab der Berge. Wie noch nie reißt mir der Rucksack in den Schultern, und die Füße sind wie aus Blei. Mir ist, als hätte ich Freda huckepack.

Am Rande einer frischgeschnittenen Wiese bereiten wir

unser Nachtquartier. Freda hat gute Sachen mit: Lammsalami, Brot mit Sonnenblumenkernen, sogar Butter und eine Dose Fleisch für Feldmann. Ich mache Feuer für den Tee. Der Rauch steigt fast senkrecht. Die Luft steht. Wir liegen auf unseren Schlafsäcken und blicken in die Flammen. Wie viele Nächte habe ich von so einer Nacht geträumt, was macht es mir jetzt bloß so schwer, mich mit meinem Glück abzufinden, warum läßt mich die ersehnte Nähe dieser Frau schon wieder in Gedanken das Weite suchen? Allein wäre ich jetzt glücklich mit meinem Unglück, nun ist es genau umgekehrt.
Schon beim Frühstück hat Freda begriffen und fragt nach dem nächsten Bahnhof. Sie komme sich vor wie ein Störenfried, sagt sie. Ich wage nicht zu widersprechen. Ich habe Schuldgefühle. Hamburg, du hast uns wieder. Die vielen Wochen zu Fuß haben mich anscheinend keinen Schritt weitergebracht. Alles umsonst. Auf der Suche nach einem Ausweg aus dieser aussichtslosen Lage schlage ich vor, nach Heppenheim zu laufen, da liegt zwar nicht der allernächste Bahnhof, aber dort bin ich aufgewachsen, und mein Onkel Werner, der dort Studienrat ist, hat immer einen guten Wein im Keller.
Wir erreichen die Bergstraße, lange bevor die Sonne hinter der pfeilgeraden Autobahn untergegangen ist, und noch ehe es dunkelt, sind wir in Heppenheim bei Onkel Werner gut untergebracht. Nach einer kalten Dusche, einem warmen Essen und zwei Flaschen Heppenheimer Eckweg, Spätlese 1976, sieht die Welt schon ganz anders aus. Arm in Arm schlendere ich mit Freda durch das schlafende Städtchen und ergehe mich in vagen Kindheitserinnerungen. Genau lokalisieren lassen sich meine ersten sechs Lebensjahre kaum, die ich hier verbracht

habe. Vielleicht liegt es daran, daß ich eigentlich schon in der Wiege ein Nichtseßhafter war. Kurz nach meiner Geburt zerbrach die Kriegsehe meiner Eltern, und ich wanderte von Hand zu Hand, wechselte öfter die Bezugsperson, als es mir guttat. Mein Vater mußte oft geschäftlich verreisen, und meine Mutter, die nach 1945 aus dem zerbombten Berlin in das Elternhaus ihres Mannes floh, war heilfroh, wenn sie bei Freunden in Hamburg oder sonstwo der Enge der Kleinstadt entfliehen konnte. So war »Mai« das erste Wort, das ich sprach, und ich meinte damit Marie, unser Kindermädchen, die heute im Gasthof »Zum goldenen Engel« am schönen alten Marktplatz die Zimmer putzt. Ich entsinne mich dunkel an einen Spalt in der brüchigen Friedhofsmauer, vor dem ich mich damals schrecklich fürchtete. Ich dachte, daß durch diesen Spalt die Seelen der Toten direkt in die Hölle führen, und als meine Großeltern kurz hintereinander starben, da habe ich die Ritze mit Erde verstopft, damit ihnen das Fegefeuer auf jeden Fall erspart bliebe. Auch eine Lügenbrücke ist mir in Erinnerung, die ich nur anzusehen brauchte, um sie gefährlich zum Schwanken zu bringen, und unvergeßlich ist mir das Kinderheim, wo es für mich Bettnässer zum Nikolaus Hiebe statt Süßigkeiten gab. Doch die düsteren Kindheitsbilder schrecken mich heute nacht nicht. Mit ihnen läßt sich auf angenehme Weise die Gegenwart verstellen, und morgen früh schon nimmt Freda den Zug nach Süden.

V

Mittagsrast bei schwülheißem Wetter unterm eiskalten Wasserfall. Die Gänsehaut läuft blau an. Der Penis schrumpft fast auf Rosinengröße. Der herabprasselnde Bach massiert mir das taube Hirn. Im Spritzwasser bildet sich ein blasser Regenbogen. Er ist zum Greifen nah, und wenn ich die Augen schließe, sehe ich ihn leuchten. Freda müßte jetzt schon längst hinter Heidelberg sein. Heidelberg ist meine Geburtsstadt, aber nichts zieht mich dorthin. Im Augenblick gibt es überhaupt keinen Ort, der eine Anziehungskraft auf mich hätte, und München ist noch weit. Am liebsten würde ich hier im Wasser den ganzen Sommer verbringen, so wohl und leicht ist mir.

Irgendwann im Laufe des Nachmittags geht es dann doch weiter. Der Wetterumschlag hat das Land mobil gemacht. Überall tuckern die Traktoren der Bauern über die Felder, um von der Ernte, die man heuer schon ins Wasser gefallen sah, zu retten, was noch zu retten ist. Die Wiesen warten schon lange auf den ersten Schnitt, das Wintergetreide ist in wenigen Tagen erntereif getrocknet, und auch die späten Kirschensorten bekommen entgegen aller Erwartung zusehends Farbe. Was gewöhnlich nach und nach heranreift, schreit in diesem Jahr alles auf einmal nach dem Bauern. Da wird jede Hand gebraucht, und solange es hell ist, kommen die Dörfer nicht zur Ruhe.

In Vöckelsbach will ich eigentlich nur meine Feldflasche auffüllen, aber der Bauer Herold läßt »son kräftischer Kerll« wie mich jetzt nicht einfach weiterziehen. Ob ich ihm nicht ein wenig zur Hand gehen könnte, fragt er und schenkt mir mit pfiffigem Blick kräftig von seinem selbstgepreßten «Äbbelwoi« ein, obwohl ich lediglich um Wasser gebeten hatte. Nur zu gern lasse ich mich dazu überreden, ein paar Tage nützlich zu sein, bei freier Kost und Logis in der Scheune. Mir gefällt die direkte Art des schmächtigen Bäuerleins, das nicht viel herumfragt und mich so nimmt, wie ich bin.

Mein Arbeitsplatz ist der schönste, den Bauer Herold zu vergeben hat. Nicht in den stickigen Kuhstall schickt er mich, nicht auf die staubigen Gerstenfelder, nein, hoch oben im riesigen Kirschbaum hinter der Scheune reite ich auf den weit ausladenden Ästen und stille vier Tage lang meinen Kirschenhunger. Ich brauche nur hinzulangen, die Früchte, groß wie Pflaumen, hängen in satten Trauben dicht an dicht, sind saftig, fleischig, süß und machen mich fast besoffen. Ganz nebenbei fällt da auch mancher Zentner in meine Pflückeimer, die ich, sobald sie voll sind, in die Küche schleppe, wo die Frauen das Obst den ganzen Tag über zu Most, Marmelade und Eingemachtem verarbeiten. Dutzende von Flaschen und Gläsern aller Größen stehen da auf Tischen und Kommoden, auf dem Herd dampfen riesige Töpfe und Kessel, und die achtzigjährige Oma Herold läßt sich den Schweiß vom grauen Haar ins faltenzerfurchte Gesicht rinnen.

Oben in den Kirschbaumzweigen aber ist es luftig. Schräg unter mir, eingebettet im engen, gut überschaubaren Tal, zwischen dichtbewaldeten Hängen, liegt Vöckelsbach, ein Dorf, das eigentlich aus zwei Teilen besteht. Im Norden die soliden alten Höfe mit ihren viereckigen Grundrissen, wie kleine Festungen nach allen Seiten gesichert, mit sauber gestapelten Brennholztürmen, dampfenden Misthaufen und wildem Wein, der sich an den Wänden der Innenhöfe emporrankt, ohne Chance, in dieser gebirgigen Höhe je reif zu werden. Südlich anschließend dann das andere Vöckelsbach, eine der sterilen Fertighaussiedlungen, wie sie mir schon zu Hunderten begegnet sind, charakterlose Behausungen zwischen gepflegten, auf Golfplatzlänge getrimmten Grünflächen, zwischen adriablauen Schwimmbecken und purpurroten Rosenbeeten, ein seelenloser Großstadtvorort, der sich da drüben breitgemacht hat wie ein Geschwür.

»Fabrikbesitzer, Benzdirekter – alles hommer do«, sagt mir der Bauer beim Abendbrot vor dem Fernseher, und er sagt es wie jemand, der sich nach viel Mühen dazu durchgerungen hat, auf etwas stolz zu sein, was er nun auch nicht mehr ändern kann. Nachdem der Bürgermeister sich von der Fertighausgesellschaft hat breitschlagen lassen, die Grundstücke im Süden für billiges Geld zu verscherbeln, ging alles seinen Gang. Die Bagger kamen, die Bäume fielen, aus Wiesen wurden Baustellen, und nach einem Jahr war Vöckelsbach nicht mehr Vöckelsbach. Neben den 27 alten Bauernburgen standen 25 Villen, die Straßen waren breit geworden, bekamen Bürgersteige zur Seite und grelle Laternen, die die Nacht zum Tag machen. Wo früher normalerweise drei Autos verkehrten, morgens das Molkereifahrzeug, nachmittags der Bäckerwagen und ab und zu der Tierarzt, da fegt nun zweimal am Tag der Berufsverkehr über die Dorfstraße, und die Herolds müssen beim Viehtreiben mit roten

Fähnchen ihre Herde sichern, damit ja kein Tier unter die Räder kommt. »Der Furtschritt is wie's Wedder, der kimmt, wiea kimmt, und wenn er do is, is er halt do«, kommentiert der Bauer schulterzuckend die Lage. »Annerscht gesonne« seien sie ja schon, die Zugereisten, »die wolle immer mähr«. Erst war es der Abenteuerspielplatz, der jetzt brachliegt, weil die Kinder lieber im Wald ihr Abenteuer suchen, nun soll der Gemeinderat eine teure Tennisanlage bewilligen, von der kein Alteingesessener weiß, »wozu solle die wohl gut soi«.

Und die Spaltung des Dorfes geht bis hinein in die Familie, denn die Söhne des Bauern fühlen sich der großen Welt schon mehr zugehörig als ihrer kleinen Gemeinde. Der eine studiert Jura in Mannheim, und der andere ist in leitender Stellung bei der Suzuki-Vertretung in Heppenheim beschäftigt. Auf seine beiden Knaben ist Klaus Herold sichtlich stolz, besonders auf den Juristen, der in der schlagenden Verbindung »Hansea-Mannheim« bereits drei Mensuren gefochten hat. Er selber war ja leider nur im Arbeitsdienst wegen seines zu hohen Blutdrucks, gibt er kleinlaut zu. Alles, was er vom Zweiten Weltkrieg mitbekommen hat, sind kalte Füße und heftiger Kohldampf. Sein Bruder aber, der hatte es besser, der war bei der Luftwaffe, Stuka ist er geflogen als Beobachter und Bordschütze, »en gonzer Kerll, schnadisch un immer uf Zack«, bis ihn die Russen 1942 abgeschossen haben. Nun hängt sein Bild im Wohnzimmer.

Die »Tagesschau«-Fanfaren bringen den Bauern zum Schweigen. Der Nachrichtensprecher meldet, daß Ronald Reagan auf dem Wahlkonvent der Republikanischen Partei zum Präsidentschaftskandidaten gewählt worden ist. Herold kommentiert: »Die Amis, die sin nur ufs Geld aus, die sin jo alles Judde.« Mir bleibt das Schinkenbrot im Hals stecken. Dieser liebenswerte Bauer soll wirklich ein Antisemit und Möchtegernmilitarist sein, der nichts dazugelernt hat, der die KZs womöglich für Lügenmärchen hält, für den der Hitler der große Autobahnbauer und Vollbeschäftiger ist? Ich wage diese Fragen nicht zu stellen. »Noch a Quetschewasser?« fragt mich Herold. Seine freundlichen roten Backen glühen. Noch ein Quetschewasser, und er steht stramm vor mir und hebt den rechten Arm, noch ein Quetschewasser, und er singt das Horst-Wessel-Lied, noch ein Quetschewasser... dankend lehne ich ab.

Vöckelsbach liegt erst wenige Stunden hinter mir, die Waldluft hat mir und Feldmann gerade erst wieder so richtig zu schmecken begonnen, da kommt aus einem Seitenweg eine unübersehbare Menschenmenge mit hastigem Schritt auf uns zugelaufen, als ginge es um Leben und Tod, als gelte es, einem Flächenbrand oder einer Epidemie zu entkommen. Aber nichts dergleichen, die Sache ist viel schlimmer: Die Leute, 5000 an der Zahl, nennen sich Sportwanderer und sind Mitglieder des »Internationalen Volkssportverbandes« (IVV), der hier einen Rundlauf veranstaltet. Start und Ziel ist ein Dorf am Neckar, den Namen wissen die Volkswanderer selbst nicht so genau, sie halten sich an die dreißig Kilometer lange Sägemehlmarkierung, der sie nachhetzen wie die Windhunde der Karnickelspur. 6,50 DM hat jeder von ihnen als Startgebühr bezahlen müssen, dafür gibt es nach vollbrachter Hatz den wohlverdienten Teller mit Goldrand als Teilnehmerprämie. Alte und Junge sind unterwegs, Familien mit Kindern, Einzelläufer, selbst ganze Betriebsbelegschaften, vom Chef bis zur Sekretärin. Alle sind leicht bekleidet, mit Sportschuhen, Turnhosen, und auf ihren Hemden und Trainingsjacken prangen goldene, silberne und bronzene Abzeichen in solchen Mengen, daß mancher ordenslastige Südseediplomat vor Neid erblassen würde. Einen dieser Hochdekorierten, ein Mann in meinem Alter, mit sehniger Zatopekfigur und andenkengespicktem Tirolerhut, frage ich im Dauerlauf, warum er sich so abhetzt. »Aus Hobby«, sagt er hechelnd, in sechs Jahren will er schon 32 000 Kilometer zu Fuß bewältigt haben, das ist fast der ganze Erdumfang. Tatsächlich zähle ich auf seiner Brust zwei 10000-Kilometer-Abzeichen in Gold und sechs 2000er in Silber. Sein Ziel ist die 100000-Kilometer-Spange mit Eichenlaub und Brillanten. »Und was laufen *Sie* hier rum?« fragt er mich irritiert. »Ich laufe nur so aus Spaß«, lüge ich, und da muß der Zatopek lachen: »Aus Spaß geh ich nicht mal zum Zigarettenautomat, das wird ja nicht gewertet.«

In Schönbrunn, auf der anderen Seite des Neckars, ist das Ziel des Volkslaufs. Die Freiwillige Feuerwehr, das Rote Kreuz und der Katastrophenschutz sind aufgeboten, um der Wandermassen Herr zu werden. Straßen sind für den privaten Autoverkehr gesperrt, Ambulanzwagen jagen mit Blaulicht durchs Dorf, um ins Krankenhaus zu bringen, wer sich in der Hitze übernommen hat. Im Schulhaus ist das Anmeldebüro des IVV, dort gibt es den Wertungsstempel, die Wanderorden und jeden erdenklichen Schnickschnack, mit dem sich irgendwie Geld machen läßt: Wanderstöcke, wandernde Gartenzwerge, Bleistiftspitzer in Form eines Wanderschuhs und natürlich bunte Postkarten mit dem Porträt des Bundespräsidenten, der hier so populär ist wie sonst wohl nirgends im Lande.

Auf heißem Asphalt geht's über die »Deutsche Burgenstraße«, den Neckar entlang. Vorbei an stolzen Ruinen: Eberbach, Stolzeneck, Minneburg, Dauchstein. Doch dann, hinter einer scharfen Flußbiegung, eine Burg, die hier so gar nicht in die Neckarromantik paßt, eine bedrohliche Festung aus Beton, mit einer runden Kuppel, stacheldrahtumgeben, ich weiß sofort, was das ist, weil so ein Ding nahe dem Fluß nichts anderes sein kann als eben ein Atomkraftwerk. Namen gehen mir durch den Kopf: Wyhl, Brunsbüttel, Krümmel, Grohnde, Biblis, Ohu, Fessenheim, aber die liegen alle ganz woanders, Grafrheinfeld, Stade, Brokdorf – Obrigheim, jetzt weiß ich, wo ich bin. Direkt am hohen Gitterzaun sehe ich ein buntes Zeltlager. Zerbeulte VW-Busse, Gitarrenmusik, junge Leute in Badehose. Ein Anti-Atomkraftdorf, denke ich, ganz schön dreist, so nah am Objekt.

Doch ich irre mich gründlich. Die Langhaarigen sind keine Atomkraftgegner, sondern Studenten, die hier während ihrer Semesterferien als Strahlenschutztechniker aushelfen, solange im Kraftwerk die Brennelemente ausgetauscht werden. Halbwegs vom Fach ist nur ein Knabe aus Jülich, der Physik im sechsten Semester studiert, ansonsten sind noch ein Sportstudent, ein angehender Byzantinist und ein durchs Examen gefallener Chemiker hier. Von Kernenergie verstehen sie »ziemlich wenig«, was aber auch nicht nötig sein soll bei ihrem Job. Acht Stunden täglich sitzen sie im Schichtdienst vor der Schleuse zum Reaktorbereich, kontrollieren die Ausweise der Besucher und achten darauf, daß sich jeder, der in die kritische Zone des Kraftwerks will, von Kopf bis

Fuß umzieht, damit ja keine radioaktiven Teile an den Kleidern mit nach draußen gelangen, »die kriegt nämlich keine Waschmaschine mehr raus«. Bezahlt werden für diese Arbeit Traumlöhne. Zehn Mark gibt es pro Stunde plus fünfzig Mark steuerfreie »Tagesauslösung«. Um die fünfzehn Mark Übernachtungsspesen zu sparen, wohnen die Strahlenschutzgehilfen hier im Zelt direkt neben ihrem Arbeitsplatz und kommen so im Monat auf vier- bis fünftausend Mark netto. Einen besser bezahlten Job hat keine studentische Arbeitsvermittlung anzubieten. Für mehr Geld würden die Jungs auch Barrikaden der Atomkraft-Nein-Danke-Bewegung bauen, »aber das sind ja alles Idealisten«, sagt der Sportstudent.

Abends beim Bier, von dem mehrere Kisten unterm Gartenschlauch kühlstehen, wird viel geplaudert von Millirem und Röntgen. Jeder der AKW-Hiwis erzählt, was er schon an Radioaktivität hat einstecken müssen in diesen Semesterferien. Fünftausend Einheiten pro Jahr ist das gesetzlich zulässige Maximum, der Byzantinist liegt bereits bei tausendzweihundert, der Sportler nur knapp darunter. Wenn mal ein Dampfrohr undicht ist und »zugeschossen« werden muß, stellt die Reaktorleitung angeblich gern »Türken« ein. Für einen Wochenlohn , so erzählt man mir, müssen die Gastarbeiter dann genausolange am strahlenden Unfallort arbeiten, bis sie ihre Jahresration von fünftausend Millirem »drin« haben, und das dauert, je nach der Radioaktivität, zwischen dreißig und fünfzig Sekunden. Ist das leckgeschlagene Rohr in dieser knappen Zeit noch nicht dicht, so werden die nächsten Türken in die Strahlen geschickt. »Verheizen« nennt man dieses Verfahren im Kernkraftjargon.

Mir klingen bei solchen Geschichten die Ohren. Keine

zehn Meter von uns entfernt liegt der AKW-Zaun im grellen Neonlicht. Ein Fahrzeug des werkeigenen Wachdienstes fährt Patrouille und grüßt mit kurzem Hupen. Es ist spät geworden. Bierselig wankt der Sportler zum Nachtdienst, vermutlich um in der Reaktorschleuse seinen Rausch auszuschlafen. »Nachts ist nie was los«, beruhigt mich der Physiker, »da telefoniere ich immer stundenlang mit meiner Freundin in Vancouver, auf Kosten des Hauses, versteht sich.«
Ein milchbärtiger Knabe, den der Sportstudent gerade abgelöst hat, kommt den Zaun entlang und setzt sich zu uns. Wortlos gießt er erst mal ein Bier in sich hinein. Die zweite Flasche in der Hand, erzählt er, daß da gerade ein Eimer im Ringraum gefunden wurde mit zigtausend Millirem Müll, »von dem kein Arsch was wußte«. »Kann vorkommen, so was«, sagt der Physiker gelassen, »morgen früh ist der Eimer weggeschafft, die sind da schon mit ganz anderen Sachen fertiggeworden.« Was mir wie ein Klein-Harrisburg vorkommt, wird hier von niemandem besonders tragisch genommen. Solche Entdeckungen, von denen die Öffentlichkeit nie etwas erfährt, gehören anscheinend zum Reaktoralltag.
Vor dem Schlafengehen stellen wir uns an den Zaun zum Pinkeln, und sofort hat uns ein gleißender Scheinwerferkegel erfaßt. »Mach die Funzel aus, du Spanner«, grölt der Physiker. »Halts Maul«, antwortet es vom Dach des Kernkraftwerks. Gelächter auf beiden Seiten. Gutes Betriebsklima, denke ich beim Einschlafen mit schwindligem Kopf und nehme mir fest vor, morgen früh neben einer prächtigen Burgruine aufzuwachen, umgeben von Fliederduft und Meisengezwitscher, und dabei erleichtert festzustellen, daß dies alles nur ein Alptraum war.

In Heilbronn am Neckar ist Rummel. Die brütende Nachmittagshitze hält die Menschen noch fern. Nur ein paar Gastarbeiter schlendern an den bunten Buden entlang. Hinter der Brathähnchenstation füttere ich Feldmann aus der Abfalltonne mit Resten, die so penetrant stinken, daß selbst mir für eine Weile der brennende Hunger vergeht. Im »Glückshafen« sitzen Ernie und Bert aus der »Sesamstraße« gleich zu Dutzenden und warten geduldig auf die Hauptgewinner. Daneben ein Schild: »Losverkäufer gesucht«. Ich zögere nicht lange und frage den Mann im weißen Kittel, ob ich den Job haben kann. »Moment«, sagt er und holt seinen Chef. Ein Koloß von Kerl, dem die breiten Koteletten fast in den Hemdkragen wuchern, mustert mich skeptisch. »Wenn du saubere Klamotten hast, kannste bei mir anfangen.« Ahnungslos erkundige ich mich nach dem Stundenlohn. Da läuft dem Chef der Kopf rot an, sein Hals schwillt, und donnernd platzt es aus ihm heraus: »Stundenlohn? Du spinnst wohl! Stundenlohn, so was gibts bei uns nicht! Sieh mal besser zu, Junge, daß du Land gewinnst!« Irritiert ziehe ich weiter. Achterbahn, Autoscooter, Zuckerwatte, Karussell. Vor der Schießbude »Bonanza« wieder so ein Schild und wieder so eine Bulldogge mit Koteletten. Er will es mit mir probieren. Um den Job nicht gleich wieder los zu sein, frage ich nach der Bezahlung lieber erst mal nicht. Irgend etwas wird schon für mich abfallen.
Neben einem kleinen Campingbus, dem »Mannschaftswagen«, in dem zwei doppelstöckige Betten gerade Platz haben, wasche ich mich am Wasserkran in der Wiese. Erwartungsvoll betrete ich den »Schießsaloon«. Rolf Köhrer, der smarte Sohn des Chefs, begrüßt mich mit

kollegialem Handschlag. Er zeigt mir, wie der Betrieb abläuft und was ich zu tun habe. Mit Luftgewehren wird hier auf Zielscheiben geschossen. Trifft die Kugel ins Schwarze, löst ein elektrischer Impuls die festinstallierte Kamera aus, es blitzt, und der Schütze bekommt als Preis ein Polaroidfoto von sich, mit der Flinte im Anschlag. Ich muß die Gewehre nachladen, die Zielscheiben auswechseln, die Fotos aus der Kamera ziehen und pro Schuß siebzig Pfennig kassieren. »Kapiert?« »Kapiert!« Der Junior gibt mir eine Schachtel, in der fünfzig Mark Wechselgeld liegen. Seine Mutter sitzt an der Tür und läßt mich nicht aus den mißtrauischen Augen. Mit der Kasse durchzubrennen wäre zwecklos, zumal ihr Mann mir gleich nach meiner Einstellung den Personalausweis abgenommen hat.

Bis zum frühen Abend läßt die Kundschaft auf sich warten. Fast leer dreht sich vor mir der Riesenlooping »This is America«. »Na fahren wir doch mal mit«, krakeelt es heiser zwischen donnernder Discomusik, »neu aus Amerika, die heiße Attraktion, hier steht alles Kopf, hier geht es rund, ja, das macht Spaß, das gefällt, na fahren wir doch mal mit.« Drei picklige Mofarocker sind meine ersten Kunden. Mit verkniffenen Gesichtern schießen sie je zweimal daneben, zwei mal drei ist sechs, sechs mal siebzig Pfennig macht Viermarkzwanzig, rechne ich nach, bekomme einen Zehnmarkschein und gebe Fünfmarkachtzig retour – ein komisches Gefühl, plötzlich mit Geld zu tun zu haben. Frau Köhrers Blick läßt nicht locker. Ein Rentner trifft mit dem ersten Schuß, es blitzt, strahlend betrachtet er sein Bild und gibt mir dreißig Pfennig Trinkgeld. Frau Köhrer registriert das mit grimmiger Miene. Gegen Sechs stellt sie mir

einen Teller mit belegten Broten und eine Flasche Sprudel neben meine Wechselkasse. Vor allem der Sprudel ist wichtig, jetzt, wo die bunten Lampenketten über mir den Saloon auf Saunatemperatur bringen.
Inzwischen drängeln sich die Leute an den Gewehren; es gibt viel zu tun: laden, Scheibe wechseln, Fotos herausziehen, kopfrechnen, kassieren. Für drei Gewehre bin ich zuständig, drei betreut der Sohn, drei der Vater, und ganz hinten steht noch einer, ein dicker Blonder, mit dem ich bisher nur in kurzem Blickkontakt war. Frau Köhrer hat die Oberaufsicht übers Ganze. Ich fühle, wie sie nur darauf wartet, daß ich einen Fehler mache. Als der Andrang immer größer wird und ich einmal vergesse, ein leeres Gewehr nachzuladen, ist es soweit: »Nu stell dich nicht so blöd an, du Vollidiot! Noch mal, und du kannscht gehe.« Ihr Mann nickt zustimmend, sagt aber nichts. Ich schlucke meine Wut mit dem Sprudel hinunter. Den Vollidiot werde ich dir heimzahlen, grollt es in mir, eines Tages wird die Rache süß sein, da werde ich am Schreibtisch sitzen und jede deiner Beleidigungen zu Papier bringen. Dieses Gefühl zukünftiger Vergeltung hatte ich schon manches Mal auf dieser Reise – in Dollbergen etwa, oder zuletzt im »Haus Segenborn«. Es macht mich stark im Zustand augenblicklicher Unterlegenheit. Frau Köhrer spürt meine Unangreifbarkeit, darum hat sie mich wohl auch besonders auf dem Kieker.
Lange nach Mitternacht gehen die Lichter langsam aus auf dem Rummel in Heilbronn. Solange die Schießbudenfamilie mit der Abrechnung beschäftigt ist, müssen der dicke Blonde und ich draußen vor der Tür warten. Endlich kommt der Junior und drückt jedem von uns ein Fünfmarkstück in die Hand, die Hälfte unseres Tages-

lohns. Den Rest gibt es erst nach der Entlassung, wenn der Jahrmarkt vorbei ist.
Aber fünf Mark sind fünf Mark. Kollege Alex eilt mit mir ins Bierzelt, und wir bestellen uns jeder einen halben Liter für 3,50 DM. Kurz vor der Sperrstunde sitzen hier die Losverkäufer, Jahrmarktschreier, Geisterbahnkassierer und Zuckerwattedreher mit den letzten Rummelgästen, überwiegend besoffene GIs in den Armen leichter Mädchen. Der Wirt brüllt »Feierabend!«. Hastig stürzen wir unsere Biere hinunter. Die Amis grölen sämtliche Strophen ihrer Nationalhymne, bis die MP durch den Hintereingang einmarschiert, sechs eisenharte Kerls, drei Weiße, drei Schwarze und eine braune Frau. Der Knüppel ist schon gezogen, der Colt hängt locker, Handschellen klicken, blitzartig wird jeder Widerstand schon im Ansatz erstickt. Die verlassenen Nutten machen sich nun an die Angestellten des Rummels ran, für eine schnelle Nummer in den Neckarwiesen geben sie großzügig Rabatt, aber meine restlichen Einsfünfzig sind wohl doch ein bißchen wenig.
Um zwei Uhr liegen Alex und ich in unserem Wohnwagen, der direkt neben dem Drei-Achsen-Luxus-Liner der Familie Köhrer steht. Mein Kollege hat das Bett unter mir. Auf seiner breiten Brust stößt ein Adler auf eine Kobra hinab, die sich um einen Türkensäbel schlingt. »Ich war mal Rocker«, erzählt er mir, »und hatte ne 1200cr Harley, aber das ist schon ne Weile her.« Vor drei Tagen hat ihn Herr Köhrer aus einer Stuttgarter Pennerherberge geholt, dort, wo viele Schausteller ihre billigen Arbeitskräfte rekrutieren.
Die Nacht ist kurz. Viel zu früh schlägt Frau Köhrer gegen die Tür und ruft »Frühstück!«. Nach zwei pappi-

gen Marmeladenbrötchen und einer Tasse dünnem Kaffee geht es schon wieder an die Arbeit. Wir müssen unser Quartier mit Seifenlauge schrubben, das Gelände um die Schießbude harken und anschließend den Porsche vom Junior und den Mercedes vom Senior auf Hochglanz polieren. »Hier herrscht Sauberkeit«, keift die Alte, als sie doch noch eine Zigarettenkippe im Gelände findet, »daran mußt du dich wohl erst gewöhne.«

Mittags gibt es ein Freiessen im Bierzelt, anschließend geht es wieder an die Gewehre. Ein kleiner Türkenjunge, der schon gestern sieben Mark bei mir verschossen hat, ohne daß es blitzte, wartet bereits ungeduldig vor unserer Bude. Er will unbedingt ein Foto haben, von sich und dem Gewehr, »wie ein richtiger türkischer Mann«. Sein Problem dabei ist, daß er nur auf einem Auge sehen kann. Aber er gibt sein Bestes, preßt das Gewehr an die Backe, konzentriert sich mit aller Kraft, schießt sechzehnmal – leider immer daneben, nur wenige Kugeln treffen überhaupt die Scheibe. Dann ist er pleite. Der Junge weint. Ich frage die Chefin, ob sie dem Kleinen nicht ein Freifoto geben kann, indem sie die Kamera mit der Hand auslöst, schließlich hat er schon ein Vermögen verschossen. »Ich bin Geschäftsfrau«, sagt sie kalt und genießt ihre Allmacht. Ich koche vor Wut. Am liebsten hätte ich ihr sechzehn Kugeln auf den Hintern gebrannt. Nach Dienstschluß bitte ich um meine Entlassung. »Du Hundskerl, du verdammter«, bellt die böse Frau, »pack sofort dei Sach und geh.«

Nach einer klaren Nacht in den Neckarwiesen sitze ich am nächsten Morgen im »Inselcafé« beim Frühstück. Feiner kann man in Heilbronn nicht frühstücken, und fein soll es sein heute morgen, denn ich bin wieder mein eigener Herr, dem Rummel entronnen, habe fünfzehn Mark in der Tasche und fühle mich wie ein König. Das freundliche Serviermädchen mit der adretten, weißen Spitzenschürze bringt mir anstandslos meinen Kaffee. An einem großen Frühstücksbüfett kann ich mich für 13,50 DM nach Belieben bedienen, vom Joghurt »nature« über Cornflakes bis zum Heidehonig ist alles da. Für Feldmann fällt da manches belegte Brötchen unter den Tisch.

Ich bin gerade dabei, mein drittes Frühstücksei zu köpfen, da setzt sich ein hübsches Mädchen mit einem Lächeln an den Nachbartisch, von dem ich annehmen muß, daß es mir gilt. Sofort ist meine innere Zufriedenheit dahin. Mühsam tue ich so, als sei gar nichts gewesen, und löffle mein Ei. Das Mädchen liest ein Buch und trinkt dazu Tee mit Zitrone. Sie hat blondes, nackenlanges Haar und einen für Heilbronner Verhältnisse ziemlich tiefen Ausschnitt. Ob sie von hier ist? Zum Fragen fehlt mir der Mut, aber ihr Lächeln von vorhin läßt mir keine Ruhe. Es hat eindeutig mir gegolten, rede ich mir ein, so etwas kann ich doch nicht einfach auf mir sitzen lassen. Also gehe ich erst mal aufs Klo, um zu sehen, wie sie reagiert. Sie reagiert gar nicht, soweit ich es sehen kann, doch im Nacken meine ich ihren Blick zu spüren. In der Toilette nehme ich mir fest vor, irgendwie mit ihr in Kontakt zu treten, sei es, daß ich um die Uhrzeit bitte oder, besser, um die Adresse von einem billigen Schnellschuster, da wird es sich ja zeigen, ob sie sich in Heilbronn auskennt. Gründlich wasche ich mir die Hände. Der Blick in den Spiegel ist nicht gerade ermutigend.

Mit dem Gefühl, als ginge es in die mündliche Abiturprüfung, kehre ich ins Café zurück, und ein Stein fällt mir vom Herzen: Feldmann hat den Kopf im Schoß des Mädchens und läßt sich wohlig kraulen. »Du bist wohl auch auf dem Weg zum Parteitag der Grünen«, sagt sie lächelnd. Ich verstehe zunächst gar nichts. Wo ist denn hier ein Parteitag der Grünen? »Hier ist keiner, aber in Esseratsweiler bei Lindau, wenn du willst, nehm ich dich mit.« Was wäre schöner, als von dieser Frau nach Esseratsweiler gefahren zu werden! Aber da sind meine Prinzipien, und es dauert noch manche Tasse Kaffee, bis ich meinen ganzen Masochismus zusammengenommen habe, um Angelikas Angebot abzuschlagen. Da ich sie dennoch wiedersehen will, verabrede ich mich mit ihr in einer Woche auf dem Parteitag in Esseratsweiler, die knapp dreihundert Kilometer könnte ich in dieser Zeit schaffen, wenn ich mir, ganz gegen meine sonstigen Wandergewohnheiten, eine genaue Route zurechtlege. In ihrem Autoatlas sehe ich mir den Weg an und schreibe mir die Stationen auf: Marbach, Waiblingen, Plochingen, Dettingen, Lenningen, Münsingen, Uttenweiler, Giesenweiler, Gunzenweiler, Esseratsweiler – das ist leicht zu merken.

Gegen Mittag gehe ich los, erst den Neckar weiter flußaufwärts, biege am nächsten Morgen nach Westen, lasse Stuttgart rechts liegen, schaffe den Aufstieg zur Schwäbischen Alb bis zum Abend, bin zwei Tage drauf an der Donau, obwohl mich eine Bundeswehrstreife auf einem Übungsgelände nördlich von Münsingen festnimmt und einen ganzen Vormittag verhört, eile durch Oberschwaben, gönne mir keine Pause, lasse mich durch kein Gewitter und keine noch so imposante Barockkirche aufhalten, muß in Rötenbach aber etwas verweilen, weil Feldmann dort seine Jungfräulichkeit an eine läufige

Hündin verliert, die dann ausgerechnet noch einen Scheidenkrampf bekommt und meinen Begleiter und mich erst nach gut einer Stunde wieder laufenläßt. Ich schlafe dort, wo ich abends umfalle, ernähre mich von den reichlichen Früchten des Feldes, vor allem von Mais, Kartoffeln, Mohrrüben und Pflaumen, immer wieder Pflaumen, und bin pünktlich am 15. August mit bis zur Brandsohle heruntergelaufenen Schuhen in Esseratsweiler.

Tagungsort der Grünen ist ein komfortables Heim, das eine anthroposophische Gesellschaft zur Verfügung gestellt hat, mit Swimmingpool, holzgetäfelten Tagungsräumen und einem Heimleiter, der sich nur zu gern dazu überreden läßt, mich hier als Küchenhilfe zu engagieren. Schlafen kann ich in einem der vier großen Zelte auf der Wiese.

Angelika suche ich vergebens unter all den jungen Leuten in ihrer bequemen, meist eine Nummer zu großen Kluft, mit ihrer obligaten Atomkraft-Nein-Danke-Plakette und ihren städtisch geprägten Gesichtern. Einige sind aus München, Freiburg und Karlsruhe hergeradelt, einer sogar aus Bremen, aber aus Hamburg zu Fuß gekommen ist außer mir zum Glück niemand. Während in den folgenden Tagen die Delegierten versuchen, die ökologischen Schicksalsfragen der Bundesrepublik in den Griff zu bekommen, schneide ich eine Etage tiefer in der Küche Gemüse und rühre im Gries. Atommüll, Windkraft, Fischsterben, biodynamischer Landbau, Startbahn West, Pestizide – all dies interessiert mich jetzt herzlich wenig, wichtig ist mir nur: Wann kommt Angelika, und wer besohlt mir meine Schuhe?

Angelika ist überhaupt nicht mehr gekommen, und meine Schuhe gebe ich in Lindau bei Schuster Ober zur Reparatur. Einziges Problem dabei ist, daß ich für neue Sohlen und Absätze 28 Mark berappen soll. Wie kriege ich bis morgen nachmittag so viel Geld zusammen? Die Nacht verbringe ich in der Ausnüchterungszelle des Polizeireviers Lindau, die nüchtern nur schwer zu ertragen ist: ein feuchtes Kellerloch mit fünf harten Pritschen aus Spanplatten und einem brillenlosen Abort in der Ecke.
Am nächsten Morgen gehe ich, barfuß wie ich bin, erst einmal zum Arbeitsamt. Dort hat Herr Bottinger von der Arbeitsvermittlung nur ein Kopfschütteln für mich übrig. »Für achtundzwanzig Mark Arbeit?« fragt er zurück, nein, so etwas ist in Lindau nicht zu vergeben. Wenn ich bis zum Saisonschluß für achthundert Mark im Monat Teller waschen möchte, kann ich im »Gasthof Sünfzen« gleich anfangen, aber bis Ende Oktober will ich nicht bleiben. Herr Bottinger rät mir, mich ans Sozialamt zu wenden, Abteilung Nichtseßhaftenhilfe, und das Sozialamt, Abteilung Nichtseßhaftenhilfe, schickt mich mit drei Mark weiter zum evangelischen Pfarrer. Doch der ist im Urlaub, und sein katholischer Kollege hat nur Zweimarkfünfzig klein, obwohl ich es auch gern groß genommen hätte.
Mittags um zwölf stehe ich also da mit 5,50 DM. Mir fehlen noch 22,50 DM, und in vier Stunden sind meine Schuhe fertig. Was tun?
Am Hafen begegnet mir ein Mann im leicht angeschmuddelten Anzug, die nassen Haare streng nach hinten gekämmt, in jeder Hand eine Plastiktüte. Ein durstiger Berber, wie er im Buche steht. »Na, Freundchen«, spricht er mich an, »haste Probleme?« Ich klage ihm

mein Leid, das ihn aber nicht weiter rührt. Ohne Geld auf der Straße zu stehen ist für ihn graue Alltäglichkeit, aber zehn Jahre herumlaufen, ohne zu wissen wohin, haben Maxe, einen »Exil-Berliner«, gelehrt, was da zu tun ist. »Da mußte frech sein«, rät er mir, »ohne Frechheit kommste nich weiter, da kommste nur um.« Er fordert mich auf, ihn zu begleiten, ein paar Nachhilfestunden im Schmalmachen könnten mir nicht schaden.
»Schöne Frau, entschuldigen Sie die Störung«, spricht er ein Mütterchen an, das gerade mit einer Einkaufstasche über die Straße zockelt. »Wir sind zwei Wanderjesellen, ich bin schwerbehindert, und mein Kumpel is just gekündigt worden, würden Se so jütig sein und uns mit ein paar Mark zu einer Mahlzeit verhelfen?« Die Alte ist so verlegen wie ich. Maxe hat sie mit seinen hervortretenden Augen fest im Griff, und er läßt nicht locker, bis sie sich über ihre Einkaufstasche beugt und ein abgegriffenes Portemonnaie herausfingert. Zwei Markstücke wechseln den Besitzer. Mit einem »Jott verjelts« macht sich mein Lehrer mit mir davon.
Unser nächstes Opfer ist ein Touristenehepaar, das gerade aus einem Pforzheimer Volkswagen steigt. »Entschuldigen die Herrschaften bitte die Störung«, beginnt Maxe seine Bettelarie. Hilflos blicken sich die beiden an. Die Frau zieht am Ärmel ihres Mannes, sie will schnell weiter, er aber zögert. Die Geschichte mit der Schwerbehinderung und meiner Kündigung zeigt nicht volle Wirkung. Maxe stößt hartnäckig nach: »Unser Hund hat och Hunger, der is uns jerade zujelaufen.« Feldmann schaut treu zu uns hoch. »Der Hund kann ja nichts dafür«, sagt endlich der Mann zu seiner Frau und gibt jedem von uns eine Mark.

Selten, daß Maxe seine Opfer ungeschoren vorbeigehen läßt. Aber er sucht sich die Leute mit sicherem Instinkt sehr genau aus. Nur solche Menschen kommen in Frage, denen die Gutmütigkeit aus den Augen springt und die es selber nicht besonders dicke zu haben scheinen. Sie lassen sich leicht durch sein dreist-verbindliches Auftreten beeindrucken, wagen keine Widerworte, und hilflose Ausreden wie »ich habe gerade kein Geld dabei« läßt Maxe einfach nicht gelten. »Schaun Se doch bitte noch mal janz jenau nach«, sagt er höflich, aber bestimmt, und siehe da, in irgendeiner Tasche findet sich dann meist doch noch ein »Einer« (1,– DM), ein »Zwickel« (2,– DM) oder manchmal sogar ein »Heiermann«.

Nach knapp zwei Stunden teilen wir uns die Beute: 24 Mark durch zwei sind zwölf für jeden von uns plus ein halber Hering aus dem Fischgeschäft. Maxe reicht das für heute, mehr braucht er nicht für seinen Rotwein, und mehr als er täglich braucht, erbettelt er sich nie. »Ohne Druck kann ichs nun mal nicht«, sagt er.

Mir aber fehlen noch 10,50 DM. Hilflos sehe ich mich auf dem Bahnhof um. Frech sein, hatte Max mir geraten. Wen aber soll ich ansprechen, wer wird mir die Geschichte von der Kündigung glauben? Alle Menschen erscheinen mir plötzlich unnahbar, ihre abschätzigen Blicke schüchtern mich ein, jeder scheint zu wissen, weswegen ich hier bin. Nie war die Distanz zwischen mir und meiner Umwelt größer als jetzt. Mein Magen zieht sich zusammen wie ein vertrockneter Schwamm, und je länger ich zwischen dem Fahrkartenverkauf und der Gepäckaufgabe herumirre, desto verspannter werde ich. Mit dem Gefühl völliger Entkräftung verlasse ich den Bahnhof.

Auf der anderen Straßenseite ist das Hotel »Vier Jahreszeiten«, ein Ort, den Maxe wohl meiden würde. Taxis fahren vor, Portiers reißen die Schläge auf. Die Gäste, die hier ein und aus gehen, übersehen jemanden wie mich, der offensichtlich hier nicht hingehört. Ich will auch gar nicht bleiben, verhalte den Schritt nur einen Augenblick, spiele vielleicht dabei kurz mit dem Gedanken, wie es denn wäre, jetzt da oben in einem Bett zu liegen, umsorgt vom Personal, da schnürt Feldmann schon auf den Eingang zu, um unter dem schwarzen Lackmantel einer aufgetakelten Blondine ein Terrierhündchen zu beriechen. »Haben Sie keine Leine?« fragt sie mich mit Schweizer Akzent. »Die ist uns gestohlen worden, Madame«, antworte ich frech und plötzlich gänzlich ungeniert, »für eine neue fehlen uns zur Zeit die nötigen Märker.« Die Frau sieht mich etwas verdutzt an, so, als erwarte sie eine nähere Erklärung. Aber ich sage gar nichts mehr, lasse sie einfach hängen. Feldmann schnuppert interessiert an der Hündin, die es willig geschehen läßt. Endlich zieht die Frau einen Zehnfrankenschein aus ihrer Handtasche. »Für den Hund«, sagt sie mit mahnendem Unterton. Ich danke, bin wirklich dankbar und hätte ihr am liebsten einen charmanten Handkuß gegeben, um sie vollends zu verwirren. Auf der Wechselstube bekomme ich für den Schein 11,60 DM. Jetzt habe ich mehr, als ich brauche.
Mit frischbesohltem Schuhwerk und ehrlich erworbener Schokolade geht es jodelnd Richtung Osten, den Bergen entgegen. Zunächst aber muß ich eine nagelneue Autobahnschneise überwinden, was mir nicht weiter schwerfällt, denn mit Autobahnen lernt man umzugehen im Laufe einer Deutschlandwanderung. Dann quäle ich

mich gegen eine endlose Blechlawine die Serpentinen hoch, und als ich von den Autokolonnen sehr bald genug habe und querfeld in ein besonders idyllisches Tal laufe, begegnet mir eine Terrassensiedlung nach der anderen, willkürlich an die Hänge geklotzte Ungetüme, viele noch mit Baukränen gespickt. Je schöner die Täler, um so mehr Wunden entstellen die Landschaft, aus Bauern sind Grundstücksspekulanten geworden, aus Dörfern Ferienwohnstädte.

Doch nachts ist das Allgäu eine andere Welt, der magische Silbermond verzaubert das Land, unmöglich, jetzt ein Auge zuzubekommen. Der Schlafsack, in den ich mich unter einer Fichte schon verkrochen hatte, ist schnell wieder zusammengerollt, und auf geht's durch das nächtliche Land, direkt auf den bleichen, satten Vollmond zu, der über den schwarzen Bergzacken steht. Wie in Trance lasse ich mich in die fremde Welt der Nacht gleiten, ich schwebe über mehliggraue Weiden, auf denen schwarze Kuhleiber wie steinerne Statuen stehen, vorbei an Bauernhöfen, um die ich eine großen Bogen schlage, weil ich fürchte, Wachhunde könnten uns verbellen und die Menschen aus ihren Betten hochschrecken – ich will diese Nacht ganz für mich.

Im finsteren Wald am Ende einer leicht abfallenden Wiese wird mir der Wanderstab zum Blindenstock. Behutsam taste ich mich zwischen den Bäumen entlang, verlasse mich mehr auf den Geruchssinn und das Gehör als auf die weit aufgesperrten Augen. Ich rieche die kühle Feuchte eines Baches, höre sein dünnes Gurgeln, lange bevor ich ihn fahl das Mondlicht reflektieren sehe. Traumwandlerisch setze ich Schritt für Schritt auf dunklen Steinen über das Rinnsal. Feldmann dagegen wirft sich ungestüm ins Wasser und schießt aufgeregt durchs dickste Unterholz – dies ist seine Stunde, die Stunde des Wolfs.

Endlich ein Weg, der uns auf phosphoreszierendem Schotter in weiten Bögen zu Tal führt. Ein Verkehrsschild steht da wie ein Totempfahl. Roter Kreis auf weißem Grund, Durchfahrt verboten. Schaut man aber genau hin, ist hier das Rot nur gedacht, gespeichert von der täglichen Erfahrung; in dieser mondblassen Wirklichkeit ist es dunkelblau und viel größer als gewohnt. Verfremdet sind auch die Baumstümpfe eines gerodeten Waldstücks, die wie krüpplige Menschenleiber erscheinen, wie Frauengestalten ohne Unterleib, wie verwachsene Gnome, die sich in zähen, quälenden Verrenkungen in die kalte Erde graben. Aus den stummen Schonungen dicht am Weg greifen Hände mit dürren, spitzen Fingern nach uns, ein Käuzchen klagt schrill. Und dann steht da auf einmal am Ende des Waldstücks, direkt an der Straße ein Kasten, nicht größer als ein Kindersarg. Erst gehe ich schaudernd vorbei, dann drehe ich mich doch noch einmal um und betrachte mir das Ding aus der Nähe. Im Schein eines Streichholzes erkenne ich einen Adler mit Hammer und Sichel in den Krallen und lese: »Österreichische Bundespost«. Ich bin völlig verwirrt. Dem Stand des Mondes zufolge laufe ich eigentlich nach Osten, Österreich aber müßte im Süden liegen. Hat mich die Nacht verhext?

Bange taste ich mich weiter voran. Endlich ein Licht in der Ferne. Es tanzt mir im Rhythmus meiner Schritte entgegen. Hinter einer alten überdachten Brücke taucht ein weißgekalkter Bauernhof auf, vor dem Scheunentor parkende Autos mit österreichischen Nummernschil-

dern. Im Haus ist alles dunkel. Ein Stück weiter – wieder das Licht! Es ist hell, fast gleißend, und eine große, rotweiß-rote Fahne hängt schlaff am Mast. Die Grenze! Erleichtert trete ich in den Neonschein der Zollstation. Zwei Beamte, ein grüner deutscher, und ein brauner österreichischer, sitzen sich an einem Bürotisch gegenüber und blicken mich entgeistert an. Blitzschnell verschwinden zwei Weizenbiergläser von der Tischplatte. Morgens um drei scheinen die Herren gewöhnlich unter sich zu sein. Der Braune steht auf, tritt aus der Tür und fragt in dienstlichem Ton nach meinen Papieren. Ich schnalle den Rucksack auf und wühle meinen Ausweis hervor. Alles in Ordnung? »Woher, bitt schön, kommens, wohin wollens?« fragt der Beamte. »Wenn ich das bloß wüßte«, antworte ich ehrlich, »ich habe mich verlaufen, ich komme aus der Bundesrepublik und will auch wieder dorthin zurück.« Der Mann stutzt. »Wir sind auch eine Bundesrepublik«, belehrt er mich hochdeutsch, »Bundesrepublik Österreich, Land Vorarlberg.« »Ich will in die BRD«, konkretisiere ich, »Bundesrepublik Deutschland, Freistaat Bayern.« »Dann bitt schön, gehns nach nebenan«, sagt er und deutet mit der Linken zu seinem Kollegen.
Der Grüne hat sich schon mit seinen weißblauen Rauten auf der Schirmmütze in Stellung gebracht. »Zollkontrolle«, posaunt er in die Nacht. Ich gebe ihm meinen Ausweis. Er fordert mich auf zu warten. Nach einem kurzen Telefongespräch ist er aus seinem Büro zurück. Mit berufseigener Neugierde blickt er auf Feldmann und auf mein Gepäck. »Ist der Hund geimpft?« fragt er. Ich nicke. »Und was haben wir sonst noch dabei?« »Was man zum Wandern so braucht«, antworte ich knapp.

Dem Mann ist anzusehen, wie liebend gern er mich noch ein bißchen ausgefragt hätte, aber dann scheint er sich seines Bieres zu erinnern, das da unter dem Tisch langsam schal wird, und läßt uns laufen.
Die Sonne steht schon hoch, als ich mich schweißgebadet aus meinem Schlafsack pelle. Erleichtert stelle ich fest, daß der Himmel wieder blau, die Wälder grün, die Kühe braun und die Wiesen bunt sind. Gnome, Geister und Frauen ohne Unterleib sind längst schlafengegangen, die Nacht hat sich ausgespenstert. Dafür läuft der Touristenspuk wieder auf vollen Touren. Nur ein paar hundert Meter unter mir staut sich der Grenzverkehr, die Zollbeamten werden jetzt kaum Zeit finden, in Ruhe ihr Weizenbier zu trinken. Über mir aber thronen die Gipfel der Berge, erhaben, gelassen und vor allem: menschenleer. Ein steiler Pfad schlängelt sich hinauf.
Kurzatmig setze ich einen Fuß vor den anderen, während Feldmann den Gamsbock spielt und so übermütig den Hang hinauf- und hinunterspringt, als wollte er mir mal zeigen, wer hier die meisten Beine hat. Auf meinem Rücken dagegen lasten zwanzig Kilo, mit jedem Steigungsgrad wird der Rucksack schwerer. Und immer steiler geht es bergauf, immer häufiger bin ich auf allen vieren und greife nach Grasbüscheln, an denen ich mich aufwärtsziehen kann.
Als ich nach Stunden endlich oben bin, hat sich alle Mühe gelohnt: rundum stilles Alpenglück. 360 Grad Postkartenidylle. Norddeutscher Höhenrausch. Erleichtert schnalle ich mein Gepäck ab, ziehe mir die verschwitzten Sachen vom Leib und lasse mich vom frischen Bergwind trocknen. Schneebedeckte Majestäten im Rücken, scheint die Sicht nach Norden grenzenlos. Je

weiter ich schaue, desto flacher wird das Land, und wenn ich die Augen zusammenkneife, wird die Erdkrümmung sichtbar. Da hinten irgendwo, hinter dem Horizont, ist Hamburg.

Viel Zeit zur Selbstzufriedenheit läßt mir der Gipfel nicht. Dicke weiße Wolken schieben sich von Westen heran, und kaum daß ich wieder in meine Kleider gestiegen bin, haben sie uns auch schon verschluckt. Berge und Täler sind im Nu verschwunden, was bleibt, ist gerade mal die eigene Hand vor Augen. Kurzsichtig folge ich dem schmalen Grat über den Rücken des Berges. Aus den Tälern klingt schwach das Geläut der Kuhglocken. Irgendwann reißt der Nebel für Sekunden einen Spaltbreit auf, und ich entdecke unter mir, an den Hang geschmiegt, von Krüppelfichten halbverdeckt, ein Haus, eine Almhütte. Noch ehe ich Näheres erkennen kann, ist der Nebelvorhang wieder zugezogen, doch ich weiß die Richtung, eile im Zickzack über die steilen Gebirgsmatten hinab, bremse mal mit dem Wanderstock, mal mit dem Hintern die Schubkraft meines Rucksacks.

Nach kurzem Abstieg schiebt sich ein Hausgiebel wie ein Schiffsbug aus dem Dunst. Im Näherkommen erkenne ich neben einem Haufen Brennholz Schafe, Ziegen, Pferde und eine Kuh. Geduldig warten sie auf Einlaß. Und da öffnet sich auch schon die Stalltür, ein krauser Vollbart guckt heraus und ruft mit tiefem, grollendem Baß »Mausili« zur Kuh, »Mausili, du liebes Tierchen, kooom zu deim Sepp, s ist Zeit«. Den Menschen scheint dieser Sepp weniger zugetan. Als er mich sieht, zieht er zunächst einmal seine dichten Augenbrauen herunter, als wolle er hinter der eigenen Stirn in Deckung gehen. Ich sage meinen Spruch auf. Sepp sagt gar nichts, sondern massiert seinem Mausili das Euter. Stripp, strapp strullt die Milch aus den fleischigen Fäusten des Hirten in den Blecheimer, während die Kuh mit gleichmäßigem, ruhigem Mahlen ihr Futter wiederkäut. Zweimal hebt sie ihren braunweißen Schwanz, um es dunkelgrün auf den dunkelbraunen Holzfußboden pladdern zu lassen, dann ist der Eimer zu gut zwei Dritteln voll. Sepp ist bereit zur Antwort: »A paar Tag kannscht bleiben, wennd mitschaffst, n dritten Ma kenn mir scho brüchen.«

Der zweite Mann auf der Didleralm ist Leo, ein dreizehnjähriger Schulbub, der hier in den Sommerferien als Kleinhirte arbeitet. Ihm helfe ich gleich als erstes beim Holzhacken. »Bischt du a Schwob odr a Preiß?« fragt mich das Milchgesicht, die kalte Pfeife zwischen den Zähnen. Als ich, nach kurzem Zögern, »Preuße« antworte, scheint er erleichtert: »Die Schwob sind schlimmer als die Preiß.«

Abendbrot auf 1700 Meter Höhe: Gemeinsam löffeln wir Bratkartoffeln und Leberkäs aus der großen Eisenpfanne. Die Holzwände der kleinen Wohnküche hat der Ofenruß und Tabakqualm in Jahrzehnten schwarz gebeizt, ebenso den Heiland am Kreuz im Herrgottswinkel neben der Tür. Buntgestopfte Socken trocknen über dem glühenden Herd, und wie überall in der Hütte, hängen auch hier ein paar melonengroße Kuhglocken von den Deckenbalken, der prächtige Herdenschmuck für den festlichen Abtrieb im Herbst.

Auf 91 Stück Rindvieh haben die Hirten achtzugeben, neben den 30 Ziegen, 20 Schafen, der Milchkuh und den beiden Haflinger Pferden, auf deren Rücken einmal in der Woche Lebensmittel und zwei Kisten Bier aus dem

Tal heraufgeschafft werden, denn zur Didleralm, der höchsten weit und breit, ist es selbst dem Unimog des Bauern zu steil.
»Da droben auf der Alp hob i mei Ruh«, sagt Sepp, »da drobe kutt so schnell kuiner nauf.« Und wenn dann doch mal ein fußfester Bergwanderer vorbeikommt, knöpft er ihm zwei bis drei Mark für den Liter Milch ab, je nachdem, ob er Schwabe ist oder Preuße. Schon mit sechs Jahren hat der Hirte Ziegen gehütet, später Schafe, dann Kühe. Da dies nur ein Halbjahresjob ist, für 400 Mark monatlich, fährt er im Winter notgedrungen mit der Schneewalze an einem Skilift in Oberbayern die Pisten platt.
Ein gewittriges Himmelsgrollen unterbricht unser Gespräch. Sepp steht auf und stellt eine brennende Kerze in den kleinen Hausaltar, »s isch an altr Abrglaubn, obrs hilft scho«, sagt er, während er sich flüchtig bekreuzigt.
Das Gewitter poltert heran. Schweigend sitzen wir um den Tisch und nuckeln an unseren Pfeifen. »Isch die Akscht im Hus?« Der Kleinhirte nickt. Jedes Stück Metall im Freien zieht die Blitze an, werde ich belehrt. Und was ist mit dem Blechdach über uns? Noch ehe ich die Frage ausgesprochen habe, kommt von draußen die Antwort. Gleißendes Blitzlicht grellt durch die Fenster, und im selben Moment erschüttert ein trockener harter Knall so heftig die Hütte, daß im Herrgottswinkel das Kerzenlicht zu flackern beginnt. Dröhnend rollt der Donner zu Tal, und nun setzt auch der Regen ein, wie ein Wasserfall. Unterm Tisch drückt sich Feldmann an mein Bein. Ein Donnerschlag folgt dem anderen, die Erde scheint zu beben, kalte Asche staubt aus dem Ofen heraus, das

Unwetter ist nicht über uns, wir sind mittendrin, es ist, als krachten Bomben in unserer Hütte, als säße Wotan mit uns am Tisch. Aber zum Glück sitzt da auch Sepp und stopft seelenruhig seine Pfeife nach. »Bessr mir kriegets ab als s Vieh«, sagt er gelassen und schaut schlitzäugig durch das Fenster auf die nächtlichen Weiden, die von den Blitzen taghell erleuchtet werden. Lang und klagend muht die Kuh aus dem Stall neben uns. »Jo Mausili«, beruhigt sie der Hirte durch die Wand, »brauchscht di net fürchten, dei Sepp isch ja do, s isch olles guet.«

Schnell und heftig entlädt sich die Himmelsspannung, und nach einem letzten Staubregen aus dem Ofen ist der Bergfrieden wiederhergestellt. Sepp führt mich im Schein einer Petroleumlampe in meine Kammer unterm Dach, die vollgestopft ist mit eingestaubtem Krempel der Almwirtschaft: Kuhglocken, Käsrührern, Äxten, Sägen und einem altem Schleifstein.

Auf einem strohgepolsterten Lager mache ich mich lang. Die dunklen Holzbalken der Wände sind übersät mit eingeritzten Buchstaben und Jahreszahlen, die Initialen der Hirten, die hier schon mal gehütet haben. A. F. R. war die Sommer von 1945–49 hier, A. V. H. von 1970–73, und eine Rosel hat hier wohl auch mal ein Schäferstündchen verbracht. Im Fenster direkt über meinem Kopfende fehlt eine Scheibe, die notdürftig mit Plastik zugeflickt ist. Draußen schiebt sich der Mond schon wieder hinter den Wolken hervor. Er ist nicht mehr ganz so rund wie gestern nacht, aber sein Strahlen ist ungebrochen. Ich erkenne die beiden Haflinger, wie sie schimmelweiß mit ihren Fohlen aus dem Nadelholz heraustreten, in dem sie wohl Schutz gesucht hatten vor dem Regen. Dies ist bisher das behaglichste Nachtlager auf meiner Reise.

Der Tag beginnt früh auf der Didleralm. Nach kurzem Schlaf wie in Abrahams Schoß geht es mit einem Glas frischer Milch im Bauch zum Viehzählen. Fast täglich müssen die Hirten nachsehen, ob auch keines der Tiere abgestürzt oder in eines der vielen Wasserlöcher gefallen ist. Ich begleite den Kleinhirten auf seinem knochenharten Fünf-Stunden-Rundgang über steile Hänge und feuchtglatte Felsen, bergauf, bergab, bei dem wir auch Salzlecken austauschen, die elektrischen Zäune am Grat kontrollieren und nachschauen, ob die Batterien einwandfrei arbeiten. »Das Lebe im Berg isch des einzig guete«, erzählt mir Leo unterwegs, »da drobe hats nur ganze Mannsleut, drunten im Tal, das sind doch nur halbe Hansel.« Auf der Alm leben heißt für ihn frei sein, da darf er rauchen, bis ihm schlecht wird, und ins Bett geht es nie vor Mitternacht. Hirte würde er am liebsten sein ganzes Leben lang bleiben, doch der Vater, ein städtischer Beamter aus Sonthofen, hat's verboten. Möbeltischler soll er werden, »Handwerk hat goldenen Boden«, zitiert er seinen »Alten«, doch mit Hobel und Fuchsschwanz will Leo sein Lebtag nichts zu tun haben. Ihn interessieren seine 91 Kühe mehr, die er alle beim Namen kennt: das Weißhorn, die Scheckerte, das Gustl, die Bunte, die im letzten Jahr einen zehn Meter tiefen Sturz überlebt hat, und natürlich Fritz, den Stier, sein ganzer Stolz – schon am Klang ihrer Glocken kann er sie alle unterscheiden.

Der Kleinhirte ist aber auch groß in der Alpenbotanik. In Biologie hat er zwar nur einen Vierer, aber was da in den Bergwiesen blüht, das weiß er genau. Stolz zeigt er mir

»Preußen« den leuchtendblauen bayrischen Enzian, der so empfindlich ist, daß er schon nach leichter Berührung scheu seine Blüten schließt; den stacheligen Alpenmannstreu, der wohl eher aus Mangel an Gelegenheit nicht fremdgeht, ganz im Gegensatz zum Wilden Männlein, das die zottigen Blütenblätter wie einen Landsknechtshut verwegen gegen den steifen Wind hält; dann den kleinen Himmelsherold, wie er mit seinen zahllosen rotvioletten Blüten die Felsen polstert; die Hundszahnlilie, die sich zäh an einem steilen Hang festgebissen hat; die widerborstige Kratzdistel, vor der selbst das gefräßige Vieh Respekt zu haben scheint; traubenartige Steinschmückel werden mir präsentiert und fleischrotes Läusekraut, Drachenmaul und Teufelskralle, Mutterwurz und Mannesschild, Spinnwebhauswurz und Blasentragant – und nach fünf Stunden botanischer Exkursion haben die Wiesen in meinen Augen plötzlich ein völlig neues Gesicht, sind voller Poesie, wie die Namen ihrer Bewohner, sind voller Mäuler und Krallen und Zungen und Füße, voller Hüte und Helme und Schuhe und Schellen, voller Herolde, Männlein, Mütter und Mägde. Vor der Almhütte pflückt Leo mir noch ein Alpenveilchen, die einzige Blume, von der ich schon vorher gehört hatte, und sagt, ich soll sie pressen und immer bei mir tragen, das sei gut »gegens Reißen im Altr«.
In der Almhütte steht die Pfanne mit Bratkartoffeln und Leberkäs schon auf dem Herd, der Almspeiseplan kennt so wenig Abwechslung wie der Tageslauf der Hirten. Nach Tisch geht es zum Holzhacken, am Abend läßt das nächste Gewitter die Wände erzittern, und am nächsten Morgen zähle ich mit Leo wieder bis 91.
So gehen die Tage in den Bergen gleichförmig dahin,

ohne eine Sekunde langweilig zu sein. Ich spüre Ruhe in mir einkehren, beobachte vor jedem Einschlafen durch mein Bettfenster, wie der Vollmond langsam zur Sichel abmagert, ich lerne Blumen erkennen und die Scheckerte von der Gustl unterscheiden, doch als an einem Morgen die Wiesen ums Haus weiß erstarrt unter einer klirrenden Rauhreifdecke liegen, da weiß ich, daß es Zeit für mich ist.

Mit einer dicken Scheibe Leberkäs im Rucksack und frischer Milch vom Mausili in der Feldflasche verlasse ich meine Arche. Fast hatten wir drei Männer uns aneinander gewöhnt in der Woche, die ich dort oben zu Gast war. Der menschenscheue Sepp war mit der Zeit zu mir fast zutraulich geworden, hatte mir zerknitterte Fotos gezeigt von seinen verstorbenen Eltern und sich von mir gar im Bett fotografieren lassen.

Die Didleralm war der Scheitelpunkt meiner Reise, nun geht es in nordöstlicher Richtung auf München zu. Bis Sonthofen komme ich noch an einem halben Dutzend Almen vorbei, scheußliche Touristenattraktionen zumeist, mit kleinen Biergärten hinterm Misthaufen und Speisekarten an der Stalltür. Die Preise steigen, je tiefer es geht: Kostet die Brotzeit in der Simatsgrundalm auf 1300 Meter noch 5,60 DM, so muß der Gast der 300 Meter abwärts liegenden Mittelbergalm unter verregneten Langnese-Sonnenschirmen schon sechs Mark bezahlen. Am Wirtshaus »Almagmach« steht gar ein geldgieriger Wegelagerer hinter einer Schranke und kassiert pro PKW fünf Mark Straßenbenutzungsgebühr, denn dieses Landschaftsschutzgebiet gehört dem Fürsten von Zeil aus Isny. Fußgänger läßt Seine geschäftstüchtige Durchlaucht großzügigerweise gratis passieren.

Um Übernachtungsquartiere brauche ich mir im Voralpenland keine Sorgen zu machen, auf jeder Weide steht ein Heustadl, und auch zu essen gibt es reichlich. Im Vorübergehen ernte ich mir meine Gemüsesuppen zusammen, als Nachtisch gibt es mal Äpfel, mal Pflaumen, die Birnen sind leider noch nicht soweit. Jetzt ist Hochzeit für den Vagabunden. Bin ich die vegetarische Kost mal leid und steht mir der Appetit etwa nach Weißwürsteln mit Sauerkraut, so ist auch das zu haben, denn ich bin hier in Bayern. In jedem kleinen Ort, der sich ein Fremdenverkehrsamt leistet oder gar ein Rathaus, gibt es an der Kasse einen »Brotzeitgutschein für Durchwanderer« im Wert von drei bis fünf Mark, einige Gemeinden geben sogar Bargeld. Ob in Wertach, Bernbeuren, Burggen oder Rott, überall gilt nach wie vor eine alte Verordnung aus jener Zeit, da es noch zünftig war, als Wandergeselle durch die Lande zu ziehen. Segensreiche bayerische Rückständigkeit.
Und in kaum einer Amtsstube werde ich schief angeschaut, wie ich das im Norden oft genug erlebt habe. Sachlich, als ginge es um die Verlängerung meines Personalausweises, stellen mir die Büroangestellten in korrekter Pflichterfüllung meinen Berechtigungsschein aus, machen ein Kreuz hinter die Rubrik »mittellos«, lassen mich unterschreiben und schicken mich zur Kasse.
Auch nach Büroschluß und an Feiertagen ist der Tippelbruder in Bayern nicht so aufgeschmissen wie in nördlichen Bundesländern, denn – zum Glück – der Freistaat ist katholisch. Irgendwo läßt sich immer ein konfessionelles Krankenhaus oder Altenheim finden, ein Hospiz oder eine Wallfahrtskirche, irgendwo bekommt man immer etwas zu essen. »Do is a Ormer, der hat a

höllischen Hunger«, heißt es dann etwa im Altenheim der Vincentinerinnen zu Nesselwang, und schon macht die Oberschwester Nudeln warm, obwohl die Küche längst geschlossen ist.

Als ich in Andechs am Ammersee das Hinweisschild »Zum Kloster« entdecke, muß ich natürlich sofort an meine Erfahrungen in Marienstatt denken, habe gleich den Geschmack von Heilbutt und Götterspeise auf der Zunge, und ich erinnere mich an den freundlichen Frater Ambrosius, der die gute alte Ordensregel der Zisterzienser zitiert hatte: »Kommt ein Wanderer des Wegs, so beherberge ihn wie den Heiland selbst.« Entsprechend hoffnungsvoll läute ich an der Pforte. Ein Mann hinter Fensterglas drückt den Summer. Er trägt Schlips und Kragen, ist also kein Geistlicher. Ich sage, wer ich bin und bitte darum, mit einem Bruder sprechen zu können. »Um was dreht es sich denn?« Vage umschreibe ich meine Lage, rede von meinem leeren Magen und der Nacht, die regnerisch zu werden droht. »Ja, wissen Sie«, sagt der Portier etwas unruhig geworden, »das ist im Augenblick ganz schlecht, wir haben hier wenig Platz, und ohne den Abt darf ich hier keinen Fremden hereinlassen, und der Abt ist leider nicht da, der ist in Amerika.«

So schnell lasse ich mich nicht abspeisen. Da der Mann ein Laie ist, nehme ich an, daß er mit den Ordensregeln nicht vertraut ist, und beharre darauf, mit einem Vertreter des Klosters sprechen zu dürfen. Daß alle Brüder gerade beim Gebet sind – die Vesper müßte jetzt fällig sein –, ändert nichts an meinem Entschluß. Geduldig setze ich mich auf meinen Rucksack, streichle Feldmann und warte.

Ein helles Glöckchen kündet vom Ende des Gottesdienstes. Durch die Scheibe sehe ich den Pförtner zum Telefonhörer greifen. Aus seinen Gesichtszügen läßt sich schließen, daß er nichts Gutes zu berichten hat. Auch was er zu hören bekommt, ist augenscheinlich unangenehm. Drei Telefongespräche dieser Art müssen geführt werden, bis endlich eine Tür aufgeht und ein dicker Mönch mit Vollmondgesicht energischen Schrittes auf mich zukommt. Ohne Begrüßung, ohne »Grüß Gott«, poltert er gleich pausbäckig los: »Von euch Gammlern haben wir genug. Fressen und saufen, das könnt ihr, wir sind doch kein Samariterhotel, außerdem ist die Küche schon zu.« Heiliger Bimbam! Hat dieser Priester seine Ordensregeln vergessen, das Gebot der Gastfreundschaft und Nächstenliebe? Woher weiß er denn so genau, daß ich ein schnorrender Gammler bin und nicht vielleicht ein wirklich Notleidender? Nach einem »Sieh zu, daß du fortkommst« hat sich der Dicke schon wieder abgewandt und will sich gerade durch die Tür zwängen, da fasse ich mir ein Herz. Kleinlaut, aber eben noch laut genug, sage ich: »Und was ist, wenn ich nun der Heiland bin?« Der Satz sitzt. Betroffen hält der Mönch in seiner Bewegung inne. Langsam dreht er sich wieder um, sein Vollmond ist glutrot. Wut, Scham, Verlegenheit – von jedem etwas steht ihm im Gesicht. Ich weiß, daß dieser Bruder heute nacht schlecht schläft. Vielleicht wird ihm der Heiland erscheinen mit Rucksack und Hund, und er wird ihn fragen: »Bruder, Bruder, warum hast du mich verraten?« Betreten greift er in die Falten seiner Soutane, die bei ihm eher wie ein Umstandskleid ausfällt, und zieht einen Zehnmarkschein hervor. »Nehmens und gehens«, sagt er hastig und verdrückt sich geschwind.

Im Kloster-Bräustübl, gleich nebenan, höre ich nach zwei Maß Bier die Englein singen.

»Ich bin der Sohn der Baronin Gersdorff«, sage ich, und der Hausmeister muß dreimal hinsehen, bis er mich erkennt. »Sie haben sich aber verändert, Herr Baron«, antwortet er. »Ich war in letzter Zeit viel unterwegs«, erkläre ich. »Ach so.« Endlich gibt er mir die Schlüssel zur Wohnung meiner Mutter.
Wenig später liege ich in ihrem Bett. Es ist frisch bezogen, aber ihr Geruch ist präsent. Ihr Parfüm, ihre Haut, ihr Haar – mir ist, als läge sie neben mir, und mir ist nicht wohl dabei. Hätte ich lieber doch nicht herkommen sollen, von Hamburg, zu Fuß ins Bett meiner Mutter? Dabei wäre die Baronin bestimmt stolz auf ihren Kronsohn, wenn sie's wüßte, da oben auf Sylt, wo sie sich jetzt vermutlich braunbrennen läßt, so wie früher am Wannsee in Berlin, als sie noch Frau Holzach war und ich keine zehn Jahre alt. Damals lief ich am Badestrand immer ein paar Schritte hinter ihr her und zählte die Männer, die sich nach ihr umschauten. Ich konnte stolz sein auf meine Mutter, doch konnte sie damals auch stolz sein auf mich? Ich war ihr einziger Sohn, eigentlich ihr einziges Kind, denn meine Schwester lebte bei meinem Vater in Karlsruhe – so hatten es die Eltern im Scheidungsvertrag festgeschrieben. Also war ich auch der Mann im Hause Holzach, Berlin-Wilmersdorf, Markobrunnerstraße 1. Besucher machten mich krank vor Eifersucht, sie waren viel größer als ich, viel stärker, sie waren richtige Männer! Ich aber machte ins Bett, wenn sie zu spät von einer Party nach Hause kam, ich traute mich nicht einmal, im KaDeWe Rolltreppe zu fahren,

weil ich Angst hatte, ich trete zwischen die Stufen, stolpere und falle hinunter. »Schlappschwanz« nannte mich meine Mutter deshalb, ganz laut, vor allen Leuten: »Nun komm schon, du Schlappschwanz!«
Ich schlafe schlecht im Bett meiner Mutter. Im ersten Morgenlicht erkenne ich mein Bild über mir am Fußende des Bettes. »Mein geliebter Mischiputz«, so nannte sie mich zu der Zeit, als ich für diese Zeichnung Modell saß, artig, still, die eine Hand über der anderen. Aber die Rolltreppen im Kaufhaus waren Foltermaschinen, Abgründe oder Steilwände, je nachdem, ob sie abwärts oder aufwärts fuhren. Heute könnte sie mich nicht mehr Schlappschwanz nennen, zu Fuß einmal durch Deutschland, das soll mir erst mal einer ihrer Männer nachmachen.
Ich greife zum Telefon auf dem Nachttisch und rufe die Auskunft der Bundesbahn an, um die Abfahrtszeit des nächsten Zuges nach Hamburg zu erfragen. Der Intercity »Ernst Barlach« verläßt München in drei Stunden, Abfahrt 9.30 Uhr, Ankunft 17.10 Uhr.

VI

Abends wieder in Hamburg. Freda bringt mir eine Tasse heißen Kamillentee ans Bett. Ich habe hohes Fieber, 39,5. Alles tut mir weh, Kopfschmerzen, Rückenschmerzen, die Füße sind wundgelaufen, und Feldmann liegt zum Skelett abgemagert unter meinem Schreibtisch.
Der Rückweg von München nach Hamburg hat sich endlos hingezogen, aus acht Stunden sind neun Wochen geworden, beschwerliche Wochen, kalte Wochen. Inzwischen ist es November, und draußen liegt der erste Schnee.
Im Bett meiner Mutter durfte die Wanderung denn doch nicht enden, das konnte ich weder ihr noch mir zugestehen, dieses Ziel, es durfte nur Etappe sein, Durchgangsstation wie Holzminden, Bochum, Bergisch-Gladbach und Heppenheim, das Laufen konnte nur dort zu Ende gehen, wo es angefangen hatte: in *meinem* Bett in Hamburg. Mit diesen Gedanken im Kopf lief ich am Münchener Hauptbahnhof vorbei, ließ den Intercity »Ernst Barlach« ohne mich fahren und war am Abend nicht in Hamburg, sondern in Dachau.
»KZ« – das Wort ist ein Tabu in dieser Stadt. Bauer Ludl schüttelte heftig den Kopf. »Des woa kei KZ«, belehrte er mich, als ich ihn nach dem Weg fragte, »des wo a ganz normals Gfängnis wies viele gibt auf dr Welt.« Er muß es wissen, er wohnt ja direkt an der Straße zum Lager, jeden Morgen waren die Gefangenen in Hunderterko-

lonnen an ihm vorbeigekommen, um im Moor zu arbeiten. Dabei hatte er sie sich genau angesehen: »Des woan meist Kriminelle, Zigeiner, Homosexuelle und so a Zeig, ka ehrlichs Gsicht woa a net drunter.« Auch im KZ selbst hatte Ludl dann nur das gesehen, was er sehen wollte, wenn er jeden Monat dort in der Lagerküche seine Schweinehälften ablieferte. Sein Eindruck: »Die Kich, die hättest sehn solln, blitzblank, sog i dir, da hättst vom Fußboden essn kenne.« Und die dreißigtausend Toten? »Normale Sterbefälle – Typhus, Altersschwäche, umgebracht is kaner woan, das sind olles Märchen.« Nach dem Krieg war er nie wieder im Lager, von ihm aus könnten sie die Gedenkstätte niederreißen und umpflügen. »Ist doch schad um des guete Land.«

Vor dem Lager ein überfüllter Parkplatz, die meisten Autos mit ausländischen Kennzeichen. »Besuchen Sie das Dachauer Schloß«, bittet ein Schild vergeblich die fremden Besucher. Tausendzweihundert Jahre Stadtgeschichte sind ausgelöscht von zwölf bösen Jahren. Ein Pfarrer erzählte mir, daß manches Mitglied der Gemeinde sein Auto lieber in München oder Freising anmeldet, um nicht mit dem verruchten DAH-Nummernschild im Ausland schief angesehen zu werden. Mütter ziehen es vor, in München zu entbinden, damit das Wort »Dachau« nicht wie ein Kainsmal in der Geburtsurkunde des Neugeborenen steht. »Die Leute schämen sich ihrer eigenen Heimat«, sagte der Pfarrer, »sie müssen stellvertretend Buße tun für die Schuld einer ganzen Nation.«

Im Krematorium blitzten die Kameras. Eine Gruppe junger Amerikaner posierte lächelnd vor den Verbrennungsöfen. Nach dem Hofbräuhaus und der Frauenkirche nun das KZ. »Johnny was here«, steht an der Wand

der Gaskammer neben Dutzenden anderer Schmierereien, eine in Hebräisch. Zweimal im Jahr muß der Raum frisch geweißt werden, trotz des dreisprachigen Hinweises: »Bitte die Wände nicht beschmutzen«.
Aber was rege ich mich über die KZ-Touristen auf, ich war ja selber einer. Was hatte ich ausgerechnet jetzt in einem KZ zu suchen, das ich zudem schon oft besichtigt hatte? Vielleicht war es der immer wieder vergeblich unternommene Versuch, die Zahlenkolonnen irgendwie fassen zu können, die mir in der Schule fünfstellig, sechsstellig, siebenstellig lehrplangemäß vorgesetzt worden waren. Vielleicht war es der immer wieder vergeblich unternommene Versuch, endlich das Unfaßbare zu begreifen. Aber das Unbegreifliche, es ließ sich nicht fassen, früher nicht und auch diesmal nicht, weil die hier ausgestellten Überreste des Grauens mir viel zu nüchtern, viel zu gegenständlich erschienen, um eine lebendige Verbindung zu dem herstellen zu können, was hier einmal geschah.

Hinter Pfaffenhofen gepfähltes Land. Die Hopfenernte ging ihrem Ende zu, als wir die Holledau durchquerten. Die letzten Felder mit den baumhohen, süßlich duftenden Lianengewächsen wurden gerade abgeerntet, übermüdete Helfer, von der wochenlangen Arbeit erschöpft, zogen ihre vollen Wagen heim. In den Dörfern heulten noch die Zupfmaschinen, deren mächtige Gebläse die kleingehäckselten Pflanzen zu grünen Bergen hinter die Scheunen bliesen. Was übrigblieb, war die stumme Monotonie einer entlaubten Hügellandschaft, durch deren nackte Telegrafenmastwälder gerade eine Feuersbrunst getobt zu sein schien.

In Eichstätt traf ich Fred, den Zimmermann aus Hamburg. Nach einer lausigen Nacht in der Obdachlosenherberge des Kapuzinerklosters, wo ich mir mit fünf Tippelbrüdern ein Matratzenlager aus vier zusammengeschobenen Betten hatte teilen müssen, wollte ich gerade die Stadt verlassen, hatte im Hospiz der Englischen Schwestern noch schnell mein Armenmittag zu mir genommen (Graupensuppe, Nieren mit zwei Semmeln), hatte beim Pförtner des Priesterseminars eine Mark Beihilfe sowie beim Bischofsamt eine Tafel Schokolade kassiert, und nun sollte es weitergehen nach Norden, ins Frankenland. Aber dann sah ich einen kleinen, braungebrannten Mann unterm wagenradbreiten Hut, in derber, schwarzer Cordweste überm weißen Hemd mit nach innen geschlagenem Kragen, in weiten Latzhosen, soliden Schuhen, den Zimmermannsbeutel lässig über der Schulter, den Knotenstock fest in der Faust – so hatte er sich mitten auf dem Marktplatz aufgestellt wie ein fleischgewordenes Denkmal des guten alten deutschen Handwerks. »Wohin des Wegs, Kamerad?« fragte mich markig der Mann, und als ich antwortete, ich wolle nach Hamburg, da lachte er so breit, daß ich alle seine vier Zähne zählen konnte. »Da muß ich auch hin, meiner Mutter soll es nicht gutgehen, die wohnt in St. Georg.«
An der Imbißstube spendierte mir der Zimmermann großzügig ein Bier. »Wenn du Lust hast, walzen wir zusammen«, sagte er, »kannst was lernen bei mir, bist doch ein Linkmichel, so was seh ich gleich beim ersten Hinkieken.« Ein Linkmichel, also einer, der gerade seine ersten Gehversuche auf der Landstraße macht, wer ist das nicht im Vergleich zu Fred Eisfeld, dem »Fürsten der

Straße«, wie er sich selbst gern nennt, der seit achtundzwanzig Jahren auf der Wanderschaft ist, der schon »überall« war, der »die Fremde kennt wie andere Leute nicht mal ihr Bett«.
Ich war gespannt auf die Welt, die mir Fürst Eisfeld zu zeigen versprach, und wurde erst einmal kräftig enttäuscht, denn zunächst ging er mit mir ins Kino. Feldmann zwischen den Beinen, unser Gepäck auf den leeren Sitzen neben uns, sahen wir zu, wie John Wayne in der »Schlacht um Midway« den Helden spielte.
Aber noch bevor das Gemetzel richtig in Gang kam und die Japaner in ihren brennenden Jagdfliegern vom Himmel fielen wie die Fliegen, war Fred an meiner Seite fest eingeschlafen. Keine Bombenangriffe konnten ihn aus der Ruhe bringen, friedlich schnarchte er gegen die Maschinengewehrsalven an und wachte nicht wieder auf, bis der Vorhang gefallen war.
Wortlos verließen wir das Kino. Draußen brannten schon die Straßenlaternen. Wohin jetzt? In die Pennerherberge der Mönche? Fred spielte den Entrüsteten: »Ich mach mich doch nicht mit dem Gesindel gleich«, sagte er, »wir Zimmermannsleute sind ehrbare Leute.« Also schlugen wir unser Nachtlager standesgemäß direkt gegenüber dem fürstlichen Sitz des Bischofs in einem schönen kleinen Park auf. Neben uns stand eine hohe Säule, von deren Spitze die heilige Maria milde auf uns herabblickte. Fred schnürte sein Bündel, den »Charlottenburger«, auf und legte Säge, Winkeleisen, Wasserwaage, Zollstock, Hammer, Zange, Rasierapparat, Ersatzklingen, Seife, zwei Flaschen Bier und ein Päckchen Tabak – kurz sein ganzes Hab und Gut neben sich und seinen griffbereiten Knotenstock, die »Stenze«, und kroch, so

wie er war, den Hut noch auf dem Kopf, in seine zahlreichen Decken.

Während er sich, auf den Ellbogen gestützt, eine Zigarette drehte, begann er mit seiner rauhen Stimme von achtundzwanzig Jahren Wanderschaft zu erzählen. »Als ich vor langer Zeit mal nach Afrika kam«, begann der Zimmermann, »da gab es noch kaum Weiße in Aberdajan, einer großen Stadt an der Küste. Dort hab ich für das erste Hotel den Dachstuhl gezimmert, und ich sage dir, bei fünfzig Grad in praller Sonne ist das n schwerer Job.« Der Häuptling vom Stamme der »Talim« war von Freds Arbeit dann so begeistert, daß er ihm seine eigene Tochter zur Frau geben wollte. »Noch heute schreibt er mir Postkarten, ich könnte da jederzeit wieder hin, aber in meinem Alter vertrag ich die Hitze nicht mehr.«

Heiß war es auch in Australien. Durch endlose Wüsten ist er gezogen mit Säge, Winkeleisen und Wasserwaage, hat nur von Kaktusfleisch gelebt, denn die Ureinwohner konnten ihn nicht gebrauchen. »Australien«, warnte mich Fred, »Australien kannste vergessen!« Mit Indien dagegen hat Fred gute Erfahrungen gemacht. Er war dort im Tempelbau beschäftigt, und eine Brücke über den Ganges ist auch von ihm. »Die Leute sind zwar sehr gutmütig dort, doch vor den Löwen mußt du dich in acht nehmen, vor allem, wenn du nachts im Freien schläfst.«

Na, und dann Rußland: »Ein großes Land, ein riesiges Land, mit riesigen Wäldern, riesigen Seen und reich! Speck ist da für dich in jedem Bauernhaus, als Fremder stehn dir alle Türen offen, die Leute geben, was sie haben.« Grenzprobleme sind Fred Eisfeld fremd. Mit seinem Wanderbuch und dem Zunftausweis kommt er überall durch. Dieses Wanderbuch ist ein zweckentfremdetes Vokabelheft. Jeder Handwerksmeister, der Fred unterwegs beschäftigt hat, drückt dort seinen Firmenstempel hinein und quittiert, daß der Zimmermann mal für 100, mal für 200 Mark bei ihm gearbeitet hat. Aber auch weibliche Reisebekanntschaften bestätigen dort, wie gut Fred zu ihnen war, mit Paßbild und Unterschrift. »Wir Wandergesellen kommen gut an bei den Frauen«, wußte Fred, »uns kennt keiner im Dorf, und morgen schon sind wir wieder weg, das zieht besser als blanke Zähne und ein voller Geldsack.« So erzählte er bis in die tiefe Nacht eine wirre, unglaubliche, verrückte Geschichte nach der anderen, von denen kein einziges Wort gelogen war, weil sie alle die Welt des Fred Eisfeld wahrheitsgetreu widerspiegelten.

Am frühen Morgen ging es aus der Stadt. So um die achtzig bis neunzig Kilometer würde er an einem Tag zurücklegen, hatte Fred noch am Abend verkündet, durch Australien sei er in 14 Tagen gegangen. Nun war Eichstätt noch in Sichtweite, da mußte der Wandergeselle bereits die erste Pause einlegen, um sich »eine zu drehen«. Aus einer wurden drei, Fred schien keine besondere Eile mehr zu haben mit seiner kranken Mutter. Auch war es ihm ziemlich gleichgültig, in welche Richtung er ging, »irgendwie kommen wir schon an«, sagte er aus 28jähriger Wandererfahrung, »irgendwo ist immer was zu holen«.

Bis wir nach knapp fünf Kilometern das erste Dorf erreichten, wurde es Mittag. Erneute Zigarettenpause im Schatten der Kirchlinde. Fred stand der Schweiß auf der Stirn, die schwere, schwarze Zunftkleidung heizte ihm ordentlich ein, aber er war nicht bereit, den Schlips zu lockern, das wäre gegen seine »Zimmermannsehre« gegangen – nicht zufällig heißt der schwarze Binder, in dem eine Messingnadel mit den Symbolen des Zimmerhandwerks steckt, im Zunftjargon die »Ehrbarkeit«. Gegenüber der Kirche wurde gebaut. »Ich rieche da was«, sagte Fred und faßte sich an die Nase, »da drüben ist was zu holen, halt du dich im Hintergrund, ich mach das schon.« Dies war seine Stunde. Auf der Baustelle turnten wir mit vollem Gepäck über eine Leiter zu den Zimmerleuten, die gerade an der Dachkonstruktion arbeiteten. Fred wußte sofort, an wen er sich zu wenden hatte: »Mit Gunst und Verlaub – hoch lebe die ehrbare Zimmerei – Bau, Holz und Ehre!« Mit einem Schlag war das Klopfen der Hämmer verstummt. Die Männer fielen aus allen Wolken und staunten uns an, als seien da zwei Burschen direkt aus dem Deutschen Museum in München entlaufen. Selbstsicher wie ein Heldenbariton holte Fred Atem zum nächsten Satz: »Liebe Brüder! Es erscheint hier ein fremdgeschriebener Zimmermann mit seinem Gehilfen. Wir sind auf Fußpaketen zünftig unterwegs durch die runde Welt zur Ehre und Preis des Handwerks.« Den Männern vom Bau hatte es die Sprache verschlagen. Fred schien nichts anderes erwartet zu haben. Ruhig wandte er sich an einen Mann mit schwarzem Mecki. »Lieber Meister, wir erbitten nach altem Handwerksbrauch eine rechtschaffene Arbeit, da uns der Gulden ausgeht. Laß uns nicht sacken, denn das Wochenende steht vor der Tür. Mir macht das weniger, aber ich habe einen jungen Wandergesellen aufgenommen, als Lehrling und Handlanger, und da ich sorgen muß für ihn, daß er nicht darbt, nicht hungert und durstet, bitt ich Euch, jag uns nicht davon mit leerem Sack. Wir

nehmen jede Arbeit an, auch wenns mit der Schaufel ist. Gott gelobe das ewige Handwerk.«
Freds bühnenreifer Vortrag verfehlte seine Wirkung nicht. Der Meister brauchte etwas Zeit, bis er sich wieder gefaßt hatte. Geschickt nutzte Fred sein kurzes Zögern und reichte ihm das illustre Wanderbuch. »Ja so«, staunte der Chef mit leichtem Kopfschütteln und blätterte durch die vielen Stempel und Paßfotos. Gelassen drehte sich Fred eine Zigarette. Sein Lächeln zeigte mir, daß wir hier »mit leerem Sack« sicher nicht würden davonziehen müssen. Zimmermannsarbeit sei für uns zwar keine da, sagte der Meister nach der flüchtigen Lektüre des Vokabelhefts, aber die Betoneinschalungen müßten auseinandergeschraubt und gestapelt werden. »Alsdann, frischauf ans Werk«, triumphierte Fred Eisfeld, spuckte in die Hände und lockerte seine »Ehrbarkeit« nun doch ein wenig.
Während einer der vielen Zigarettenpausen verriet mir Fred, was geschehe, wenn ihm ein Meister beim Vorsprechen einen Korb gibt. »Sie lassen uns ziehen, wie wir gekommen«, lautet dann der fällige Spruch, »also schreib ich drei Kreuze, und dies Haus wird sein ein Fraß der Käuze. Auf Nimmerwiedersehen.« Keins der Häuser steht noch, vor die Fred seine Kreuze gemacht hat, »entweder es trifft sie der Blitz, oder es bricht ein Feuer aus, oder es fällt einfach in sich zusammen«. Aber solche Fälle sind selten, denn der Zimmermann arbeitet mit »Hypnose – ich treib den Leuten mein Anliegen ins Hirn«.
War dieser Fred Eisfeld ein Träumer, ein Narr, ein armer Irrer? Von all den vielen Geschichten, die er mir während der sieben Tage unserer gemeinsamen Wanderschaft er-

zählte, hab ich nur eine geglaubt, nämlich die von seiner Frau, der er vor dreißig Jahren das Jawort gegeben hatte, damals war er noch Schiffszimmermann bei Blohm & Voß in Hamburg. Jeden Morgen hatte er die U-Bahn von St. Georg zum Hafen genommen, jede Woche hatte er für eine Mark im Lotto gespielt, und auf dem Rummel, dem Hamburger Dom, hatte er am liebsten gebrannte Mandeln gegessen. Doch dann, nach zwei Jahren Ehe, kam das große Unglück, die Frau starb, und Fred war nach der Beerdigung nicht mehr nach Hause gegangen, »da hatte ich doch nichts mehr verloren«, sondern über die Elbbrücken.

Achtundzwanzig Jahre ist das nun her, und seit achtundzwanzig Jahren hat sich an seiner Lage nichts geändert. Die kranke Mutter, von der er mir am ersten Tag erzählte, war am nächsten Tage schon lange tot, nun wollte er seinem besten Freund in der Heide beim Schafehüten helfen, und irgendwann fragte er sich sogar, ob es nicht doch am besten wäre, wenn er in Aberdajan die Häuptlingstochter heiratete. Fred wußte ganz und gar nicht wohin, er hatte täglich neue Ausflüchte, er ging, weil er gehen mußte, weil es ihn umtrieb, er lief vor sich selbst weg, der »Fürst der Straße« war sein eigener Knecht, die große Freiheit ein grenzenloses Gefängnis.

Dies war Freds Lage, von der er aber nichts wissen wollte. Weltfremd geworden, verkleidete er sich in die museale Tracht des zünftigen Handwerksburschen, sprach von Gulden und Geldsack, von Fußpaketen und Zimmermannsehre, und bei alledem war er froh, wenn es nach zwei Tagen Aushilfsarbeit am Bau, auf dem Acker oder in der Tischlerei mit ein paar Scheinen weiterging ins nächste Dorf.

Aus der gemeinsamen Wanderung nach Hamburg wurde nichts. Noch vor Weißenburg war es soweit. Eines Morgens erwachte ich, und der Zimmermann war verschwunden, nur ein paar Zigarettenstummel lagen herum.
Am Abend zuvor hatte es Streit zwischen uns gegeben. Vor einem Gasthof standen zwei große Busse aus Köln, und Fred witterte seine Chance. Was nun kommen sollte, war mir aus der gemeinsamen Wegerfahrung mit dem Fürsten klar: rein in die Gaststube, dreimal mit dem Wanderstock auf die Erde geschlagen, warten bis absolute Ruhe herrscht, dann der Spruch: »Mit Gunst, Glück herein! Gott ehre das ehrbare Handwerk! Ein reisender Zimmermann und sein Gehilfe drückt der leere Magen...« Dann kreist der breite Zimmermannshut, Münzen klimpern wie bei der Kollekte, hat der erste was gegeben, so geben alle, »fix bedankt«, und für die nächsten zwei Tage war das Leben wieder gesichert.
Doch es kam ganz anders. In dem Moment, als wir den Gastraum betraten, standen die Kölner Reisenden auf und verließen mit großem Alaaf die Wirtschaft. Fred war die Schau gestohlen. Wütend beschuldigte er mich, daß ich ihm die Kundschaft vergrault hätte. Mit meinen ungekämmten Haaren, meiner geflickten Lederjacke, meinen schmutzigen Hosen sähe ich aus wie ein Indianer, behauptete er, und Indianer paßten nun mal nicht an die Seite des »ehrbaren Handwerksburschen«.
Auch ohne dieses Pech im Gasthaus wären wir nicht mehr lange zusammengeblieben. Schneller als erwartet wurden wir uns lästig. Mich störten Freds pausenlose Bevormundungen (»Ich sorg für dich, dafür tust du, was ich sage«), und auf die Dauer hielt ich auch die verrück-

ten Geschichten des Prahlhans nicht mehr aus. Es machte mir ein sadistisches Vergnügen, meinen Weggefährten immer wieder durch kritische Fragen und besserwisserische Richtigstellungen zu verunsichern, bis er sich in seiner Traumwelt von mir ernsthaft bedroht fühlte. Er wollte es einfach nicht wahrhaben, daß es die Stadt Aberdajan in Afrika sowenig gab wie Löwen in Indien, er wollte mit der Wirklichkeit nicht konfrontiert werden, um die er sich seit achtundzwanzig Jahren mühsam herumgedrückt hatte. So blieb ihm nichts anderes übrig, als sich eines Nachts einfach aus dem Staub zu machen. Ich hätte mich an seiner Stelle nicht anders verhalten, und einen Moment lang war ich froh, daß niemand an meiner Seite ging, der *mir* unbequeme Fragen stellte und *meine* Lebenslügen aufdeckte.

Das Gehen wurde beschwerlicher im Frankenland, dort wo Bayern nicht mehr Bayern ist; die rein katholischen Gegenden lagen hinter mir, die Klöster und Schwesternhäuser wurden seltener, die Konfessionen wechselten von Dorf zu Dorf, von Kleinstadt zu Kleinstadt. Dornheim, Krassolzheim, Nenzenheim, Hüttenheim, Mönchsondheim, Willanzheim, Mainbernheim – welchem Glauben die Bewohner angehörten, ließ sich auf einen Blick feststellen: Dort, wo Helmut Schmidt wahlkämpferisch von den Telegrafenmasten lächelte, war man evangelisch, dort, wo Franz Josef Strauß Kanzler werden wollte, katholisch. Zunächst fühlte ich mich in den Schmidt-Gemeinden weniger fremd, denn beim Anblick der Lotsenmütze meinte ich manchmal, die Schiffssirenen des Hamburger Hafens zu hören, während das zähnebleckende Lächeln des Bayern auf mich in erster

Linie gefräßig wirkte. Doch so sehr ich mich auch darüber ärgerte: In den Krankenhausküchen und Rathausstuben wurde ich von den CSUlern oft besser bedient als von den eigenen Genossen.
Bei den Bauern allerdings hatte ich es, unabhängig von der Konfession, grundsätzlich schwerer. Die Ernte war gerade eingebracht, die Scheunen bis unters Dach gefüllt, die Feuergefahr schien den meisten zu groß, als daß sie einem dahergelaufenen Fremden ein Obdach geben mochten.
Zusätzliche Beschwerlichkeiten brachten das Wetter, die Nässe, die Kälte. Nach einem Nachtfrost war der Herbst plötzlich da, und an den sich färbenden Wäldern konnte ich mich nicht recht erfreuen. Ich dachte an den nahenden Winter und den langen Weg, der noch vor mir und Feldmann lag und der mir in jeder durchfrorenen Nacht immer länger zu werden schien. Baubuden, Hochstände, Schrebergartenhäuschen – alles, was ein Dach hatte und sich in genügender Distanz zur nächsten Siedlung befand, erschien mir als Lager brauchbar. Schwierig war oft der Zugang, denn meistens lag der Schlüssel nicht unter der Matte oder in der Regenrinne, ich mußte also zu andern Mitteln greifen, um hereinzukommen. Nach meinem ersten Bruch schrieb ich – am Tatort – in mein Tagebuch: »126. Tag. Irgendwo im Steigerwald. Ich sitze in einem fremden Haus und habe Angst. Zum ersten Mal in meinem Leben bin ich richtig eingebrochen, um ein halbwegs warmes und trockenes Quartier zu haben heute nacht. Ein gemütliches, komfortables Wohnhäuschen mit Dusche, Sofa, elektrischer Heizung. Leider sind Wasser und Strom abgestellt. Aber Hauptsache, das Sofa ist weich und ich bin vor diesem verdamm-

ten Dauerregen geschützt, der mich heute den ganzen Tag fast zum Wahnsinn trieb. Ich habe Angst, der Eigentümer erscheint doch noch – verlängertes Wochenende, heute müßte Donnerstag sein oder sogar schon Freitag. Ich versuche möglichst keine Fingerabdrücke zu hinterlassen und nichts zu verändern. Ich bin ein Einbrecher. Das kleine Küchenfenster ließ sich ganz leicht mit dem Ellenbogen eindrücken, nachdem ich mich endlich überwunden hatte. Es gab kaum Lärm, kaum Scherben, keine Sirene heulte, kein Blaulicht blitzte, alles war viel harmloser, als ich es mir vorgestellt hatte.
Nun schreibe ich auf der geblümten Wachstischdecke im Schein des Teelichts. Ich traue mich nicht, von meinen Äpfeln zu essen, ich traue mir nicht mal die nassen Schuhe auszuziehen. Wenn jemand kommt, muß ich sofort wieder durchs Fenster raus, sonst sterben wir alle am Herzschlag. Nur Feldmann hat, wie immer in brenzligen Situationen, die Ruhe weg. Er ist satt und zufrieden (Pansen vom Schlachter), er macht es sich selber warm, den Kopf auf den Hinterpfoten, er pennt und schnarcht beruhigend gleichmäßig vor sich hin. Ich hoffe nur, daß ich auch ein Auge zubekomme, hier am Tisch, den Kopf auf der Wachstischdecke. Hoffentlich geht die Nacht schnell rum!«
Es wurde eine schlaflose Nacht. Lange vor dem Hellwerden stahl ich mich wieder davon. Aber schon beim zweiten Bruch, ein paar Tage später, war mir wohler, ich hinterließ sogar einen meiner schönen Äpfel als Miete nach ruhiger Nacht, und für ein schlechtes Gewissen war es draußen bald viel zu kalt.
In Kitzingen mußte ich auf die Polizeiwache zum »Durchleuchten«. Anders war kein Hineinkommen ins

städtische Übernachtungsasyl. Beim Anblick des Uniformierten dachte ich an den Steigerwald, und mir war nicht wohl dabei; vielleicht hatte mich ja doch jemand gesehen. »Papiere?« fragte der Wachtmeister eher gelangweilt. Für ihn schien die Sache reine Routine. Das kurze Telefonat mit dem Computer brachte keine Erkenntnisse. Ich bekam meinen »Überprüfungsnachweis« für die Penne. Mit dieser »Eintrittskarte« ging es über den Main in den Ostteil der Stadt. Mitten im Asozialengetto war die Egerländerstraße 24.

Martha, die Verwalterin, schlug die Hände über dem Kopf zusammen, als sie uns kommen sah. »Mit Hund«, schrie sie, und ihre beiden Pudel kläfften hysterisch. Die Hundefreundin konnte dann doch nicht hart bleiben, obwohl ja Tiere eigentlich nicht zugelassen sind in der Herberge. »Haste etwa auch Bienen?« »Nein, Flöhe habe ich keine, und der Hund ist auch sauber.« Also herein. Zwischen zwei doppelstöckigen Betten saßen vier Männer. Es waren Karl-Heinz, der Einäugige, von Beruf Straßenmusikant, Werner, der Einbeinige, Ex-Gefreiter bei der Leibstandarte Adolf Hitler und heute Bettler, genauso wie Paul I., genannt »Sechsämter-Paule«, nichts als Haut und Knochen, und Paul II., »Papst Paul«, Spätaussiedler aus Schlesien, Rentner mit 400 Mark im Monat, nebenbei Postkartenhändler. Alle vier Gäste waren Stammkunden bei Martha. Morgens fuhren sie um 8.36 Uhr wie brave Bürger mit dem Pendlerzug zwanzig Kilometer nach Würzburg zur Arbeit. Karl-Heinz spielte auf dem Marktplatz Mundharmonika, Werner und Paul I. gingen ihrem sitzenden Gewerbe nach, und Papst Paul verkaufte seine Hunde- und Katzenpostkarten. Mit zehn, manchmal zwanzig Mark kehrten sie nach einem harten

Achtstundentag heim in die Kitzinger Herberge, bezahlten Martha 2,50 Mark Übernachtungsgeld (umsonst darf man hier offiziell nur einmal in sechs Monaten schlafen) und versoffen dann das, was übrigblieb. War die Chefin nüchtern und gutgelaunt, machte sie ihren Gästen auch mal eine Suppe heiß, »ohne unsere Martha«, sagte Werner, »wären wir schon längst wieder unterwegs«.
Kurz vor Ladenschluß warf jeder sein verdientes Geld in den »Pott«, die Gemeinschaftskasse. Mit 19 Mark, mehr kamen diesmal nicht zusammen, gingen Karl-Heinz und ich zum Bierholen, halb Märzen, halb Pils, dazu eine Flasche »Kellergeister« für die Wirtin. Obwohl ich keinen Pfennig beisteuern konnte, wurden die zwanzig Flaschen redlich geteilt, die jedoch kaum reichten, um den Bettleralltag für diesen Abend vergessen zu machen. Karl-Heinz spielte schöne Schnulzen, vor allem »Junge, komm bald wieder«, da konnten alle mitsingen.
Zu später Stunde kam auch die Wirtin aus ihrer Erdgeschoßwohnung nebenan. Sie war völlig betrunken und hatte einen Mantel über den Unterrock gezogen. Jedem von uns steichelte sie einmal über die Ohren, Sechsämter-Paule wagte einen Griff ins Dekolleté und bekam dafür zärtlich einen auf die Finger. Und weil er als einziger noch was in der Flasche hatte, setzte sie sich dann doch auf seinen Schoß. Ein rührend trauriges Bild, die beiden zahnlosen Alten, wie sie sich engumschlungen über ihre Einsamkeit hinwegtrösteten. Doch ich ließ mich von diesem jammervollen Anblick nicht rühren, sondern zog meinen Fotoapparat aus der Jacke und fragte scheinheilig: »Will die einer kaufen, hab ich gefunden, ist wie neu, für fünf Mark geb ich sie her.« Mir war klar, daß fünf Mark für diese Minox ein Vermögen waren.

»Nicht mal geschenkt würd ich die nehmen«, sagte Werner, »ist doch nur unnötiges Gepäck.«
Aber nun war die Kamera auf dem Tisch, mehr wollte ich auch gar nicht. Unauffällig wie ein Profi hob ich sie ab und zu ans Auge. Die Arbeitsbedingungen waren günstig: Niemand fühlte sich durch mich gestört, das kalte Neonlicht zeichnete harte Kontraste auf die ausgezehrten Gesichter. Blende 2,8, Belichtungszeit 1/30. Sekunde, Entfernung 2 Meter. »Ist ja doch kein Film drin, du Spinner«, lallte Martha und prostete mir zu.
Dann klopfte es heftig gegen die von innen verschlossene Tür. Meine Kamera war sofort wieder in der Jacke. Eine Frauenstimme schrie um Hilfe, ihr Mann wolle sie umbringen. »Das is nur die Inge von oben«, sagte Martha verärgert, »jede Nacht das gleiche Theater.« Draußen zerschellte eine Flasche. Dann setzte es Hiebe. »Jetzt bringt er sie mal wieder zur Strecke«, kommentierte die Wirtin gleichgültig und schnippte die Asche ihrer Zigarette in die Luft. Der Kampf draußen war schnell beendet. Martha nahm den letzten Schluck aus Pauls Flasche und wankte in ihre Wohnung. Sie war so blau, daß sie sogar vergaß, unsere Herberge von außen abzuschließen, wie das sonst üblich ist in den Pennen.
Mir drehte sich der Kopf, mir drehte sich der Magen, aber meine einzige Sorge war: Hoffentlich sind die Bilder was geworden.

»Behandelt mir den Jungen anständig, der Mensch ist aus gutem Hause.« Dies die Worte der Signora Leonardi, Chefin des Zirkus Leonardi, und dies mir, der ich eben erst verdreckt aus der Kitzinger Penne kam, noch grün im Gesicht und mächtig stolz, wie gut ich mich doch der

Bettlerszene angepaßt hatte. Nach hundertfünfunddreißig Tagen auf der Landstraße war ich so gut ins Milieu integriert, daß ich dort sogar fotografieren konnte, ohne aufzufallen. Und nun, keine zwei Stunden später, war ich plötzlich der »Junge aus gutem Hause«. Keine schäbige Kleidung, keine hohlen Wangen und auch kein struppiger Bart konnten die resolute, stämmige Frau täuschen, auch kein Gerede von wegen »bin auf der Wanderschaft«, mit einem einzigen Blick hatte sie mich durchschaut.

Wie selbstverständlich entsprach sie meiner Bitte, für etwas zu essen beim Aufbau des Zirkus mithelfen zu dürfen. Es gab aufgewärmte Spaghetti mit Tomatensoße, soviel ich wollte. Doch dann mußte ich hart ran, half beim Einschlagen der zwanzigpfündigen Eisenstangen, zog mit den übrigen Helfern die Zeltplane hoch, verspannte die Haltetaue, streute Sägemehl in der Manege und stellte rundherum die Klappstühle auf. Eile war geboten, um 15 Uhr sollte die erste Kindervorstellung laufen, und die Tiere, fünf Ziegen, zehn Ponys, ein südafrikanisches Zebu, ein Steinbock, zwei Lamas, fünf Enten, ein sibirisches Kamel, drei Hunde und ein Rhesusäffchen, die allesamt in zwei ehemaligen Möbelwagen zusammengepfercht waren, sie mußten auch noch gefüttert werden.

Das auf vergilbten Handzetteln ausgedruckte Zirkusprogramm, »spannend – einmalig – sensationell«, versprach mehr, als die Familie Leonardi, die eigentlich Schindler oder Schierer heißt und aus dem westfälischen Hamm stammt, heute noch bieten konnte. Die Nummer »Paradox & Co. – die lebende Mumie« war längst gestorben, und der Fakirakt »Trio Rita Rama« hatte ebenso gestri-

chen werden müssen wie die »Feuerschlucker-Show« und der »Rotierende Todesstern«.
Was blieb, war eine sympathisch handgestrickte Vorstellung ohne Perfektion und Raffinessen, bei der es allein deshalb viel zu lachen gab, weil so gut wie gar nichts klappte. Schon zur Eröffnung trat das Zebu hinter dem Vorhang gegen den Plattenspieler und ließ die Nadel über »Herb Alperts Disco Hits« holpern. Conférencier Leonardi, der smarte Direktor, Typ alternder Gigolo, tobte vor Wut. Zornig fauchte er seinen Gehilfen Ludwig an, der angeblich das Tier nicht richtig festgehalten hatte – und das ausgerechnet bei vollen Zuschauerrängen, wie lange hatte man so etwas schon nicht mehr erlebt! Ja früher, als Großvater Paulino noch Chef war, da hatte das Fernsehen den Leuten das Staunen noch nicht ausgetrieben, und der Zirkus Leonardi galt als die Sensation der Provinz. Heutzutage ist man froh, wenn dreißig oder vierzig Besucher kommen.
Und nun rutschten wider Erwarten vierhundert Kinder da draußen unruhig auf ihren Stühlen. »Meine sehr verehrten Damen und Herren...«, strahlend betrat Signore Leonardi, eben noch der wütende Chef, die Manege – doch weiter kam er nicht, seine Stimme verstummte, als wären ihm vor lauter gespielter Höflichkeit die Stimmbänder gerissen. Stromausfall. Mit gequältem Lächeln eilte Leonardi zurück zu uns hinter den Vorhang, um hier zu explodieren. »Sauladen!« tobte er mit geschwollenen Schläfenadern, verfluchte seine Angestellten, die natürlich an allem schuld waren. Nun hatte ich das südafrikanische Zebu an der Leine, was uns beiden jedoch gar nicht recht war. Das Biest zog und zog, und ich schwitzte vor Angst, es könnte mich gleich, auf seine

langen, spitzen Hörner aufgespießt, in die Manege tragen, unter dem tosenden Beifall der Zuschauer.
Aber erst kam Lassie dran mit ihrem »Todessprung«, der heute natürlich auch nicht klappte. Statt über die beiden Stühle zu hüpfen, kroch der Hund drunter durch und bezog dafür hinterm Vorhang entsetzliche Hiebe, doch selbst die halfen nichts: Auch beim zweiten Anlauf verweigerte Lassie den Sprung.
Alles ging schief vor diesem vollen Haus, die Kinder aber amüsierten sich trotzdem. Gerade die kleinen Pannen und Mißgeschicke quittierten sie mit dem stärksten Applaus, endlich mal was anderes als die perfekten Fernsehshows, mögen sie sich gedacht haben.
Rinaldo, das geliebte Enkelkind der Leonardis, kaum fünf Jahre alt und dreikäsehoch, setzte dem Programm ein erstes Licht auf. Wie ein Profi warf er im goldenen Glimmertrikot seine Messer auf das rote Pappherz des schwarzen Stoffgorillas – und traf immer. Routiniert und gelassen ließ er mit erhobenen Ärmchen den Applaus seiner Altersgenossen auf sich niedergehen, verbeugte sich dreimal so tief, daß sein kleiner Kopf fast im Sägemehl verschwand, und schritt stolz aus der Arena.
Nachdem im Anschluß an die Pause mein Zebu mehr schlecht als recht Männchen und der Clown August seine witzlosen Späße gemacht hatten (»Guten Tag, liebe Rinder, äh, Kinder«), kündigte Il Direttore den Höhepunkt des Programms an: »Meine sehr verehrten Damen und Herren: . . .«, Pause, kein Stromausfall, statt dessen ein Trompetentusch aus der Tonbandkassette. Als »artistische Spitzenleistung« wollte er nun höchstpersönlich brennende Dolche auf seine eigene Schwägerin werfen, um sie nur haarscharf zu verfehlen. Da jedoch keine

Versicherung die »lebensgefährliche, atemberaubende Darbietung« zu schützen bereit wäre, bat er das Publikum noch schnell um eine Spende, »falls doch ein Unglück passieren sollte«. Nach den pausenlosen Pannen war das Mitgefühl der Zuschauer für die arme Schwägerin natürlich groß, und viel Taschengeld klimperte auf die Blechteller, die von der gesamten Familie Leonardi durch die Reihen getragen wurden, selbst die Chefin war sich da nicht zu schade. Erst danach – Trommelwirbel – flogen die Feuerdolche. Frenetischer Applaus. Die Schwägerin blieb unverletzt. Ende der Vorstellung.

»138. Tag. Auf dem städtischen Friedhof in Schweinfurt: Vor mir ist Christus gerade im Begriff abzuheben, mit der linken Zehenspitze berührt er noch eben den Boden, doch sein dornengekröntes Haupt erscheint dem grauen Himmel schon sehr nahe. Die römischen Wachsoldaten stürzen, geblendet vom Glanz des Herrn, in ihren eisernen Rüstungen auf den monumentalen Granitgrabstein dessen, der hier begraben und von hier auch, wer weiß, auferstanden ist: ›Ernst Sachs – *22. 11. 1867, †2. 6. 1932.‹

Sie ist ein bißchen groß geraten, die Familiengruft der Kugellager-Sachsens, aber schön gelegen mit Blick über Schweinfurt, wo ich gerade mit Barbara gut gefrühstückt habe. Hatte wirklich etwas Rührendes, diese Barbara, gestern bin ich ihr bei der Inneren Mission begegnet, sie arbeitet dort als Sozialarbeiterin in der Abteilung für Nichtseßhaftenhilfe. Als ich die Tür öffnete, stand sie sofort auf und gab mir zur Begrüßung die Hand. Man merkte gleich: Die kann hier noch nicht lange sein, die hat noch keine Wand zwischen sich und ihrer Kundschaft, die glaubt noch an den Sinn ihrer Arbeit. Warme Unterwäsche wollte ich haben und vor allem Handschuhe, denn besonders morgens und abends ist es oft so kalt, daß mir unterwegs die Hände blau anlaufen – ich kann sie nicht in die Hosentaschen stecken, brauche sie ja zum Rucksackhalten.

Wir also runter in den Keller zum Altkleiderlager, doch das Angebot dort war schlecht sortiert. Zylinder gab's und Badehosen jede Menge, auch Unterröcke, BHs und Bettwäsche, aber nichts, was ich brauchen konnte. Tat der armen Barbara richtig leid, sie suchte wie verrückt, fand dann auch eine wollene Damenunterhose, in die ich dreimal gepaßt hätte (trage sie dennoch), doch Handschuhe fand sie keine. Ich nahm ein altes Frackhemd mit, sehr zur Verwunderung des Mädchens. ›Wollen Sie in die Oper damit?‹ fragte sie mich lachend, und dabei fielen mir ihre gepflegten weißen Zähne auf. War überhaupt ganz hübsch, das Mädchen, und bestimmt gerade erst Anfang Zwanzig. Am meisten gefiel mir ihr dichter, rotbrauner Zopf im Nacken. Leider hatte Barbara nicht viel Zeit für mich. Im Flur vor ihrer Bürotür standen meine Kollegen Schlange, man merkte auch hier, daß es draußen kalt geworden war. Mit Handschlag verabschiedete sie mich.

Und dann der Reinfall vor der Penne. Zwei Stunden mußten wir vor der Tür im eisigen Wind warten, zum Glück hatte einer eine Flasche Korn dabei, der wärmte einigermaßen, und als der Mensch von der Stadt endlich mit dem Schlüssel erschien, gab er mir eine Fahrkarte. ›Hunde kommen hier nicht rein‹, sagte er bestimmt, und meinen Überprüfungsschein von der Polizei riß er einfach in Stücke.

Was tun? Es war dunkel, es war kalt, und ich war in Schweinfurt. Hoffnungslose Lage. Scheißspiel. Da kam die Barbara von der Inneren Mission – hallelujah! Sie ahnte gleich, was los war, nahm mich prompt mit in die nächste Kneipe, und dann, auf leisen Sohlen, ab nach Hause zu ihr, doch nicht zu zweit in ihr Bett, sondern allein aufs Sofa im ausgebauten Keller, denn Barbara wohnt noch bei ihren Eltern. Und die durften auf keinen Fall aufwachen, sonst wäre ich gleich wieder an der frischen Luft gewesen. Ich war nämlich nicht der erste, den sie von der Straße aufgesammelt hat. Erwin hieß mein Vorgänger, bis zum Morgen hatte er die Hausbar leergetrunken und das Bett vollgekotzt – was die gute Barbara nicht bremsen konnte in ihrer unermüdlichen Selbstaufopferung für ›meine Männer‹, wie sie uns nennt. Einen davon, den Tippelbruder Weber, besucht sie nach Dienstschluß täglich im Krankenhaus, wo sein offenes Bein behandelt wird. Ohne ihren persönlichen Einsatz gegen die eigenen Vorgesetzten hätte Weber nie einen Krankenschein bekommen. Nun haben Barbaras Kollegen Angst, das Beispiel könnte Schule machen. Wenn man mit jedem Tippler so umginge, wäre Schweinfurt über Nacht das Mekka der Pennbrüder und Barbara ihre Schutzheilige, fürchten sie. ›Die Stadtväter schmücken sich lieber mit Gunter Sachs, dem Oberpenner‹, sagte sie mir.
Und heute morgen fielen Barbaras Eltern beim Frühstück erst mal die Löffel ins Müsli, als da plötzlich schon wieder so einer aus dem Keller hochgestiefelt kommt. Hab mir einen Spaß draus gemacht, mit ausgesuchter Höflichkeit und tadellosen Tischmanieren den ›Jungen aus gutem Hause‹ herauszukehren, den ich sonst in den

Pennen immer fleißig zu tarnen versuchte. Wollte die beiden Alten (aber auch Barbara) irritieren. Besonders dem Vater merkte ich an, wies knisterte und knackte im Hirn, als seien da die Fundamente scheinbar wohlgefügter Vorurteile ins Wanken geraten. Er hat sich nicht mal getraut, mich direkt anzuschauen, musterte mich nur ab und zu scheu aus den Augenwinkeln, traute wohl seinen Augen nicht mehr, der Herr Studienrat a. D. Ich fühlte mich überlegen und sauwohl, als Wanderer zwischen den Welten, der überall zu Hause ist. Vorgestern Penne, gestern Zirkus, heute Einfamilienhäuschen – in diesem Spannungsverhältnis lebt es sich wie im Rausch, schwebend, ungebunden, frei, weil man in Gedanken schon immer woanders ist, selbst die schlimmsten Entbehrungen lassen sich in einem solchen Zustand aushalten, sind sie doch selbstgewollt, gehen sie doch alle vorüber, haben sie doch nichts Endgültiges – unterwegs fühle ich mich, als hätte ich mein Leben im Griff: Mein Schicksal bestimme ich, ich habe die Wahl zu bleiben oder wegzugehen, und der Studienrat hat sie eben nicht. Das spürte der Kerl heute morgen am Frühstückstisch, er muß sich schrecklich bedauernswert vorgekommen sein neben ›so einem‹, den er eigentlich für bedauernswert gehalten hat.
In einem Hochgefühl wie jetzt, hier am Sachs-Grab über den Dächern von Schweinfurt, hab ich vor nichts mehr Angst, kann mich nichts mehr schrecken, und an Hamburg und die Folgen denke ich jetzt mal lieber nicht.«

Tage später saß ich wieder an einem Hang, und wieder blickte ich auf eine Stadt. Es war ein kalter, klarer Herbstmorgen, und die Sonne war gerade erst über den

Hügeln aufgegangen. Ihr schräges Licht kreuzte die weißen Rauchsäulen, die fast senkrecht aus den Häusern stiegen. Obwohl die Kirchturmuhr längst acht geschlagen hatte, war kaum Verkehr in den winkligen Straßen, vereinzelte Radler, ab und zu ein knatternder Zweitakter, ein paar Hausfrauen mit Einkaufstasche, Schulkinder, händchenhaltend in Zweierreihen, der Schornsteinfeger und sein Geselle auf dem Motorrad, drei streunende Hunde neben einem Fabriktor. Ein verschlafenes Städtchen in der nördlichen Rhön, an dem die Zeit behutsam vorübergegangen zu sein schien, ohne Supermärkte, ohne Neubausiedlungen, statt dessen mit viel altem Fachwerk, kleinen Läden, holprigem Kopfsteinpflaster. Vor der Brücke am Fluß tummelten sich ungestört Dutzende von Enten. Ein Bild des Friedens, zum Greifen nahe.

Doch der Eindruck trog. Die Stadt dort unten, keine fünfhundert Meter Luftlinie von mir entfernt, war für mich unerreichbar. Auf der Brücke lagen Stacheldrahtrollen, und dahinter stand ein Wachturm, aus dem mich bewaffnete Uniformierte durch Ferngläser mißtrauisch beobachteten. Vacha, der friedliche Ort am Ufer der Werra, liegt direkt jenseits der Grenze zur DDR. Die Fenster der Häuser am nördlichen Stadtrand waren zugemauert, Stacheldraht lag auf den Dächern, und alle Straßen, die mal zum Fluß führten, endeten vor hohen Betonplatten.

Der Anblick von Vacha ließ meine Gedanken nach Berlin wandern. 13. August 1961 – ich hatte eigentlich mit Wölfchen, meinem Ferienfreund, an den Wannsee zum Schwimmen fahren wollen, doch dann erzählte uns der Fahrkartenschaffner im Bus, daß was los ist an der

Sektorengrenze, und wir nichts wie hin. Neben dem Brandenburger Tor spannten sie gerade den Stacheldraht zwischen die Betonpfähle, überall standen Soldaten mit Gewehren im Anschlag. Die Volksseele kochte, die Leute heulten vor ohmächtiger Wut, ich heulte mit. Nun konnten wir nicht mehr rüber nach Prenzlauer Berg und Friedrichshain, wo wir so gern in den Ruinen spielten, von denen es im Westteil der Stadt kaum noch welche gab. Blindgängersuchen war unser Lieblingsspiel, auch wenn wir nie einen fanden. Das Gefühl, überall in der Trümmerwüste könnte ja einer liegen und jeden Moment hochgehen, war maßlos aufregend, weil der Spaß theoretisch jederzeit Ernst werden konnte. Wölfchen und ich, wir waren nun ausgesperrt von unserem Spielplatz Ost-Berlin, das war wirklich gemein von den Russen. Als knapp eine Woche drauf die Amerikaner eine Panzerbrigade zur moralischen Aufrüstung aus der Bundesrepublik nach West-Berlin schickten, da standen wir begeistert am Ku'damm. Ich winkte mit meiner Berlinfahne, die wir auf Sylt immer auf dem Strandkorb hißten, und schrie » Bravo! Bravo!«. Doch die Mauer blieb, und statt Blindgängersuchen mußten wir fortan Flüchten spielen, mit einer Mauer aus Mülltonnen im Hinterhof.

Obwohl ich den Verlust meiner Ruinenspielplätze längst verwunden habe, war am Hang über Vacha doch wieder so etwas von Trennungsschmerz, von Abgeschnittensein, von Ohnmacht zu spüren. Ich hatte Hunger, drüben war ein Bäcker, man konnte die frischen Brötchen geradezu riechen, und mir war es nicht mal gestattet, auch nur danach zu fragen.

Tagelang behielt ich die Grenze im Auge, wanderte hart

an den Sperranlagen immer weiter nach Norden. Ich war fasziniert von diesem Zaunungetüm, das wie ein endloser Lindwurm durch die Landschaft kriecht, das keine Steigung zu ermüden scheint und kein Bach aufhalten kann, das sich breite Schneisen durch dichte Wälder frißt und wahllos seine unberechenbaren Haken schlägt, das Dörfer teilt und Täler zerschneidet, vor dem Brücken in den Fluß stürzen und selbst Autobahnen wieder zur grünen Wildnis werden.
Die Menschen diesseits des Zauns schienen mir so feindselig wie die Grenzer jenseits. Kein Bewohner des Zonengrenzbezirks erwiderte mein grüßendes Kopfnicken, keiner gab mir etwas zu essen, und um ein Nachtquartier wagte ich erst gar nicht zu fragen. »Wer sich hier herumtreibt, der hat was auf dem Kerbholz«, sagte mir ein Förster, der mich eines Morgens aus seinem Hochstand holte, »außer Gesindel und Gelump kommt zu uns doch keiner mehr her.«
Um so verwirrter waren die Zonenrändler von Weißenborn, als ich nach einer bitterkalten Nacht im Wachhäuschen des Bundesgrenzschutzes halberfroren in ihren Sonntagsgottesdienst platzte. »Jesus, unser Trost und Leben«, sang die Gemeinde mit verrenkten Hälsen, die Konfirmanden ganz vorne kicherten verstohlen, aber der Pfarrer tat so, als sei gar nichts geschehen. Ich griff mir ein Gesangbuch, setzte mich auf die leere, letzte Bank. Die Kirche war gut geheizt, ich war selig! Aus vollem Halse sang ich mich warm, von mir aus hätten die Lieder hundert Strophen haben können. Der Pfarrer faßte sich viel zu kurz mit seiner Predigt, denn als er sein Kreuz schlug und »Amen« sagte, waren meine Zehen immer noch kalt. Viel zu schnell näherte sich auch der Kirchen-

diener mit seinem Klingelbeutel, den er mir so lange vor die Nase hielt, bis ich etwas beschämt in meine Hosentasche griff, von der ich wußte, daß da außer Taschenmesser, Pfeifenstopfer und einem Stück Schnürsenkel nicht einmal ein Knopf zu finden war, mit dem ich mich hätte behelfen können. Also blieb nur die leere Geste, die unvermeidliche Handbewegung. Hörbar spitzte die Gemeinde die Ohren, aber der Beutel, er klingelte nicht, niemand hatte etwas anderes erwartet.
Während des Abendmahls mußte ich mich sehr beherrschen. Der Schluck Wein wäre mir gut bekommen, der Herr hätte mir das sicher verziehen, schließlich war er ja auch oft zu Fuß unterwegs und weiß, wie das ist. Doch das Spießrutenlaufen durch die gaffende Menge bis ganz nach vorne zum Altar wollte ich mir ersparen.
Als einer der ersten verließ ich nach dem Schlußgebet die Kirche. Geschlossen zog die Gemeinde, vorneweg die Männer, an Feldmann und mir vorbei über den Kirchvorplatz in ein großes weißgekalktes Gebäude, vor dem die politischen Parteien dicht an dicht ihre Kandidatenporträts aufgestellt hatten – Strauß, Schmidt, Genscher in friedlicher Eintracht, flankiert von Marlboro-Cowboy und Pfanni's Kartoffelpuffern. Wie alle vier Jahre hatte man wieder die Wahl, für die Leute an der Grenze ein besonderes politisches Hochamt.
Abends in Eschwege sah ich die Kandidaten erneut – diesmal live durch die Schaufensterscheibe eines Elektrogeschäfts im Fernsehen. Alle machten sie selbstzufriedene Gesichter, alle fühlten sich sichtbar als die Sieger der Wahl. Obwohl der Ton abgestellt war, hörte ich sie reden, man kennt sie ja, die Herren, und weiß, was sie bei solcher Gelegenheit zu sagen pflegen:

»Hans Appel (ARD): Herr Ministerpräsident Strauß, sind Sie mit dem Wahlergebnis zufrieden?
Franz Josef Strauss (CSU): Was heißt hier zufrieden? Ein Politiker darf nie zufrieden sein. Zufriedenheit macht sorglos, und zur Sorge gibt die Lage der Bundesrepublik Deutschland ja allen Anlaß. Denken Sie doch nur mal an die gigantische Verleumdungskampagne, gegen die wir uns im Wahlkampf zur Wehr setzen mußten, das ging ja bis zur physischen Bedrohung. Nicht unzufrieden bin ich jedoch über das Abschneiden der CSU in Bayern: Dort hat die Politik wieder mal über die Propaganda, die Argumente über die Diffamierungen, die Wahrheit über die Lüge gesiegt.
Carl Weiss (ZDF): Und Sie, Herr Genscher, Sie machen eigentlich ein ganz zufriedenes Gesicht.
Hans-Dietrich Genscher (FDP): Nicht ohne Grund (lacht). Ich freue mich über das Ergebnis. Ich glaube, es ist die Bestätigung für einen sehr sachlichen, problembewußten Wahlkampf der Liberalen, frei von Verunglimpfungen und im übrigen eine klare Absage an den politischen Radikalismus. Der Wähler hat gezeigt, daß er ein mündiger Bürger ist, der die unbestreitbaren Leistungen der FDP zu honorieren versteht.
Hans Appel: Herr Kohl, wie beurteilen Sie das Ergebnis?
Helmut Kohl (CDU): Zunächst einmal möchte ich all den Millionen Frauen und Männern in diesem unserem Lande Dank sagen, die der Union ihr Vertrauen ausgesprochen haben. Dank sagen möchte ich auch den Zehntausenden Mitgliedern unserer Partei, die sich, wie selten zuvor, im Wahlkampf auf so beeindruckende Weise für unsere Sache engagiert haben. Wer, wie ich, auf über

tausend Wahlkundgebungen erleben durfte, wie...
HANS APPEL: ... und das Ergebnis der Wahl, Herr Kohl...
HELMUT KOHL: Nun, es ist wohl noch zu früh, schon zu dieser Stunde Abschließendes sagen zu können, aber eines läßt sich doch ganz unbestreitbar festhalten: Allen Anfeindungen zum Trotz, ist und bleibt die CDU/CSU eine tragende politische Kraft in unserem Lande, die sich ungebrochen dem Marsch in den Sozialismus in den Weg stellen wird!
WILLY BRANDT (SPD): (schüttelt mit dem Kopf) Also das böse Wort vom Marsch in den Sozialismus sollte doch nun, da die Wahllokale zu sind, nicht mehr in den Mund genommen werden, Herr Kohl. Das Wahlergebnis hat doch gezeigt, daß die Bürgerinnen und Bürger nicht so dumm sind, als daß man ihnen ein X für ein U verkaufen könnte. Nein, wir Sozialdemokraten mußten uns in schwierigen Zeiten behaupten, wir mußten gegen den Wind angehen, und wenn der Kollege Strauß eben von Verunglimpfungen und Propaganda gesprochen hat, so möchte ich das im Namen der Sozialdemokratischen Partei Deutschlands mit aller Entschiedenheit zurückweisen: Wir haben sachlich und fair für den Erhalt der Regierungskoalition gestritten und ich meine mit respektablem Resultat.«
Der eingeblendeten Schautafel konnte ich entnehmen, daß sich nicht viel geändert hatte in der politischen Landschaft unserer Republik. Strauß hatte es nicht geschafft, und doch konnte ich mich nicht freuen, so wie vor acht Jahren, als es der CDU-Opposition schon einmal mißlungen war, die Regierung zu Fall zu bringen. Welch eine Euphorie herrschte damals vor dem Fernse-

her, Martin holte Sekt aus dem Eisschrank, und bis nach Mitternacht hatten wir uns noch immer nicht sattgesehen an Prozentzahlen und am ehrlich-glücklichen Willy, für dessen Sieg wir uns die Hacken abgelaufen hatten, mit dessen Person wir große Hoffnungen verbanden. Der Kniefall in Warschau, das schüchtern-begütigende Winken in Erfurt, der Händedruck auf der Krim – die erregenden Bilder von damals standen auf einmal wieder vor mir, während Herr Nowotny tonlos, trocken und mit ironisch verzogenem Mund das Wahlergebnis analysierte. Alle Hoffnungen, die ich einmal mit Politik verbunden hatte, sie hatten nichts mehr mit der Gegenwart zu tun, und wäre Strauß an diesem Abend tatsächlich der große Gewinner gewesen, es hätte mich ziemlich kalt gelassen, hier in der zugigen Fußgängerpassage von Eschwege.

Es waren eine Menge Leute, die sich da im runden Kegel der Laterne drängten, gepflegte Menschen, die meisten zwischen Dreißig und Vierzig und in so guter Stimmung, daß ihnen der leichte Nieselregen überhaupt nichts anhaben konnte, obwohl niemand einen Mantel trug. Aufgekratzt redeten sie miteinander, man hatte sich eine Menge zu erzählen, so viele Jahre waren vergangen seit dem letzten Wiedersehen. Die zahlreichen Prachtkarossen vor dem Landschulheim hatten mich gleich ahnen lassen, daß ich ausgerechnet zum Altschülertreffen hergeraten war, denn der Elterntag konnte es nicht sein, der fand grundsätzlich im Hochsommer statt. Sowenig wie ich wußte, ob ich mich über diesen Zufall ärgern oder freuen sollte, sowenig hatte ich eine Vorstellung davon, warum ich den weiten Umweg durch den Solling in

mein Internat bei Holzminden machten mußte, wo ich doch hier im Frühling schon zur Genüge in meiner Vergangenheit herumgestöbert hatte.
Im nächtlichen Schatten der Holunderbüsche sah ich sie mir aus sicherer Distanz genau an, meine alten Mitschüler, und ich war froh, von ihnen nicht entdeckt zu werden. Zwölf Jahre waren vergangen, seit ich viele der Menschen dort zum letztenmal gesehen hatte, damals bei der Abiturfeier in der Aula, der »Hohen Halle«, vor der sie auch jetzt standen. Ich erkannte sie alle, da genügte eine Geste, und schon waren längst vergessene Namen wieder präsent, und mit ihnen kamen Gefühle von Sympathie oder Ablehnung, von Bewunderung oder Verachtung, und nur wenige ließen mich gänzlich gleichgültig. Die zwölf Jahre schienen an vielen spurlos vorübergegangen zu sein, Rudolf war der Kasper geblieben und Jochen der Professor, und der attraktiven Renate sah man ihre beiden Kinder nicht an. Und doch gab es auch Überraschungen. Jürgen zum Beispiel: die Füße wie immer etwas nach außen gestellt, der Kopf beim Sprechen ein wenig im Nacken, ich hatte ihn damals gemieden, wo ich konnte. Schon äußerlich war er mir unsympathisch gewesen, die verpickelte Haut, die gelben Zähne, aus seinem Haar rieselten immer die Schuppen wie Schnee. Jürgen hatte für mich etwas Ekelhaftes gehabt, in seinem Blick hatte für mich etwas Verschlagenes gelegen, und wenn am Sonntag ein Stück Nachmittagskuchen fehlte, war mir immer schon im voraus klar gewesen, daß er es geklaut hatte. Wer so guckt, der muß ein Dieb sein, hatte ich gedacht, und so dachten die meisten. Jürgen war allgemein sehr unbeliebt gewesen, wir hatten uns über seine quäkende Stimme ebenso lustig

gemacht wie über seinen watschelnden Gang. Wir hatten ihn gepiesackt, wo wir nur konnten.
Aber dieser Jürgen dort unter der Laterne schien ein anderer Mensch zu sein. Ein freundlich lächelnder Mann stand da, ein liebevoller Vater, der sein kleines Kind warm im Arm hielt, ihm zärtlich den Rotz von der Nase wischte, umgeben von seinen ehemaligen Peinigern, die ihm nichts mehr anhaben konnten.
Das Landschulheim am Solling war wohl nicht zufällig der einzige Ort, den ich auf dieser Wanderung zweimal aufsuchte. Ob Bochum, Bergisch-Gladbach, Heppenheim oder München – keiner Station meines Werdegangs hatte ich mich so verbunden gefühlt, wie eben Holzminden. Romantische Phantasien waren in mir gewachsen, seit ich mich auf dem Rückweg nach Norden befand, bunte Tagträumereien vom müden Vagabunden, der in seinem Internat Gärtner wird, »einfach so«, wie es mir Rolf, der blonde Lockenkopf, vor einem halben Jahr auf der Terrasse vor Zetes Haus naiv vorgeschlagen hatte. »Der alte Brüning geht bald in Pension«, waren Rolfs Worte gewesen, »da wird ja eine Stelle frei.« In Gedanken hatte ich mich schon Kohlrabi und Petersilie pflanzen sehen, von der Didleralm wollte ich mir Blumensamen besorgen, um mit Himmelsherolden, Hundszahnlilien und Wilden Männlein die Sollingwiesen zu verzaubern, und statt der stinkenden Motormäher sollten ein paar Kühe, ein Weißhorn, eine Gustl und eine Scheckerte, das Gras kurzhalten. Mein kleines Gartenhäuschen sollte meine Arche werden, so wie es vor Wochen die Didleralm gewesen war, und dann würde es ganz und gar keinen Grund mehr geben, durch die Lande zu irren, auf der Suche nach mir selbst.

Doch nun war ich wieder im LSH, am Ziel meiner Gärtnerträume, stand wie ein Dieb im Schatten der Holunderbüsche und wagte nicht einmal, mich zu erkennen zu geben.

Bis Hamburg lag noch ein gutes Stück Weg vor mir, bei täglich sinkenden Temperaturen im spätherbstlichen norddeutschen Protestantenland, ohne Klöster, ohne Almhütten, ohne Brotzeitgutschein, ohne Pflaumen an den Bäumen. Mit viel Glück gab es in Mohringen vom Pfarrer ein »Fleischergeld« über fünf Mark, und in Hameln konnte ich beim Amtsvorsteher des Sozialamtes persönlich eine Durchreiseunterstützung von 4,50 Mark loseisen – aber das alles brauchte viel Überredungskunst und demütige Blicke, und vor allem kostete es wertvolle Zeit. Jetzt, wo ich es eilig hatte, nach Hause zu kommen, wurden die Tage immer kürzer, schon gegen sechs setzte bei dichter Bewölkung die Dämmerung ein und damit die mühsame Suche nach einem Unterschlupf. Denn war es erst einmal dunkel, blieben auf dem flachen Lande nur die stinkenden Kuhunterstände, in denen sich allein mein Weggefährte wohlfühlte.
Viele der größeren Ortschaften, wie etwa Rotenburg, Stadthagen oder Schneverdingen, haben ihre Übernachtungsherbergen in den letzten Jahren dichtgemacht. In den wenigen verbliebenen Pennen einen Platz zu bekommen war oft schwerer als die Hotelzimmersuche in Frankfurt während der Buchmesse. Bereits gegen Mittag mußte ich in Walsrode oder Nienburg bei der Polizei meinen numerierten Überprüfungsschein beantragen, sonst war alles voll, und im Bahnhof stand meist die Polizei schon bereit, um ihre Pappenheimer aus dem

geheizten Wartesaal zu werfen. Der letzte Ausweg war da oft das Gastarbeiterwohnheim.
In Stadthagen zum Beispiel bedurfte es keiner Formalitäten, da genügte die Zeichensprache: Ich brauchte nur meinen Kopf mit geschlossenen Augen auf meine gefalteten Hände zu legen, und schon begriff die Türkin, was ich wollte, die da in der feuchten, schimmligen Küche auf der Erde saß, frischgebackene Brotlaibe, warm und duftend, vor sich, Kinder ringsherum, den jüngsten Säugling an der Brust. Der pladdernde Regen draußen unterstrich die Dringlichkeit meiner Bitte. Die Frau zögerte keine Sekunde, oben war ein großer, leerer Flur, und Matratzen gab es auch, aber erst sollte ich essen. Fatma, die zehnjährige Tochter, brachte mir Schnittlauch, Schafskäse und süßes Gebäck. Ihre Mutter siebte weiter den bröseligen Teig, während das Baby satt und zufrieden in ihrem Schoß schlief. Vater Ali war noch auf Spätschicht, hörte ich von der Tochter, die in eine deutsche Schule geht. Als ich fragte, wie es ihr dort gefällt, gab sie eine kurze, prägnante Antwort: »Sechs«, ungenügend.
Im Laufe des Abends kamen der halbwüchsige Sohn der Familie und zwei Frauen mit ihren Kindern aus der Nachbarschaft. Man traf sich zum Mehlsieben, trank Tee die Menge und schwatzte unaufhörlich. Ich fragte, ob ich ein paar Bilder machen dürfte, die Weiber lachten und zogen sich die Kopftücher tiefer ins Gesicht. Wenn ich Abzüge schickte, könnte ich knipsen, sagte mir der Sohn, und ich gab mein Wort.

Auf den letzten zweihundert Kilometern war mir alles egal. Trotz der guten Vorsätze klaute ich in Loccum am

Steinhuder Meer einen Kompaß und zwei Landkarten von Norddeutschland, Maßstab 1:200000, und rucksackte geradewegs durchs Moor Richtung Nordosten, Richtung Hamburg. Ich wollte so schnell wie irgend möglich dort ankommen, ich wollte der Entbehrung, der Ruhelosigkeit und Ungewißheit endlich ein Ende machen. Hamburg, das klang jetzt wie eine Befreiung. Dort, wo ich vor knapp einem halben Jahr abgehauen war, dort hatte ich meine vier Wände, mein Bett und Freda. Während ich im Geiste längst im heißen Rosmarinbad lag, mit einem guten Glas Rotwein in der Seifenschale, gingen meine Beine wie von selbst, meine Füße spürten, taubgelaufen, Kälte und Nässe nicht mehr, die Hände klammerten sich steifgefroren um die Rucksackriemen. Mein Körper war zur Maschine geworden, zum empfindungslosen Automaten, angezogen nur von einem roten Fleck hinter einer blauen Linie auf einer grünen Landkarte. Die Sorge ums tägliche Brot, um den trockenen Platz zum Schlafen wurde von Tag zu Tag nebensächlicher, Hauptsache, ich kam voran, Hauptsache, ich brachte die Distanz zwischen meinem Standort irgendwo im Moor und meinem Bett irgendwo im Nordosten hinter mich. Stundenlang zählte ich die Schritte bis tausend, machte dann mit dem Stift einen Strich auf meiner Handfläche, abends summierte ich die Striche wie ein Strafgefangener die abgesessenen Tage seiner Haft und war zufrieden, wenn es recht viele waren.

Aber genug waren es nie. Ich konnte nicht so schnell, wie ich wollte. Mein Endspurt durch Birkenwälder und aufgeweichtes Torfland erschien mir viel zu schleppend, die Linie, mit der ich auf der Landkarte meine zurückgelegte Strecke markierte, war eine jämmerliche Kriechspur.

Als mich im Lichtenmoor bei Nienburg eine Torfbahn einholte, sprang ich auf und vergaß ein weiteres meiner Wandergebote: Du sollst dich nie mitnehmen lassen! Mir war jetzt alles egal, und es störte mich auch nicht, wenn wir trotz des Zuckeltempos während der viertelstündigen Reise mindestens fünfmal entgleisten. Ich half dem türkischen Zugführer und seinen Begleitern, Strafgefangenen aus Hannover, den Zug wieder flottzumachen, was mir immerhin ein warmes Mittagessen einbrachte.

Die letzten Tage und Kilometer – es waren trotz gelegentlicher Marscherleichterungen die entbehrungsreichsten, beschwerlichsten und damit auch die schönsten. Der Kontrast zwischen Erwartung und Erlebtem konnte gar nicht groß genug sein.

Meine Tagebucheintragung aus der Nacht vor Hamburg liest sich wie eine Reportage: »173. Tag: Tostedt, Bremer Straße, Übernachtungsasyl: volles Haus. Rauchende Männer sitzen auf den Bettkanten und genießen die Wärme. Schneeregen pladdert gegen das Kellerfenster. Feldmann liegt naß unter meinem Bett und schläft mit zittrigen Pfoten. An meiner Matratze klebt altes Blut. Die Tür geht auf, eine vermummte Gestalt kommt herein und salutiert militärisch, meldet mit scharfer Stimme etwas in unverständlichem Fremdenlegionärsfranzösisch und sagt dann: ›Ein Tippelbruder und Wanderbursche unterwegs. Rauben, morden und brennen kann ich nicht, darum stehe ich vor Ihnen und bitte um einen kleinen Obulus.‹ Anschließend läßt er sich zu Boden fallen und macht ein paar Liegestütze, einarmig.

›Das müßt ihr können im Leben, sonst geht ihr unter‹, sagt er, ›daß ich was kann im Leben, das hab ich schon bewiesen. Ich bin Klempner, Installateur und Turbinenbauer. Was ist der kürzeste Weg von Punkt zu Punkt?‹ fragt er uns wie ein Unteroffizier seine Rekruten, und als niemand antwortet, sagt er: ›Die Diagonale, ihr Idioten, so was müßt ihr wissen im Leben, sonst geht ihr unter. Welcher Staat liegt auf dem 48. Breitengrad? Die Krim! Und was heißt Bett auf Französisch? Couché! Und Küche? Mangé! Ich spreche fünf Sprachen, unter anderem Arabisch. Die Tuaregs sind das ehrlichste Volk der Erde, bei denen ist noch ja ja und nein nein, auf die ist Verlaß, ihr Idioten, das sind die einzigen Menschen, denen man noch glauben kann.‹

Mir ist, als stünde da Fred Eisfeld vor mir, der Zimmermann aus Hamburg-St. Georg. Aber der Mann heißt Johannes und kommt aus Pommern. ›Ich prahl ja nicht mitm Geld, aber aus Tostedt hole ich für zehn Tage Saufen raus, dann allerdings muß ich für ne Weile verschwinden‹, tönt er, ›hier fällst du übers Geld, du mußt nur wissen, wie mans andreht. Morgen mach ich hier den Wirbelwind, daß die Bungalows wackeln: Gott zum Gruß, ein Wanderbursche und Tippelbruder unterwegs. Ich war nix, ich bin nix und ich werd auch nix mehr werden, darum stehe ich vor Ihnen ...‹ Johannes steht stramm, die Hände an der Hosennaht, ›das kommt immer an bei den Deutschen‹. Aus einer schweren, schwarzen Ledertasche, ›ein Erbstück der Bundesbahn‹, holt er Gemüse, Kartoffeln, Fleischknochen, ein paar Flaschen Bier und einen Topf mit Spirituskocher. Während er auf dem Fußboden mitten im Zimmer eine Suppe kocht, erbricht sich Hein, mein Bettnachbar, über Mantel und

Hose. Hilflos bleibt der Alte auf seinem Stuhl sitzen und schüttelt nur beschämt mit dem Kopf. Ein säuerlicher, beißender Geruch macht sich breit. ›Wenn man dich Penner sieht‹, brüllt Johannes, ›möchte man den Abdekker holen, solche Leute wie du gehören in die Verbrennungsanlage. Zieh dich aus, du Sau, wir sind hier nicht im Schweinestall, wir sind anständige Bürger!‹ Ich öffne die Fensterluke, um wieder Luft zu kriegen. Schwerfällig müht sich Hein aus seiner Kleidung. Unter dem Wollmantel trägt er zwei Jacketts, ein Hemd und zwei Unterhemden. Seine lange Unterhose ist bis an die Knie völlig verdreckt. An einer Krücke humpelt er in den Waschraum. Sein linkes Bein ist von tiefen Narben übersät.

Die Suppe ist gar. Jeder bekommt seinen Teil, auch der alte Hein, der jetzt splitternackt und noch halb naß von der Dusche auf der Erde hockt. Johannes legt ihm seinen Mantel über die Schultern. ›Paß auf, Mensch, sonst holst du dir noch den Tod‹, sagt er plötzlich ganz mitleidsvoll. Eben noch wollte er den Abdecker holen, jetzt füttert er das zitternde Häufchen Elend. Aber Hein kann die Suppe nicht lange bei sich behalten, und kaum ist sein Teller leer, da erbricht er sich erneut, und nun schaltet Johannes wieder auf blindwütiges Fluchen. Der Greis läßt alles apathisch über sich ergehen. Ob Mitleid oder Menschenverachtung – für ihn macht das kaum noch einen Unterschied. Mitten in der Nacht, das Licht ist längst aus, selbst Johannes ist zur Ruhe gekommen, da verliert der alte Hein im Delirium völlig die Kontrolle über seinen Körper, alle Schleusen scheinen sich geöffnet zu haben, es riecht barbarisch nach Kot und Erbrochenem. Ich halte mir meinen Pullover vors Gesicht, krieche ganz tief

in meinen Schlafsack und verbeiße mich fest in einen einzigen Satz: ›Nichts wie nach Hause!‹«
Irgendwann am nächsten Vormittag ging ich in einen Wald und wußte Bescheid: Da hinten, gleich nach der Biegung, mußten Häuser kommen, kleine, häßliche Wochenendhäuser, die ich schon mal gesehen hatte, am zweiten Tag meiner Wanderung vor hundertvierundsiebzig Tagen. Und tatsächlich, gleich nach der Biegung standen sie auch, die häßlichen Dinger, obwohl ich Mühe hatte, sie wiederzuerkennen. Die Autos vor den Holzhütten waren verschwunden, niemand frühstückte auf Hollywoodschaukeln vor Klapptischen, keine Rama, kein Nescafé, keine frischen Brötchen, auch keine Verkehrsinformationen des Norddeutschen Rundfunks. Unter einer dicken Herbstlaubdecke schlief die Kolonie in melancholischer Ruhe, und wäre es Abend gewesen und etwas weiter von Hamburg, ich hätte mir gern eines dieser Häuschen zum Nächtigen ausgesucht.
Hinter Klecken, dort, wo Feldmann Kühe kennengelernt hatte, waren die Weiden längst leer. Damals machte mein Begleiter seine ersten Gehversuche in der Freiheit, inzwischen weiß er, wie man auf drei Beinen pinkelt, wie man Hündinnen besteigt und Kaninchen jagt, er hat zu leben gelernt, und Deutschland ist, Baum für Baum, sein Revier geworden.
Auf Anhieb fand ich die Fußgängerbrücke über die unverändert tobende Autobahn und strebte zielsicher auf den kleinen Obstgarten am Rande der Neubausiedlung zu, wo ich meine erste Frühlingsnacht im Freien verbracht hatte. Die Blüten waren längst verblüht, die Äpfel längst abgeerntet, die letzten braunen Blätter hielten sich gerade noch an den Zweigen der kleinwüchsigen Bäu-

me, der Boden war naß, ich konnte nicht einmal mehr rasten.
Mir war auch nicht nach Ausruhen, Hamburg war längst viel zu nahe, es zog mich an wie ein Magnet, und ich kannte ja den Weg. Wo man einmal zu Fuß entlanggegangen ist, da kennt man sich aus. Fleestedt, Sinstorf, Wilstorf. Vor dem S-Bahnhof Hamburg-Harburg war ich am Ende, die letzten Kräfte verließen mich, ich wollte genau dorthin zurück, wo ich hergekommen war, und nun schleppte ich mich in die S-Bahn, stieg im Hauptbahnhof um, nahm schwarz die blaue Linie U 1, Steinstraße, Meßberg, Jungfernstieg, Gänsemarkt, Hallerstraße, Klosterstern! Ein Passant gab mir die erbetenen 20 Pfennig, ich wählte unsere Telefonnummer, es klingelte zweimal, dann meldete sich Freda. Ein paar Minuten später öffnete sie die Tür zur Telefonzelle, in der ich zusammengekauert und frierend auf meinem Rucksack saß, den warmen Hundekörper im Arm. Wir sahen uns an, und Freda murmelte etwas von Fieber, heißem Kamillentee und Bett.

DER WANDERWEG
Hamburg
Tostedt
Munster
Oberohe
Lachendorf
Dollbergen
Stadthagen
Hildesheim
Barfelde
Holzminden
Hainhausen
Bad Driburg
Paderborn
Dortmund
Herne
Essen
Duisburg
RHEIN

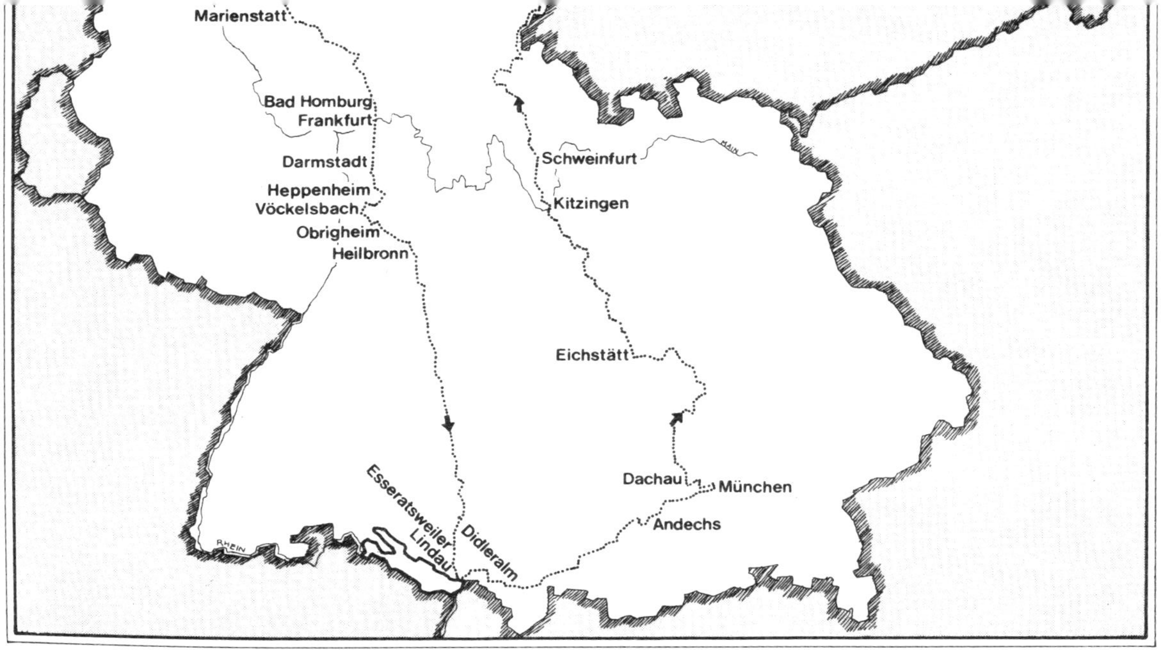
Marienstatt
Bad Homburg
Frankfurt
Darmstadt
Heppenheim
Vöckelsbach
Obrigheim
Heilbronn
Schweinfurt
Kitzingen
MAIN
Eichstätt
Dachau
München
Andechs
Esseratsweiler
Lindau
Didleralm
RHEIN

Michael Holzach

Das vergessene Volk

Ein Jahr bei den deutschen Hutterern in Kanada

304 Seiten, davon 16 Seiten vierf. und 8 Seiten s/w-Fotos, gebunden

Die Hutterer, das vergessene Volk – ihre Muttersprache ist Deutsch, Deutschland jedoch haben sie seit Jahrhunderten nicht gesehen. Seit fast 450 Jahren sind sie um ihres Glaubens willen auf leidvoller Pilgerschaft durch die Welt. Heute leben diese 25000 Menschen in »Archen«, wie sie ihre 250 Siedlungen nennen, abseits der Highways in der nordamerikanischen Prärie. Da ihr Gesetzbuch die Bibel ist, sind sie strenge Pazifisten und lehnen jede Form des privaten Eigentums ab.

Michael Holzach lebte ein Jahr in zwei hutterischen Brudergemeinden in der kanadischen Provinz Alberta am Fuße der Rocky Mountains. Er arbeitete, sang und betete mit diesen einfachen Menschen, die Frauen nähten ihm die schwarze Einheitstracht, die Männer brachten ihm bei, wie man Schuhe macht, Ferkel kastriert, Seife kocht. Abgeschnitten von seiner Welt, fühlte er sich oft sehr geborgen im Schoße der frommen Gemeinschaft, manchmal aber auch schrecklich allein.

Lea Fleischmann

Dies ist nicht mein Land

Eine Jüdin verläßt die Bundesrepublik

Mit einem Nachwort von Henryk M. Broder

272 Seiten, Broschur

»Verantwortung in Deutschland heißt, peinlich darauf achten, daß die Anweisung korrekt durchgeführt wird, persönliche Verantwortung ist hier nicht gefragt.« Dieses Fazit zieht Lea Fleischmann, ein junge Jüdin der Nachkriegsgeneration in ihrem provozierenden Bericht über ihr Leben in Deutschland bis 1979, bis zur Resignation – sie emigrierte nach Israel. – Ein brisanter Beitrag zum Thema Selbstverständnis der Deutschen.

Peter Grubbe

Was schert mich unser Staat

Report über den deutschen Bürgersinn

240 Seiten, Broschur

Die Bundesrepublik hat eine hervorragende demokratische Verfassung. Aber es fehlt ihr an Demokraten. Der einzelne identifiziert sich nicht mit seinem Staat, er betrachtet ihn als Institution, deren Aufgabe darin besteht, ihn nicht nur vor Not zu schützen, sondern ihn in jeder Hinsicht zu versorgen. – Ein provozierendes Buch, das uns »Staatsbürgern« den Spiegel vorhält.